大案聚焦：
前行的中国刑事法制

时延安　刘计划　主编

中国言实出版社

图书在版编目(CIP)数据

大案聚焦:前行的中国刑事法制 / 时延安, 刘计划
主编. -- 北京 : 中国言实出版社, 2016.3
ISBN 978-7-5171-1849-7

Ⅰ. ①大… Ⅱ. ①时… ②刘… Ⅲ. ①刑事诉讼—
审判—司法制度—研究—中国 Ⅳ. ①D925.218.24

中国版本图书馆 CIP 数据核字(2016)第 072304 号

出 版 人:王昕朋
责任编辑:宫媛媛
封面设计:水岸风创意文化

出版发行　中国言实出版社
　　　　　地　址:北京市朝阳区北苑路 180 号加利大厦 5 号楼 105 室
　　　　　邮　编:100101
　　　　　编辑部:北京市海淀区北太平庄路甲 1 号
　　　　　邮　编:100088
　　　　　电　话:64924853(总编室) 64924716(发行部)
　　　　　网　址:www.zgyscbs.cn
　　　　　E-mail:zgyscbs@263.net

经　　销　新华书店
印　　刷　北京温林源印刷有限公司
版　　次　2016 年 6 月第 1 版　　2016 年 6 月第 1 次印刷
规　　格　710 毫米×1000 毫米　　1/16　　13.75 印张
字　　数　220 千字
定　　价　42.00元　　ISBN 978-7-5171-1849-7

主编简介

时延安 中国人民大学法学院副院长、教授，刑事法律科学研究中心副主任

刘计划 中国人民大学法学院教授、刑事法律科学研究中心研究员

作者简介
（按姓氏拼音排序）

曹　波 中国人民大学法学院刑法专业博士研究生

简琨益 中国人民大学法学院刑法专业博士研究生，在职检察官

亢晶晶 中国人民大学法学院刑诉法专业博士研究生

兰　建 中国人民大学法学院刑法专业博士研究生

雷一鸣 中国人民大学法学院刑法专业博士研究生

林艺芳 湘潭大学法学院讲师

刘在航 中国人民大学法学院刑诉法专业博士研究生

吕晓刚 湘潭大学法学院讲师

童　策 中国人民大学法学院刑法专业博士研究生

迈向法治的中国刑事法制
(代序)

　　党的十八届四中全会出台的《中共中央关于全面推进依法治国若干重大问题的决定》在建设社会主义法治的进程中具有里程碑的意义，将国家和社会治理全面纳入法治轨道，并以法治思维重新诠释国家权力的来源和运作机制，为全面提升法治水平提供了基础性保障。创业维艰，中国刑事法制走向理想状态的法治还需要一个漫长的过程。时至今日，刑事法制运作过程中破坏法治的事情还时有发生，违反法治理念和信条的做法仍被不断炮制，然而，我们相信，如今自上而下形成的对法治的共识，已经成为一股势不可挡且不可逆转的力量，并将缔造一个符合中华文化特质的法治文明。

一

　　回顾 2014 年发生的最受关注刑事案件，可以用"五反"来概括：反腐、反恐、反邪教、反黑和反错案。其中，前"四反"的对象，直接涉及国家和社会的稳定与安全，是当前国家和社会治理当中较为棘手、较为困难的部分，而这四类犯罪案件存在的背景又与当前社会、政治、经济、文化、民众心理等诸多因素相关，简单地说，这四类犯罪问题的形成及发生并非孤立的，它们可能同时也是社会问题、经济问题乃至政治问题。对这四类案件进行研究，可以置于多维的分析框架内进行，运用多学科的知识展开交叉研究，进而从不同维度提出解决问题的方案，再进行综合，形成一揽子的治理措施。在这样的跨学科研究中，运用刑事法学和犯罪学知识进行分析研究，无疑构成两个重要的维度，或者说，两个重要维度的组成部分。

反腐。大大小小的"老虎"被送上了审判席，倪幸逃脱审判的"死老虎"，其名字也将被钉在历史的耻辱柱上。强有力的反腐，虽然让普通民众真切地看到腐败的严重程度，但更让普通民众重新树立了信心，社会风气也可以由此得到净化。反腐，确实需要壮士断腕的决心，确实彰显出中央决策机关和领导人的坚定决心和坚强意志。

腐败大案的处理，带来很多法律问题。例如，徐才厚死后其留有的大笔赃款，应如何依法予以处理？一些腐败分子亡命海外，如何通过法律渠道将他们绳之以法？在"窝案"、"串案"中，如何确定和解决刑事责任的问题？这些问题都需要基于现有法制进行思考和分析。由于腐败的手法日益诡秘化、多样化，因而也必须考虑进一步完善刑法和刑事诉讼法，以解决取证难、追诉难、证明难的问题。当然，应对腐败而调整刑事立法和司法，首先还是要明确反腐刑事政策，进而在法律中予以贯彻。如果一方面提倡对腐败行为"零容忍"，另一方面却要提高腐败犯罪的入罪门槛，那么，就会造成政策导向与法律应对之间的"断崖"。其次，要确保反腐法律的综合性和整合性。反腐法律体系中，刑事法律肯定是"主角"，但相关配套法律，无论是预防性的，还是惩治性的，目前还是有诸多缺项。

反腐刑事司法方面的机制建设也是极为重要的。良好的机制可以将已有资源（包括法律上的资源）的效益最大化。随着反腐工作的日益深入，相关机关和人员的压力越来越大，在这种情形下，必须要调整反腐机制，提高办案效率，解决"案多人少"的难题。优化反腐机制，同时要提升反腐人才的专业化建设。例如，2014年开始，我国政府加大了海外追逃、追赃的力度。2015年年初，习近平同志提出："不能让国外成为一些腐败分子的'避罪天堂'。腐败分子即使逃到天涯海角，也要把他们追回来绳之以法，5年、10年、20年都要追，要切断腐败分子的后路。"与此同时，海外追赃问题也成为反腐工作的主要内容之一。无论追逃还是追赃，都需要具有跨学科知识背景的专业人才，因此，在短期内培养一支高效、专业且国际化的队伍，就成为当前反腐工作一项极为迫切的任务。

反恐。目前，反恐仍旧是国内外关注的重大问题。国外，"伊斯兰国（IS）"在短短一年里迅速膨胀，大有席卷中东之势；国内，反恐形势依然严峻，政府对恐怖势力依然保持高压态势，应该说，通过一段时间的治理，恐怖活动已得到初步遏制。2014年年底，第十二届全国人大常委会第十一次会议初次审议了《反恐怖主义法（草案）》。反恐法的出台，必将成为我国反恐法制的主轴，进而形成符合我国目前反恐形势的制度和机制。

受国内外各种势力影响，反恐势必是一件长期而艰巨的任务，因而反恐法制建设也应着眼长远，充分考虑国内外势力的相互作用。昆明火车站暴恐案有明显的国外势力影响的痕迹，恐怖分子们，本来计划赴中东参加所谓"圣战"，在非法出境不遂的情况下，转而就地采取暴恐行为。在IS组织的阵营里也有来自我国新疆的恐怖分子。在恐怖组织以其极端信仰形成跨国势力后，反恐行动必然具有跨国性和国际性，因而反恐法制建设不能局限于国内，应充分借助国际组织和其他友好国家的反恐力量，在必要时，在国际法允许的框架内对藏身于境外的恐怖组织予以打击。

对于恐怖犯罪的界定，要坚持审慎的态度。近些年来出现的"孤狼"式的暴力袭击活动，如果与恐怖组织之间有明确的联系或者其受恐怖教义的影响，应认定为恐怖犯罪，相应地可以反恐法制加以对待，而倘若仅仅是一般性地怀有对社会的仇恨而实施的、针对不特定多数人的暴力袭击行为，则不应认定为恐怖犯罪。反恐虽然具有特殊性，但仍应在宪法和法制框架内来进行。当然，与一般刑事犯罪相比较，对恐怖犯罪的打击具有明显预防性，即恐怖组织形成或恐怖活动预谋之时就要着手予以打击，不能在恐怖犯罪动手之际才兴兵除暴。进行这种预防性打击，必然要有充分的法律和事实根据，在动用武力之前也应保持必要的审慎。总之，对待恐怖犯罪，应采取坚决、审慎而又强有力的打击。

反邪教。邪教的发生，似乎带有一定的周期性和普遍性，即便在那些有着主流宗教的国家。邪教的发生和蔓延，其实和合法宗教一样，也源于人们对若干终极问题的思考以及对非自然力量的信奉；它与合法宗教不同在于，其具有反人类性和排他性。从"全能神"招远血案中，我们就能清楚看到邪教的这些特点。

在很多人看来，在科技如此进步的今天，邪教的滋生和存在是难以理解且极为荒谬的。不过，如果仔细思考，我们会发现，科技发展、社会进步，并不能解决人们与生俱来对生和死这一终极命题的困惑，更何况现代社会给人们带来的精神压力远超于生存压力。寻求某种信仰，就可能成为纾解精神压力的一种方式，而这种需求被一些别有用心的人利用，就可能成为邪教得以滋生蔓延的外在条件。从这个角度看，对邪教的治理，也要有打"组合拳"的策略，即打击靠政府，防范靠社会，尤其是充分依靠合法宗教力量和基层群众组织。

值得注意的是，网络时代的"反邪教"也要符合网络时代的特点。网络时代，各种信息呈现全球性传播的态势。网络时代开启之时，"乐天派"知识分子认为，网络有利于不同人群的对话，进而会使公共讨论更为充分，也有利于公共理性的形成和进步，进而压制暴力、愚昧、邪恶的滋生。然而，在网络社会急速膨胀的今天，这种乐观态度已经被逐渐冲淡，因为网络空间里，个性的施展压抑了公共理性的建立，对暴力、愚昧和邪恶的宣扬也以各种谣言的方式进行传播，而科学、理性且专业的声音反倒受到各种攻讦。如何建立一个能够促进平等、理性对话的网络空间，确实值得认真思考。

反黑。虽然刑法中还使用"黑社会性质组织"来称谓结构稳定、危害严重的有组织犯罪类型，但实际上，目前国内的有组织犯罪或者与国内有关联的有组织犯罪，已经进入"升级版"，而且越来越像曾盘踞纽约几十年的意大利裔马菲亚了。从2014年引人关注的刘汉、刘维组织、领导黑社会性质组织案，即能够看到有组织犯罪"升级版"的威力和危害。

在和平时期，有组织犯罪和恐怖活动犯罪一样，是严重影响社会安定、经济发展的"黑暗力量"。从某种意义上说，以黑社会犯罪为典型的有组织犯罪，比恐怖犯罪的危害有过之而无不及，因为"升级版"的有组织犯罪必然要和政府官员勾结，进而形成盘踞地方或者行业的罪恶势力。"升级版"的有组织犯罪，看起来更加"文质彬彬"，一些头目往往披着企业家、慈善家的外衣，甚至有着人大代表、政协委员的头衔，但其所作所为无不是违法犯罪的勾当。也因为这些有组织犯罪分子更有能力、更能"办事"，一些地方官员对他们也更为青睐，将涉及民生的房地产开发、矿产开发交给他们。初期是"官"用"黑"，而后是相互利用，再后"黑"完全操控了"官"，而最终受到损害的却是"民"，导致民不聊生。

反黑，和反恐一样，在刑事法制中应采取相对特殊的政策，同样要强调预防性打击，即在这类组织处于萌芽状态时就依靠刑事法制予以铲除，从这点看现行刑法第 294 条将"黑社会性质组织"作为惩治对象是合适的，因为黑社会性质组织是黑社会组织的萌芽状态，如此也就使该罪的处罚"门槛"相对较低。是否在刑法中规定更多的、有关有组织犯罪的类型，以及在刑事诉讼法中是否规定更多的、针对这类犯罪的特别程序条款，还需要进一步论证。不过，有一点我们必须予以承认，我们并不真正了解"黑社会"。这个窘境，可以从过去二十多年"反黑"斗争中的"左左右右"的态度，就能够看得出来。所以说，对于"升级版"的有组织犯罪，应该有更多的、真正的实证研究进行观察和分析。

反错案。刑事法制的进步，一方面通过调适自身组织、机能等适应社会发展需要，另一方面则要通过不断"内省"发现并剔除那些干扰、妨碍刑事法治目标实现的各种不利因素。在过去几年里，反错案已经成为中国刑事法制不断纠偏的一个重要内容。通过反错案，不断促使立法者和司法者通过制度和规范的重新设计来确保刑事法律适用的正确。2014 年，念斌案、呼格吉勒图案等案件进入人们的讨论空间，并成为检讨现行刑事法制的新样本。

错案的发生既有偶然性，也有必然性。其必然性在于，人的认识总有局限性，现有的侦查技术手段总有局限性，刑事法制的机能也总有局限性，当办案人员对这三个局限性缺乏基本的认识时，他们办错案的可能性就大大增加了。当然，如果制度规范、机制有效，大多数错案原本是可以避免的。例如，如果法官能够真正独立审判，不受非法治因素干扰，那么，很多错案是不会发生的，即便一些真正的犯罪人有可能从他们的手中滑走。所以说，错案之"错"，如果仅仅是因为办案人员的认识能力有限，那么，这种"错"是可以原谅的，而如果是因为机制出错，尤其是刑事法制中的纠偏、救济机制出错，这种"错"是不能被原谅的。呼格吉勒图案中的"错"，就是不能被原谅的，因为该案的处理违背了基本的刑事法制理念，忽略、放弃了刑事法制内在的纠偏功能。如此错案，只能用草菅人命来形容。

人的认识虽然有限，但对错案的认识却可以提高。办错案的人并非通常意义上的"坏人"，相反，他们中很多人非常敬业，希望能够尽快将罪犯绳之以法，在他们心中，惩治犯罪是第一位的，但是在他们的意识中对犯罪嫌疑人、被告人的人权保障却被搁置一旁。防止错案发生，很重要的还是要大力提升公安、司法人员的人权保障意识，确立无罪推定观念。念斌案这一"非典型错案"的处理，就值得深入思考、细细体味。念斌案的处理体现了法治的精神：不让无辜的人受到错误追究，哪怕让有罪的人逃脱。

二

国家和社会治理靠法治，已是国人共识，但实现法治的路径及步骤，还需要不断探索，并在探索中前进。目前，关于法治的讨论以及各类文件，主要是强调限制公权力，并要求各种职掌公权力的机构该如何行事。法治的要义，确实在于限制公权力。不过，法治的建成，还是要考虑如何培育法治的土壤，即公众对法治的信赖与尊奉，从这个角度看，真正意义上的法治是公民的法治。公民的法治，其基础是公民的自治，没有公民的自治，就不可能有真正意义上的法治。公民自治，意味着公民对自我事务的有效管理，相互之间大量纠纷，也靠自治机制予以解决，只有纠纷无法通过自力解决且涉及公共秩序时，才需要公权力出面进行解决。刑事法制的主导力量是公权力，因为其调整的领域是公民无法自力解决的部分，然而，刑事法制是否能够良好运行，仍要依靠公民的广泛参与和认同。

最近参加有关公众参与刑事司法的讨论，常常被一种悲哀和无奈情绪所影响。一些来自司法一线的同志对陪审制度改革的期望并不太高，因为在他们的经验当中，真正愿意参与案件审理且能够发表独立意见的人并不太多，而这些为数不多的人群当中又以在职或退休的公务员和国有事业单位的人为主；如果继续扩大公众参与司法的规模，拓宽公众参与司法的渠道，很可能让法官们徒增烦恼，额外增加工作量。目前，公众参与司法实践的现状似乎也佐证了这一看法，这也让悲观的人联想到：一片沙子上能盖起摩天大楼吗？乐观的人的看法其实也好不到哪里去。他们想到的对策，就是加大物质上的刺激和设置必要的惩罚机制，也就是"胡萝卜加大棒"。但是，倘若民众不是发自内心地追随法治，通过软硬兼施的方式将他们送上陪审席，又有什么意义呢？除了附和职业法官的意见外，他们怎么可能真正发挥自身的能动性和积极性呢？

中国法律文化中向来不缺少公众参与解决纠纷的成分，但是让公民直接参与到审判之中，却不过几十年时间。陪审制，在设计理念上是值得推崇的，然而，在实践中为何总出现"陪而不审"的现象呢？一些地方法院试水"观审团"，本来是件让人"惊艳"的创举，然而实践者却没有设计者那么高的热情和动力。由此发出的感叹就是，这样一个体现司法民主的实践怎么就步履维艰呢？对此，往往会以陪审制在中国水土不服、国民法制素养不高、基层工作各种资源短缺来解释，而这类说法其实也是现在各种制度改革面临着搪塞、推诿、冷漠等诸多虚与委蛇做法的托辞。

公众参与司法的积极性为什么不高？可以给出的理由很多，但最为重要的一点，却被有意无意地忽视了。这就是，是否对参与司法的公民给予了足够的尊重，是否将他们真实的意见反映在司法裁判当中。实践中，一些具有特殊专业背景的人参与司法审判，其意见往往会得到尊重，因为他们依据知识和经验作出的判断是职业法官认定事实、适用法律的重要参考，但是，在更多的案件里，参与审判人员的意见对职业法官并没有产生任何实质影响。在有些案件的审判中，这些非职业"法官"们听审后仍一头雾水，却被要求在十几分钟给出意见。

参与审判对于每个公民而言，是一件神圣的事情，更是一项值得称道的荣誉，因为基于对法律和事实的理解，对一项纠纷乃至一个人的自由作出实体性的判断，进而实现社会正义，这无疑是对他作为公民的价值和地位的肯定。公众参与司法，并不会对"法律精英们"所担心的法院职业化、法官专业化形成冲击。他可能不懂法律条文和一大堆法律概念，但他懂得基本的社会价值、纠纷当中的是非曲直，尤其在事实判断当中，他的理性并不低于任何法官，由于他有着未经长期职业"消磨"而对社会纠纷形成的、那种司空见惯的心态，因而他反倒更会认真对待面前的案件，并以常人之心作出判断。他的工作和生活会受到一定的影响，不过，当他认识并体会到这不仅是一项公民义务，而且是一项公民荣誉时，他的家人和单位会给予他足够的支持。这项荣誉并非任何法官给他的，而是宪法和法律赋予他的。但是，目前实践中，参与司法的公民是否会有这种荣誉感呢？如果他感到，他在法庭上的存在只是为了走下过场，而他还要为此承担法律责任时，或许他只会想，该如何逃避下次"差使"。

法治国家里，法庭应是最为神圣的殿堂，应是最具仪式感和使命感的地方，应是将正义、公平加以形象展示的场所。当然，无论法庭建筑如何雄伟、法庭内部装饰如何庄重、法庭摆设如何讲究，让人感到信服和尊重的还是法庭上的人。参与审判的公民，既是案件的审判者，也是司法正义的实践者和感受者，而且他比案件当事人能够感受更多。当他能够从法庭上感到这是一场公正的审判时，他会成为法治的信奉者，相反，他很可能成为对法治持有怀疑态度的犬儒分子。在建设法治的今天，争取每一个信奉法治的人何其重要！毫无疑问，公众参与司法的路径是多元的，因而应在不同层次、不同类型上进行不同的设计，然而，无论如何进行改革，公众参与司法的目标，不仅仅是减少诉争、提升司法权威，更为重要的是，要培养更多法治的拥护者。

过去几十年，我国法制建设卓有成效，但司法机关的权威并没有相应上升，在一段时间里曾遭遇较大危机。个中缘由自然十分复杂，其中很重要的一条在于，公众对法治的信赖并没有建立起来，一些人更是利用诸多法制之外的途径去解决纠纷。长此以往，相信法治的人也就越来越少，迷信权力的人则越来越多，而无法解决诉求的人们则既不相信法治，也更加痛恨权力。从这点看，让人们由衷地遵循规则，确立对法治的信赖，是当前法治建设的一个基本方向，也是评价法治建设水平的指标。法治给公民带来的最大利益，是人格尊严，既来自于其他公民的尊重，也来自于公权力的尊重，而真正彼此尊重的社会，必然是个繁荣而稳定的社会，是自古以来国人所向往的那个"大同社会"。

人们不相信法治，则司法就不可能有真正的权威，而如何让人们相信法治，还须首先从司法做起。让公民们能够真正地、怀有荣誉感地参与各种司法活动，是我们赢得法治的一个重要方式。可能会有观点提出质疑，认为司法应该是专业精英们的事情，让老百姓参与司法是一种"民粹"的表现。这种看法是难以成立的，因为司法权威建立在公众的认同和信赖基础之上，而一定时期的法治必然根植于社会基本的共同价值；请公众参与司法，会坚定社会各群体对法治的共识，进而提升司法的权威。当然，提倡公众参与司法，并非鼓吹"广场式审判"，而是将普通公民的智慧和经验与职业法官的专业知识和经验加以结合，而这就涉及参与模式的构建与完善问题。对于不同类型的案件，对于不同的司法活动，公众参与的渠道可以相应地进行有区分的设计。例如，死刑案件的审理即可以尝试运用陪审团的模式，这种模式有利于限制死刑适用，也有利于提升死刑适用的正确率。

建设法治，肯定不是建设那种"包青天"式的"法治"，而是要实现"法的治理"。公民是法治的主体而非客体，因而公民对法治的信仰是法治能否实现的基石，从这个角度说，我们梦寐以求的法治是"公民的法治"，而公众参与司法是通向这个梦想的一个台阶。刑事法制作为一国治理的重要组成部分，也是最需要、最能体现法治的部分。刑事法制的"产品"，能否让公众信服，其本身能否为公众所信赖，始终是刑事法制全面走向法治必须要解决的问题。这一问题的解决思路当中，必然要大量包含公民参与的成分。从这个意义上看，刑事法制中应充分体现"公民法治"的精神要素，进而使法治与人心相融合、法治与权力相融合。

三

只有当我们回头看的时候，才知道走了多远的路，爬了多高的坡。重新翻看这五年编写过的稿子，发现这短短五年内中国社会发生了太多的事情，虽然很多倏忽而过，但却影响到中国社会发展的进程。看来，以个案述评来记录当今社会刑事法制演进过程，确实是一个很明智的决定。当我们已经被"微信圈"等各种社交平台裹挟、自由支配时间被割裂得支离破碎、记忆和关注都化为眇小的碎片时，这个系列小书有助于我们恢复记忆，并看到我们留下的脚印、汗水和悲伤。它也会提示我们，噢，我们走了这么远的路，我们经历了很多。

2014 年最受关注刑事案件的挑选，融入更多的民主和专业因素。在"中国刑事法律网"上投票选择案例的同时，中国人民大学刑事法律科学研究中心与北京尚权律师事务所共同邀请了 20 位来自各界的刑事法律专家进行投票和评论。网上和网下两边给出的结论惊人的相似，网民与专家看法的重合也说明，在何为"最受关注"的判断上，具有不同知识背景的人们有着相同的看法，因为这些案件之所以"最受关注"，是因为它们与我们最为在意的价值和利益相关！

由衷地感谢所有作者们，他们中有这些案件的实际承办者，正是你们"孕育"了这部书，让它的面世成为可能。再次对中国言实出版社的工作人员表示由衷的感谢！你们是这部小书的"催产师"，让它能够呱呱落地。

由衷地感谢中国人民大学科研处和社会科学案例中心对本项目的大力支持！

由衷地感谢所有关注这部书不断成长的人们！

时延安　刘计划

2015 年 5 月

目 录

民主路上的磕碰与反思

——湖南衡阳破坏选举案

2013 年 12 月 27 日至 28 日，湖南省查处一起破坏选举案件，湖南省人大常委会召开全体会议，对在衡阳市十四届人大一次会议期间，以贿赂手段当选的 56 名省人大代表，依法确认当选无效并予以公告。衡阳市有关县（市、区）人大常委会 28 日分别召开会议，决定接受 512 名收受钱物的衡阳市人大代表辞职。2013 年 12 月 29 日，湖南省纪委研究并报湖南省委批准，决定对衡阳破坏选举案进行立案调查；对涉案的 431 名党员和国家工作人员进行党纪政纪立案；对在调查中发现涉嫌犯罪的人员，移送司法机关审查。这一破坏选举案件涉案人员之多，涉案金额之大，性质之严重，影响之恶劣，堪称前所未有。该案是对我国人民代表大会制度的挑战，是对社会主义民主政治的挑战，是对国家法律和党的纪律的挑战。①

一、案情回顾

2012 年 12 月 28 日至 2013 年 1 月 3 日，衡阳市召开第十四届人民代表大会第一次会议，出席会议的人大代表 527 名（本届人民代表大会共有 529 名人大代表，有 2 名人大代表因故未出席会议），从 93 名代表候选人中差额选举产生 76 名湖南省人大代表。会议期间，56 名代表候选人以金钱或者其他财物贿赂代

---

① 《湖南严查衡阳破坏选举案——56 名省人大代表当选无效》，载《人民日报海外版》，2013 年 12 月 30 日第 4 版。

表，涉案金额达 1.1 亿余元人民币，有 518 名衡阳市人大代表和 76 名工作人员收受钱物。

2013 年 12 月 28 日湖南省第十二届人民代表大会常务委员会第六次会议作出如下公告："根据《选举法》第五十五条关于以金钱或者其他财物贿赂代表，妨害代表自由行使选举权而当选的，其当选无效的规定，确认由衡阳市人民代表大会选举产生的以下 56 名省十二届人大代表当选无效（以姓氏笔画为序）：于国君（女）、万伟、王泽火、王竞仪（女）、邓光忠、邓湘衡、左建国（女）、刘云奎、刘友华、刘安辉、刘买生、刘晓宁（女）、刘爱国、刘跃中、许冬生、许光程、阳存元、李洪芳、李爱平（女）、李清定、李新容（女）、杨立辉、肖开武、肖红梅（女）、肖智勇、吴群（女）、何平、何东会、何秋生、何爱民、陆巍源、陈国华、陈树生、陈素生、范茂林、林坤、罗剑锋、岳学旺、周骥、周江森、周兴荣、周楚政、赵自清、段建国、贺洪林、贺尊彪、贺禄飞、徐友灼、唐萌、曹建军、蒋新华、程昌衡、曾巧敏（女）、谢柯、谢宗廷、詹国发。衡阳市人民代表大会选举产生的 5 名省十二届人大代表提出辞去代表职务，衡阳市第十四届人大第三次会议筹备组已接受其辞职，根据《选举法》和《代表法》的规定，以下 5 名省十二届人大代表资格终止（以姓氏笔画为序）：王鹏、王雄飞、左慧玲（女）、唐学石、唐勇君。"①

根据湖南省人大常委会秘书长彭宪法在 2013 年 12 月 28 日在省十二届人大常委会第六次会议第二次全体会议上所作的说明，2013 年 12 月 26 日上午和之前，衡阳市所辖各县（市、区）人大常委会和有关选举单位召开了会议，依法接受了涉案的 516 名衡阳市人大代表的辞职请求。②

2014 年 8 月 18 日，北京市第二中级人民法院对原湖南省政协副主席、中共衡阳市委书记童名谦玩忽职守案作出一审宣判，以玩忽职守罪判处有期徒刑五年。

①湖南省人大常委会：《湖南省第十二届人民代表大会常务委员会公告（第 13 号）》。
②《关于〈湖南省人民代表大会常务委员会关于成立衡阳市第十四届人民代表大会第三次会议筹备组的决定（草案）〉的说明》中提到："今天上午和之前，衡阳市所辖各县（市、区）人大常委会和有关选举单位召开了会议，依法接受涉案市人大代表的辞职请求……辞职的 516 名衡阳市十四届人大代表中，40 名担任衡阳市十四届人大常委会组成人员职务的，其常委会组成人员的职务相应终止。"

2014 年 9 月 25 日，湖南省高级人民法院对中共衡阳市委原常委、纪委书记肖斌玩忽职守案进行二审公开宣判，依法裁定驳回上诉，维持对被告人肖斌判处有期徒刑三年的一审判决。二审法院经审理认为：上诉人肖斌作为换届选举纪律监督的直接责任人，在衡阳市第十四届人民代表大会第一次会议期间及会议结束后，不履行或不认真履行职责，对衡阳破坏选举案的发生，负有不可推卸的法律责任。一审判决认定的犯罪事实清楚，证据确实、充分，定罪准确，量刑适当，审判程序合法。湖南省高级人民法院遂依法作出上述裁定。

据媒体报道，衡阳破坏选举案一审宣判后，68 名被告人中有 11 名被告人提出上诉。湖南省高级人民法院和岳阳、邵阳、郴州、娄底等四市中级人民法院依法组成合议庭进行审理，目前 11 案均已审结。二审法院依法对 11 名上诉人中的 10 人维持原判，1 人因二审认定其有立功情节予以改判。

二、衡阳破坏选举案的有关判决

据媒体报道，衡阳破坏选举案中，检察机关立案侦查 68 人，法院对该 68 名被告依法进行审理并予以宣判。笔者在 2015 年 3 月从中国裁判文书网和北大法律信息网上能够查到的有关裁判只有四个，现将这四个裁判叙述如下：

判决 1：童名谦玩忽职守案①

被告人童名谦在担任中共湖南省衡阳市委书记、衡阳市换届工作领导小组组长、衡阳市十四届人大一次会议临时党组书记、大会主席团常务主席期间，未正确履行衡阳市严肃换届纪律第一责任人的职责，在衡阳市十四届人大一次会议选举省人大代表之前、之中，对于省人大代表选举中存在贿选的情况反映，未严格依照选举法和中共湖南省委、中共湖南省衡阳市委有关严肃换届纪律工作的规定进行调查、处理；在衡阳市十四届人大一次会议选举省人大代表之后，对于省人大代表选举中存在贿选问题的举报，未依照中共湖南省委、中共湖南省衡阳市委有关严肃换届纪律工作的规定进行立案、调查、处理。童名谦严重不负责任，不正确履行职责，致使省人大代表选举贿选大面积蔓延，给国家和

---

① 《北京市第二中级人民法院刑事判决书》,(2014)二中刑初字第 873 号。

人民利益造成了特别重大的损失，在社会上造成了极其恶劣的影响，其行为已构成玩忽职守罪，且情节特别严重，依法应予惩处……被告人童名谦犯玩忽职守罪，判处有期徒刑五年。

判决 2：王某甲破坏选举案①

湖南省岳阳市中级人民法院经审理查明，2012 年 11 月，上诉人王某甲被湖南省衡阳市人民代表大会常务委员会确定为湖南省第十二届人民代表大会代表差额候选人。2012 年 12 月下旬至 2013 年 1 月 1 日，上诉人王某甲为谋取竞选优势，确保当选省人大代表，在湖南省衡阳市第十四届人民代表大会第一次会议召开前和会议期间，用自筹资金先后送给湖南省衡阳市人民代表大会常务委员会机关工作人员、机关市人大代表以及出席湖南省衡阳市第十四届人民代表大会第一次会议的市人大代表和大会工作人员现金共计人民币 269 万元。原审判决的上述基本事实清楚，证据确实、充分，本院予以确认。

本院认为，上诉人王某甲在衡阳市第十四届人民代表大会第一次会议选举湖南省第十二届人大代表时，以贿选的手段妨害代表自由行使选举权，情节严重，其行为已构成破坏选举罪。上诉人王某甲有自首情节，依法可以从轻处罚……原审判决定罪准确、量刑准确、适用法律正确，审判程序合法……裁定如下：驳回上诉，维持原判（一审判决为：被告人王某甲犯破坏选举罪，判处有期徒刑三年，缓刑五年。笔者注）。

判决 3：周某甲破坏选举案②

湖南省岳阳市中级人民法院经审理查明，上诉人周某甲于 2012 年 12 月 24 日被确定为湖南省第十二届人民代表大会代表候选人后，为谋取竞选优势，确保当选省人大代表，在湖南省衡阳市第十四届人民代表大会第一次会议期间的 2013 年 1 月 1 日，打电话委托其表弟邓某平筹集资金，按照每个市人大代表和工作人员 5000 元现金的标准分装了 518 个信封，共计约人民币 259 万元，并于当晚，由邓某平代周某甲将上述贿选金通过衡阳市第十四届人民代表大会第一

---

① 《湖南省岳阳市中级人民法院刑事裁定书》，(2014)岳中刑二终字第 74 号。
② 《湖南省岳阳市中级人民法院刑事裁定书》，(2014)岳中刑二终字第 75 号。

次会议各代表团的工作人员或者参会代表转送给代表团的其他市人大代表和工作人员。次日，上诉人周某甲当选为湖南省第十二届人大代表。事后，因衡阳破坏选举案揭露……上诉人周某甲在司法机关刑事立案前已向有关单位主动交代了参与贿选的事实。原审判决认定的上述基本事实清楚，证据确实、充分，本院予以确认。

本院认为，上诉人周某甲在衡阳市第十四届人民代表大会第一次会议选举湖南省第十二届人大代表时，以贿选的手段妨害代表自由行使选举权，情节严重，其行为已构成破坏选举罪。上诉人周某甲有自首情节，依法可以从轻处罚……原判定罪准确、量刑适当、适用法律正确、审判程序合法……裁定如下：驳回上诉，维持原判（一审判决为：被告人周某甲犯破坏选举罪，判处有期徒刑二年三个月。笔者注）。

判决 4：贺某甲受贿、破坏选举案①

湖南省岳阳市中级人民法院经审理查明，2012 年 12 月 28 日至 2013 年 1 月 3 日，湖南省衡阳市召开第十届人民代表大会第一次会议，贺某甲以祁东县代表团工作人员身份参加会议。大会召开前，贺某甲利用职务之便组织及参加了肖某甲、何某甲、李某甲、陈某乙、陆某、林某、刘某甲、曹某、贺某乙、许某甲、何某乙共 11 名省人大代表候选人的拉票贿选活动，收受上述人员的贿赂共计人民币 44000 元。大会召开前及会议期间，贺某甲向其主管领导建议确定专人接收省人大代表候选人送给祁东县代表团的贿选金，建议召集有关人员共同研究贿选金的分发，并要负责接收贿选金的有关人员对省人大代表候选人所送的贿选款进行把关，统一数额标准，促使 50 余名省人大代表候选人的贿选得以实施。事后衡阳破坏选举案揭露……上诉人贺某甲在司法机关刑事立案前已向有关单位主动交代了上述事实。2013 年 6 月，上诉人贺某甲退缴了其所收受的全部赃款。原判认定的上述基本事实清楚，证据确实、充分，本院予以确认。

本院认为，上诉人贺某甲身为国家机关工作人员，在衡阳市第十四届人民代表大会第一次会议选举湖南省第十二届人大代表期间，利用职务之便收受多

---

① 《湖南省岳阳市中级人民法院刑事裁定书》，(2014)岳中刑二终字第 76 号。

名湖南省人大代表候选人的贿赂款共计人民币 44000 元，其行为构成受贿罪；上诉人贺某甲还积极提议祁东县代表团相关人员开会研究决定接收及分发贿选款事宜，促使 50 余名省人大代表候选人向祁东县代表团的贿选活动得以实施，妨害代表自由行使选举权，情节严重，其行为还构成破坏选举罪。上诉人贺某甲具有自首情节，并积极退缴全部赃款，依法可以从轻处罚。上诉人贺某甲一人犯数罪，应当数罪并罚……原判定罪准确，量刑适当，适用法律正确，审判程序合法……裁定如下：驳回上诉，维持原判（一审判决为：被告人贺某甲犯受贿罪，判处有期徒刑二年六个月；犯破坏选举罪，判处有期徒刑一年六个月。决定执行有期徒刑三年。笔者注）。

三、衡阳破坏选举案判决的法律分析

（一）童名谦玩忽职守案

在衡阳市十四届人大一次会议之前和衡阳市十四届人大一次会议期间，童名谦作为国家机关工作人员，即中共湖南省衡阳市委书记、衡阳市换届工作领导小组组长、衡阳市十四届人大一次会议临时党组书记、大会主席团常务主席，未正确履行衡阳市严肃换届纪律第一责任人的职责，对于省人大代表选举中存在贿选的情况反映，未严格依照选举法和中共湖南省委、中共湖南省衡阳市委有关严肃换届纪律工作的规定进行调查、处理；在衡阳市十四届人大一次会议选举省人大代表之后，对于省人大代表选举中存在贿选问题的举报，未依照中共湖南省委、中共湖南省衡阳市委有关严肃换届纪律工作的规定进行立案、调查、处理。据此，童名谦的行为符合玩忽职守罪客观方面的构成要件。

玩忽职守罪的构成，还要求行为人主观方面为过失，故意不构成玩忽职守罪。童名谦表示有人向其反映省人大代表候选人存在贿选情况时，没有责成有关人员进行调查、处理的主要原因是：其做了一些工作，以为这些工作可以阻止贿选的发生；思想上对此重视不够，以为只是个别现象；当时其正处于晋升关键期，自己没有能够抛弃个人的私心杂念，抱着求稳怕乱的心态，没有依纪依法进行调查、处理。同时供述称，其在听到有关人员的反映后，主动做了十四项工作，包括在衡阳市十四届人大一次会议召开前，召开

四次会议强调选举纪律、起草并发布致市人大代表要求严守换届纪律的公开信、责成曾某提醒谈话；会议期间，在三个会上强调选举纪律，与县、市、区负责人提醒谈话，要求肖某、周某加强驻地管理，让肖某了解杨某反映的情况，要求王某开会强调纪律。由此可见，童名谦主观并没有故意，而只有过失。

根据最高人民法院、最高人民检察院《关于办理渎职刑事案件适用法律若干问题的解释（一）》（法释〔2012〕18号）第1条的规定，国家机关工作人员的玩忽职守行为，造成特别恶劣社会影响的，应当认定为《中华人民共和国刑法》（以下简称《刑法》）第三百九十七条（玩忽职守罪，笔者注）规定的"情节特别严重"。本案中，衡阳市十四届人大一次会议之前和期间，56名代表候选人以金钱或者其他财物贿赂代表，涉案金额达1.1亿余元人民币，有518名衡阳市人大代表和76名工作人员收受钱物。2013年12月28日，湖南省第十二届人民代表大会常务委员会公告确认56名省人大代表当选无效。衡阳市第十四届人民代表大会第三次会议筹备组公告确认516名市人大代表资格终止。这是新中国成立以来对人民代表大会制度和人民民主专政的最大挑战，涉案人员之多，涉案金额之大，性质之严重，影响之恶劣，堪称前所未有。由此可见，童名谦的玩忽职守行为，造成了特别恶劣的社会影响，属于情节特别严重的情形。

根据以上所述，童名谦的玩忽职守行为构成玩忽职守罪。鉴于童名谦具有自首情节，有较好的认罪、悔罪态度，且系初犯、偶犯，可依法对童名谦从轻处罚。因此，法院判处被告人童名谦玩忽职守罪，有期徒刑五年。

（二）王某甲、周某甲以贿选手段破坏选举案分析

2013年12月28日湖南省第十二届人民代表大会常务委员会第六次会议作出公告称，根据《中华人民共和国全国人民代表大会和地方各级人民代表大会选举法》（以下简称《选举法》）第五十五条关于以金钱或者其他财物贿赂代表，妨害代表自由行使选举权而当选的，其当选无效的规定，确认由衡阳市人民代表大会选举产生的以下56名省十二届人大代表当选无效（以姓氏笔画为序）：于国君（女）……詹国发。①据此判断，在衡阳市第十四届人民代表大会第一次

---

① 湖南省人大常委会：《湖南省第十二届人民代表大会常务委员会公告（第13号）》。

会议召开前和会议期间，有 56 名湖南省第十二届人民代表大会代表差额候选人存在以贿选手段妨害代表自由行使选举权的行为。由于笔者获得的案例判决有限，笔者仅根据从中国裁判文书网上查到的王某甲破坏选举案、周某甲破坏选举案为例，对此进行分析。

1.破坏选举罪的构成

关于王某甲破坏选举案，一审和二审法院均认定，2012 年 11 月，上诉人王某甲被湖南省衡阳市人民代表大会常务委员会确定为湖南省第十二届人民代表大会代表差额候选人。2012 年 12 月下旬至 2013 年 1 月 1 日，上诉人王某甲为谋取竞选优势，确保当选省人大代表，在湖南省衡阳市第十四届人民代表大会第一次会议召开前和会议期间，用自筹资金先后送给湖南省衡阳市人民代表大会常务委员会机关工作人员、机关市人大代表以及出席湖南省衡阳市第十四届人民代表大会第一次会议的市人大代表和大会工作人员现金共计人民币 269万元。

王某甲破坏选举案的具体犯罪事实包括：（1）2012 年 12 月下旬衡阳市第十四届人民代表大会召开前一天，被告人王某甲为获取衡阳市人大常委会机关的市人大代表的支持，来到衡阳市人大机关办公楼，送给衡阳市人大机关 16 名市人大代表每人一个装有现金人民币 4000 元和介绍自己的宣传资料印有"×××有限公司"字样的信封。王某甲上述共送出现金人民币 6.4 万元。（2）2012 年 12 月 28 日到 2013 年 1 月 1 日，王某甲为获得出席衡阳市第十四届人民代表大会第一次会议代表的支持，在衡阳市其创办的湖南泽达房地产公司办公室，准备了 505 个印有"×××有限公司"标识的信封，在每个信封内装入现金人民币 5200 元和一份介绍自己的宣传资料，并在每个信封外装订上自己的名片，同时还在信封上加盖了个人签名印章。2013 年 1 月 1 日下午，王某甲先后与衡阳市各县、市、区代表团的联工委主任电话联系，然后将上述准备好的信封分别送至衡阳市林隐假日大酒店、神龙大酒店各代表团驻地有关参会人员房间。各代表团在收到王某送的信封后，由各代表团工作人员或参会代表将信封转送给代表团的其他市人大代表和工作人员，王某甲上述共计送出现金人民币 262.6 万元。（3）2013 年 1 月 2 日下午，王某甲在衡阳市第十四届人民代表大会第一次会议选举中当选为湖南省第十二届人民代表大会代表。事后衡阳破坏选举案揭露。王某甲在司法机关刑事立案前已向有关单位主动交代了贿选事实。①

关于周某甲破坏选举案，一审和二审法院均认定的具体犯罪事实包括：(1) 在湖南省衡阳市第十四届人民代表大会第一次会议期间的 2013 年 1 月 1 日，周末从长沙打电话委托其表弟邓某平筹集资金，按照每个市人大代表和工作人员现金 5000 元的标准分装了 518 个信封，并在每个信封外装订上印有"周某甲董事长：祁东×××现代农业科技生态园、湖南省十一届人大代表、湖南省劳动模范"等字样的名片。当晚，邓某平代周某甲将上述准备好的信封分别送至衡阳市第十四届人民代表大会第一次会议各代表团在衡阳市林隐假日大酒店、神龙大酒店驻地有关参会人员房间。各代表团在收到周某甲送的信封后，由各代表团的工作人员或者参会代表将信封转送给代表团的其他市人大代表和工作人员，周某甲上述共计送出现金 259 万元。(2)2013 年 1 月 2 日，周某甲在衡阳市第十四届人民代表大会第一次会议选举中当选为湖南省第十二届人民代表大会代表。事后，衡阳破坏选举案揭露。周某甲在司法机关刑事立案前已向有关单位主动交代了贿选事实。②

法院认定的上述基本事实表明，王某甲和周某甲在衡阳市第十四届人民代表大会第一次会议选举湖南省第十二届人民代表大会代表期间，为谋取竞选优势，确保当选省人大代表，用金钱贿赂衡阳市第十四届人民代表大会第一次会议的参会人大代表及工作人员，破坏选举，非法取得省级人大代表资格，并致使选举结果无效。

根据《刑法》第二百五十六条关于破坏选举罪的规定，在选举各级人民代表大会代表和国家机关领导人员时，以暴力、威胁、欺骗、贿赂、伪造选举文件、虚报选举票数等手段破坏选举或者妨害选民和代表自由行使选举权和被选举权，情节严重的，处三年以下有期徒刑、拘役或者剥夺政治权利。同时根据 2006 年 7 月 26 日最高人民检察院《关于渎职侵权犯罪案件立案标准的规定》(以下简称《渎职立案标准》)，国家机关工作人员利用职权破坏选举，涉嫌下列情形之一

---

① 《湖南省岳阳市中级人民法院刑事裁定书》，(2014)岳中刑二终字第 74 号。
② 《湖南省岳阳市中级人民法院刑事裁定书》，(2014)岳中刑二终字第 75 号。

的，应予立案：（1）以暴力、威胁、欺骗、贿赂等手段，妨害选民、各级人民代表大会代表自由行使选举权和被选举权，致使选举无法正常进行，或者选举无效，或者选举结果不真实的；（2）以暴力破坏选举场所或者选举设备，致使选举无法正常进行的；（3）伪造选民证、选票等选举文件，虚报选举票数，产生不真实的选举结果或者强行宣布合法选举无效、非法选举有效的；（4）聚众冲击选举场所或者故意扰乱选举场所秩序，使选举工作无法进行的；（5）其他情节严重的情形。

上述《渎职立案标准》只规定了国家机关工作人员利用职权破坏选举应予立案的标准，对于非国家机关工作人员破坏选举应予立案的标准未予规定。而人大代表本身并不属于国家机关工作人员。根据2003年11月13日最高人民法院《全国法院审理经济犯罪案件工作座谈会纪要》的规定，依法履行职责的各级人民代表大会代表属于"其他依照法律从事公务的人员"。本文认为，虽然王某甲、周某甲不属于国家机关工作人员，但是王某甲、周某甲可参照适用《渎职立案标准》对国家机关工作人员利用渎职破坏选举规定的立案标准。"对于非国家机关工作人员破坏选举，情节严重标准可参照上述规定（《渎职立案标准》的规定，笔者注）执行。"①因此，本文认为，王某甲、周某甲破坏选举案中，王某甲、周某甲以贿选的手段妨害衡阳市第十四届人民代表大会代表自由行使选举权，致使选举结果不真实和选举结果无效，符合破坏选举罪"情节严重"的要求。

据此，王某甲、周某甲在衡阳市第十四届人民代表大会第一次会议选举湖南省第十二届人大代表时，以贿选的手段妨害代表自由行使选举权，情节严重，其行为已构成破坏选举罪。

2.贿选行为是否构成行贿罪

根据湖南省岳阳市中级人民法院二审认定的犯罪事实，王某甲、周某甲在衡阳市第十四届人民代表大会第一次会议期间，为谋取竞选优势，确保当选省人大代表，给予衡阳市第十四届人民代表大会第一次会议的参会人大代表及工作人员以金钱，其中王某甲给予衡阳市第十四届人民代表大会第一次会议的参

①王作富：《刑法分则实务研究》，867页，北京，中国方正出版社，2013年。

会人大代表及工作人员以金钱，共计送出现金 269 万元；周某甲给予 518 名衡
阳市第十四届人民代表大会第一次会议的参会人大代表及工作人员以金钱，共
计 259 万元。

根据《刑法》第三百八十九条关于行贿罪的规定，为谋取不正当利益，给予
国家工作人员以财物的，是行贿罪。王某甲、周某甲是否构成行贿罪，关键在
于"不正当利益"和"国家工作人员"的认定以及是否达到行贿罪的立案标准。

首先，王某甲、周某甲在衡阳市第十四届人民代表大会第一次会议选省人
大代表时，为谋取竞选省人大代表的优势而给予市人大代表和工作人员金钱的
行为是否属于"谋取不正当利益"？根据最高人民法院、最高人民检察院《关于
办理行贿刑事案件具体应用法律若干问题的解释》（法释 [2012]22 号）（以下简称
《行贿案件解释》）第 12 条的规定，行贿犯罪中的"谋取不正当利益"，是指行
贿人谋取的利益违反法律、法规、规章、政策规定，或者要求国家工作人员违
反法律、法规、规章、政策、行业规范的规定，为自己提供帮助或者方便条件。
违背公平、公正原则，在经济、组织人事管理等活动中，谋取竞争优势的，应
当认定为"谋取不正当利益"。在王某甲、周某甲破坏选举案中，两人给予衡阳
市第十四届人民代表大会第一次会议的参会人大代表及工作人员金钱的目的在
于获得竞选优势，获得优先于其他省人大代表候选人的当选机会。这种违背公
平、公正原则，在选举人大代表活动中，通过以金钱贿赂代表，谋取竞争优势
的，应当认定为"谋取不正当利益"。

其次，王某甲、周某甲的行贿对象，即衡阳市第十四届人民代表大会第一
次会议的参会人大代表及工作人员是否属于国家工作人员？根据《刑法》第 93
条关于国家工作人员范围的规定，国家工作人员，是指国家机关中从事公务的
人员。国有公司、企业、事业单位、人民团体中从事公务的人员和国家机关、
国有公司、企业、事业单位委派到非国有公司、企业、事业单位、社会团体从
事公务的人员，以及其他依照法律从事公务的人员，以国家工作人员论。此外，
根据 2003 年 11 月 13 日最高人民法院《全国法院审理经济犯罪案件工作座谈会
纪要》的规定，在国家机关中从事公务的人员，包括在各级国家权力机关、行
政机关、司法机关和军事机关中从事公务的人员。人民代表大会是我国的权力
机关，在人民代表大会从事公务的人员属于国家工作人员。因此，本案在衡阳

市第十四届人民代表大会第一次会议期间工作的人大工作人员属于国家工作人员无疑。

衡阳市第十四届人民代表大会第一次会议的参会人大代表是否属于国家工作人员则需要认真分析。人大代表是人民代表大会的组成部分，人大代表本身不是人民代表大会的工作人员，但人大代表依照法律的规定能够执行人民代表大会代表的职务，属于依照法律从事公务的人员。2003 年 11 月 13 日最高人民法院《全国法院审理经济犯罪案件工作座谈会纪要》规定，"其他依照法律从事公务的人员"应当具有两个特征：一是在特定条件下行使国家管理职能；二是依照法律规定从事公务。其中包括依法履行职责的各级人民代表大会代表。因此，本案中的衡阳市人大代表亦属于国家工作人员，符合行贿罪的行贿对象的要求。

最后，王某甲、周某甲的行贿数额是否达到行贿罪的立案标准？根据最高人民法院、最高人民检察院的《行贿案件解释》的规定，为谋取不正当利益，向国家工作人员行贿，数额在一万元以上的，应当依照《刑法》第三百九十条（行贿罪，笔者注）的规定追究其刑事责任。多次行贿数额未经处理的，按照累计行贿数额处罚。本案中，王某甲累计行贿数额达 269 万元，周某甲累计行贿数额达 259 万元。依据《行贿案件解释》第四条的规定，行贿数额在一百万元以上的属于行贿罪中的"情节特别严重"。因此，王某甲、周某甲的行贿行为不只是达到立案标准，而且达到了行贿罪中"情节特别严重"的情形。

根据以上分析，王某甲、周某甲为谋取竞选优势，给予衡阳市第十四届人民代表大会第一次会议的参会人大代表及工作人员以金钱的行为，构成行贿罪。

3.王某甲、周某甲贿选行为的罪数

王某甲、周某甲为谋取竞选优势，通过贿赂手段妨害代表自由行使选举权的行为，既构成行贿罪，又构成破坏选举罪，应当如何处罚？有学者认为，贿选行为如果在构成破坏选举罪的同时亦构成行贿罪，应当对破坏选举罪和行贿罪实行数罪并罚。理由主要有：第一，破坏选举和行贿各自所侵犯的客体并不相同。第二，《行贿案件解释》第六条明确规定，行贿人谋取不正当利益的行为构成犯罪的，应当与行贿犯罪实行数罪并罚。[1]还有学者认为，被告人用贿赂手

---

[1] 王芳：《破坏选举罪中"贿选"若干法律问题探讨》，载《中国刑事法杂志》，2014 年第 6 期，48-49 页。

段破坏选举，同时又触犯行贿罪条款，但鉴于破坏选举罪中包含有贿赂的方式，通常可理解为法条竞合犯，适用较为特殊专门的条款定罪处罚，即只需要以破坏选举罪一罪处罚，不需要数罪并罚。①而根据笔者在中国裁判文书网查到的王某甲、周某甲破坏选举案的判决，法院对王某甲和周某甲仅依破坏选举罪定罪量刑，对于行贿罪并未进行说明和处理。

本文认为，王某甲、周某甲为谋取竞选优势，通过贿赂手段妨害代表自由行使选举权的行为，在既构成行贿罪，又构成破坏选举罪的情况下，属于想象竞合犯，应该从一重论处。

首先，王某甲和周某甲只实施了一个行为。王某甲、周某甲给予市人大代表以金钱的行为即贿选行为，本身就是破坏选举的行为。行贿行为与贿赂型的破坏选举行为两者紧密结合，其实质是一个行为。《行贿案件解释》第六条关于数罪并罚的规定，是行贿人实施了两个行为下的数罪并罚，即一个为行贿行为，一个为谋取不正当利益的行为。而在贿赂型破坏选举罪中，行贿行为与破坏选举行为两者完全重合，行贿行为本身就是破坏选举的行为，行为人只实施了一个行为，不适用该条关于数罪并罚的规定。

其次，破坏选举行为和行贿行为所侵犯的客体（本文下面称之为"法益"）并不相同不能成为数罪并罚的依据。想象竞合犯，也侵犯了数个法益。例如，行为人一枪导致一人死亡，一人重伤时，即属于想象竞合。这时，行为人虽然只实施了一个行为，但也侵犯了一个人的生命和一个人的生命健康两个法益。在贿赂型的破坏选举行为中，行贿行为和破坏选举行为的确是侵犯了两个法益，这也正是想象竞合犯所必备的要件。只是在贿赂型的破坏选举行为中，行贿行为和破坏选举行为两者实质是一个行为。因此，并不能因为破坏选举行为和行贿行为侵犯的客体不相同，就认为破坏选举行为和行贿行为应该数罪并罚。

最后，王某甲和周某甲以贿赂的手段破坏选举的行为，并不是行贿罪和破坏选举罪的法条竞合，而是行贿罪与破坏选举罪的想象竞合。"法条竞合时，虽然行为同时违反了数个罪行规范，但仅侵害了其中一个罪行规范的保护法益，因为规范之间存在包容与交叉关系；想象竞合时，一个行为因为侵害了数个罪

---

① 阮齐林、康瑛：《刑法案例研习教程》，93 页，北京，高等教育出版社，2005 年。

行规范的保护法益，而触犯了数个罪行规范。"[1]王某甲和周某甲为谋取竞选优势，通过贿赂手段妨害代表自由行使选举权的行为，既侵害了代表的选举权和被选举权，同时，又侵犯了国家工作人员职务行为的不可收买性。王某甲、周某甲的行为侵害了两个法益，而不是侵犯一个法益。因此，王某甲、周某甲的行为是行贿罪和破坏选举罪的想象竞合，从而应该从一重处断。

（三）贺某甲受贿、破坏选举案分析

1.贺某甲的行为构成受贿罪

根据《刑法》第三百八十五条第一款的规定，国家工作人员利用职务上的便利，索取他人财物的，或者非法收受他人财物，为他人谋取利益的，是受贿罪。本案中，贺某甲的行为符合受贿罪的犯罪构成。

首先，贺某甲具有国家工作人员身份。2008年至2013年12月，贺某甲担任衡阳市祁东县人大常务委员会选举任免联络工作委员会主任，具有归口联系、管理祁东县国、省、市、县人民代表大会代表以及联系乡镇人大有关选举任免联络等方面的具体工作和负责做好参加市人大会议的祁东县代表团的有关服务工作等职责。

其次，贺某甲利用职务上的便利，非法收受他人财物，为他人谋取利益。2012年12月28日至2013年1月3日，湖南省衡阳市召开第十四届人民代表大会第一次会议，贺某甲以祁东县代表团工作人员身份参加会议。大会召开前，贺某甲利用其职务便利组织及参加了11名省人大代表候选人的拉票贿选活动，收受11名省人大代表候选人贿赂共计现金44000元。大会召开前及会议期间，贺某甲召集祁东县代表团相关人员开会研究部分省人大代表候选人送至祁东县代表团的贿选金的接收、保管问题，并参与决定安排人员接收、保管，将贿选金分发至该代表团的市人大代表及工作人员，促使50余名省人大代表候选人的贿选得以实施。

最后，贺某甲实施上述行为时具有犯罪故意。贺某甲的上述事实表明，贺某甲明知自己的行为会造成危害社会的结果，还希望发生上述结果。贺某甲对自己的受贿行为具有故意。

---

[1]张明楷：《刑法学》，436页，北京，法律出版社，2011年。

因此，贺某甲身为国家机关工作人员，在衡阳市第十四届人民代表大会第一次会议选举湖南省第十二届人大代表期间，利用职务之便收受多名湖南省人大代表候选人的贿赂款共计人民币44000元，其行为构成受贿罪。

2.贺某甲的行为构成破坏选举罪

根据《刑法》第二百五十六条的规定，在选举各级人民代表大会代表和国家机关领导人员时，以暴力、威胁、欺骗、贿赂、伪造选举文件和虚报选举票数等手段破坏选举或者妨害选民和代表自由行使选举权和被选举权，情节严重的，成立破坏选举罪。本案中，贺某甲的行为构成破坏选举罪。

首先，本案发生在衡阳市第十四届人民代表大会第一次会议选举湖南省人大代表期间。其次，贺某甲在接受贿赂后，在大会召开前及会议期间，贺某甲召集祁东县代表团相关人员开会研究部分省人大代表候选人送至祁东县代表团的贿选金的接收、保管问题，并参与决定安排人员接收、保管，将贿选金分发至该代表团的市人大代表及工作人员，促使50余名省人大代表候选人的贿选得以实施。最后，因为前述王某甲、周某甲的行为构成破坏选举罪，而贺某甲帮助王某甲、周某甲实施破坏选举的行为，贺某甲的行为亦构成破坏选举罪。

3.贺某甲的行为应数罪并罚

贺某甲一人犯数罪，应当实行数罪并罚。根据《刑法》第六十九条关于数罪并罚的一般原则的规定，判决宣告以一人犯数罪的，除判处死刑和无期徒刑的以外，应当在总和刑期以下、数刑中最高刑期以上，酌情决定执行的刑期，但是管制最高不能超过三年，拘役最高不能超过一年，有期徒刑总和刑期不满三十五年的，最高不能超过二十年，总和刑期在三十五年以上的，最高不能超过二十五年。因此，法院最终判决，被告人贺某甲犯受贿罪，判处有期徒刑二年六个月；犯破坏选举罪，判处有期徒刑一年六个月。决定执行有期徒刑三年。

四、衡阳破坏选举案的反思

有媒体曾报道，衡阳破坏选举案件涉案人员之多，涉案金额之大，性质之严重，影响之恶劣，堪称前所未有。该案是对我国人民代表大会制度的挑战，是对社会主义民主政治的挑战，是对国家法律和党的纪律的挑战。

中国宪法学研究会会长韩大元教授在接受《人民日报》记者采访时表示，

"此案具有严重危害性"：其一，破坏了选举的公平与公正性，是对民主原则的损害。其二，使代表当选丧失合法性与正当性。人大代表是以选民的自由意志为基础选举产生的，人民代表大会代表的权力来自于人民的授予，只有公正选举产生的人大代表才具有合法性与权威性，才具有广泛的社会基础。以贿赂手段获取代表资格，妨害了选举人自由行使选举权，使他们违背自由意志投票选举，实际上导致选出的代表不具备民意基础，无法成为人民利益和意志的代言人。其三，粗暴践踏了公民的选举权与被选举权，是对社会主义法治的破坏。在建设法治国家的今天，这种恶劣行为也损害了国家机关的权威性，败坏了党和政府的形象，必须依法严肃追究。①

2014年11月，中共中央办公厅下发《关于湖南衡阳破坏选举案件处理情况及其教训警示的通报》，标志着衡阳破坏选举案的处理已基本完毕。据媒体报道，衡阳破坏选举案共有466人被给予纪律处分，法院对包括湖南省政协原副主席童名谦在内的69人判处有期徒刑、拘役或剥夺政治权利等刑罚。

在人大代表选举中出现贿选，事后除了追究有关人员的责任之外，还需要反思为什么会产生贿选现象。之所以贿赂在选举中会发生，主要是因为贿赂对于行贿者和受贿者都是有利可图的。对于行贿者来说，行贿者通过付出一定的金钱，从而得到省级人大代表的资格，而这个资格对行贿者来说，一定是有着比他行贿成本更大的好处。否则，行贿者作为一个理性人是不会做的。对于受贿者来说，他能够得到一笔钱，即使这笔钱不是很多，但是他失去的东西基本上非常少。因为行贿者当选人大代表对他来说不是什么重大的事情，对其不会产生很大的危害，否则他就不会选他。而且即使他认为有更好的候选人当选省人大代表，但是他会认为反正自己的一票是无法改变选举结果的。②

在反思贿选出现原因的同时，我们更应该寻求如何完善选举和民主的道路。正如2015年3月8日第十二届全国人大常委会委员长张德江在十二届全国人大三次会议第二次全体会议作全国人大常委会工作报告时所讲到的："湖南衡阳破坏选举案已经依法依纪严肃查处。这个案件教训十分深刻，必

①《湖南严查衡阳破坏选举案——56名省人大代表当选无效》，载《人民日报海外版》，2013年12月30日第4版。

②张千帆：《宪法学导论——原理与应用》，120页，北京，法律出版社，2014年。

须引以为戒，完善制度，堵塞漏洞。要切实加强党对人大代表选举工作的领导，把好代表'入口关'，坚持严格依法办事，充分发挥各级人大常委会职能作用，完善代表资格审查机制，加强对选举全过程的有效监督，确保选举工作风清气正。"①

（一）充分发挥选举机构的作用

在衡阳破坏选举案中，选举机构的不作为以及相关工作人员参与到破坏选举当中来是一个不争的事实。根据《选举法》第五十六条的规定，主持选举的机构发现有破坏选举的行为或者收到对破坏选举行为的举报，应当及时依法调查处理；需要追究法律责任的，及时移送有关机关予以处理。在衡阳破坏选举案中，童名谦作为衡阳市十四届人大一次会议临时党组书记、大会主席团常务主席，未正确履行职责，对于选举中存在贿选的情况反映，未严格依照《选举法》和相关规定进行调查、处理；之后，对于选举中存在贿选问题的举报，也未依照有关规定进行立案、调查、处理。又如，本文中提到的选举机构的工作人员贺某甲，利用其职务便利组织及参加了11名省人大代表候选人的拉票贿选活动，收受11名省人大代表候选人贿赂。大会召开前及会议期间，贺某甲召集祁东县代表团相关人员开会研究部分省人大代表候选人送至祁东县代表团的贿选金的接收、保管问题，并参与决定安排人员接收、保管，将贿选金分发至该代表团的市人大代表及工作人员，促使50余名省人大代表候选人的贿选得以实施。可见，选举机构主要领导人的玩忽职守以及其工作人员参与贿选，直接导致了选举机构的职能未能发挥。

要使选举机构充分发挥作用，需要反思选举机构的组成和地位。例如，根据《选举法》的规定，在直接选举中，选举机构（选举委员会）是非常设的临时机构，承担的是有关选举事务的管理职能。要使选举委员会发挥更大的作用，则需要认真思考如何进一步提升选举委员会的地位、组成、职责等，从而使选举活动更为公正、可信。

根据《选举法》第八条的规定，在间接选举中，全国人民代表大会常务委

①张德江2015年3月8日在第十二届全国人民代表大会第三次会议上所作的《全国人民代表大会常务委员会工作报告》。

员会主持全国人民代表大会代表的选举。省、自治区、直辖市，以及设区的市、自治州的人民代表大会常务委员会主持本级人民代表大会代表的选举。不设区的市、市辖区、县、自治县的选举委员会受本级人民代表大会常务委员会的领导。乡、民族乡、镇的选举委员会受不设区的市、市辖区、县、自治县的人民代表大会常务委员会的领导。省、自治区、直辖市，以及设区的市、自治州的人民代表大会常务委员会指导本行政区域内县级以下人民代表大会代表的选举工作。省级、设区的市级人大常委会如何更好地主持本级人大代表的选举，如何指导本行政区域内的人大代表选举工作，也同样是需要认真考虑的问题。有学者建议，可考虑在省级政府，乃至中央政府设立专门的选举委员会，用以负责和指导全国和各地的选举管理工作。选举委员会组成人员必须包含党政官员之外的专业人士。选举委员会的运作应公开透明，建立专门的网站供民众查询，允许新闻媒体采访报道，同时可邀请民间机构观察监督。①

（二）优化候选人提名方式，完善候选人介绍制度，把好"入口关"

根据《选举法》第二十九条的规定，各政党、各人民团体，可以联合或者单独推荐代表候选人。选民或者代表，十人以上联名，也可以推荐代表候选人。为充分扩大群众参与，促进选举民主，首先，应当充分发挥联名提名机制的作用，即十人以上联名推荐代表候选人的机制。其次，对于提名的代表候选人都应当向全社会公开姓名、基本情况，并标明提名主体，以提高提名过程的透明度，接受公众的监督。最后，应保障代表候选人的平等地位，不管是组织提名的代表候选人，还是联名提名的代表候选人，任何有关代表候选人的活动安排，包括代表候选人公布时间、排列顺序、讨论、协商、预选，以及候选人情况介绍等，都必须平等，不能差别对待。

根据《选举法》第三十三条的规定，选举委员会或者人民代表大会主席团应当向选民或者代表介绍代表候选人的情况。推荐代表候选人的政党、人民团体和选民、代表可以在选民小组或者代表小组会议上介绍所推荐的代表候选人的情况。选举委员会根据选民的要求，应当组织代表候选人与选民见面，由代表候选人介绍本人的情况，回答选民的问题。由此可见，在直接选举中，选举

---

①张卓明：《民主机制完善之道：湖南衡阳人大贿选案的启示》，载《中国法律评论》，2015年第1期。

委员会根据选民的要求，应当组织代表候选人与选民见面，由代表候选人介绍本人的情况，回答选民的问题。这样有利于选民与代表互动，让选民了解代表候选人，选出能够真正代表其利益，反映其意见的代表。但是，在间接选举中，主要是由选举委员会或主席团介绍代表候选人，而且这种介绍实践中多为书面介绍，缺乏代表与代表候选人之间的强制见面程序，代表与代表候选人缺乏深入的交流与互动。因此，间接选举中也应增加代表与代表候选人的见面、回答问题环节。

（三）扩大直接选举的范围

衡阳破坏选举案发生在衡阳市人大代表选湖南省人大代表的间接选举过程中。由于间接选举中选举人数有限，从而给贿选提供了生产环境。例如，在衡阳破坏选举案中，王某甲、周某甲贿赂 500 多名人大代表，花了 260 万元左右。但是，若贿赂的对象为 500 多万人，则贿赂款需要达到 2.6 亿元左右。这样的金额相当惊人，在这种情况下，贿选当上代表能获得的利益和付出的代价完全不成正比，相应地，贿选的可能性则微乎其微。

我国 1953 年《选举法》规定的直接选举仅限于乡镇一级，到了 1979 年《选举法》，直接选举的范围扩大到县一级。到现在又过去了三十多年，直接选举范围应该有所扩展。而且，改革开放以来，我国的地方政府层级发生了变化，选民的素质和选民意识也有了很大的提高。为了更好地发展民主，笔者认为，在适当的时机应将直接选举扩展到设区的市一级，并且做好将直接选举的范围扩展到省一级的准备。

完善我国的选举和民主机制，不可能一蹴而就。除了上述一些措施外，完善党的领导，健全法治保障，坚持依法办事，健全差额选举机制，加强对选举全过程的有效监督等手段都会对我国的选举和民主机制的完善发挥重要的作用。笔者相信，在不远的将来，我国民主机制一定更美好。

（童策）

春城晚殇

——"3·1"昆明火车站暴力恐怖案件

2015年3月24日，云南省昆明市中级人民法院依法对犯有组织、领导恐怖组织罪和故意杀人罪的被告人依斯坎达尔·艾海提、吐尔洪·托合尼亚孜和玉山·买买提三名罪犯执行了死刑，对犯有参加恐怖组织罪、故意杀人罪的被告人帕提古丽·托合提，因其在被羁押期间怀有身孕被依法判处无期徒刑。到此，震惊中外的"3·1"昆明火车站暴力恐怖案件被画上了句号。善恶到头终有报，是非至此落尘埃。

一、案情回顾

昆明被称为春城，不光因为她良好的气候环境，更因为她深厚而悠久的历史文化底蕴，这里是护国运动的首义之地，这里是驼峰航线的始发之站。2014年3月1日晚，初春的和煦唤醒了这座城市的活力，昆明火车站华灯初上、车来人往，一切都像往常一样井然有序。当晚21时许，罪恶突然降临，人们不知何故，开始四下奔逃，到处是散落的行李和拖带血污的脚印，被冲散的亲人扯着嗓子相互呼喊，手足无措的孩子被吓得忘记了哭泣……痛苦和哀号瞬间弥漫了整个火车站，短短十几分钟，一百多名无辜者被砍倒在血泊中，一张春城夜静图被撕裂得粉碎，而造成这一幕的原来是一场蓄谋已久的屠杀！

罪恶的根源还得从2013年12月说起，依斯坎达尔·艾海提等暴徒因长期受到宗教极端思想的影响，相互纠集开始进行所谓的"伊吉拉特"和"圣战"，他们打算迁徙到境外参加恐怖组织，接受恐怖训练，以便能更好地实施暴恐活动，倘若迁徙失败，则就地实施杀人行动。本着这样的活动宗旨，暴徒们结成组织，选举头领，训练体能，共同观看、收听暴恐音、视频，一路辗转广东、内蒙古、云南等边境地区，在多次企图非法出境失败以后，决定就地实施杀人行动。

2014年2月24日至26日期间，潘多拉盒终被打开，罪恶的计划被酝酿了出来，依斯坎达尔·艾海提等暴徒纠集于云南沙甸，在一家理发店内开始了他们罪恶行径的最后部署，经过组织、策划，他们决定将犯罪地点选在昆明火车站，随后开始准备作案工具，共同购买了十余把长短刀，制作了暴恐旗帜，完成了一系列犯罪前的准备工作。

可人算不如天算，就在动手的前两天，依斯坎达尔·艾海提、吐尔洪·托合尼亚孜和玉山·买买提等三名暴徒因之前的非法出境行为被警方抓获，然而三名暴徒却刻意隐瞒犯罪计划为同伙争取时间，剩余五名暴徒遂于3月1日当晚按照原计划实施了杀人行动，造成31人死亡、141人受伤的严重后果，被害人中不乏孕妇、老人和孩子，其中身受刀伤最多的一名被害人，一人就被砍了15刀，有的被害人整个头颅几乎被完全割下，手段之残忍令人发指，情节之恶劣世所罕见！五名暴徒其中四名被民警当场击毙，一名女性暴徒帕提古丽·托合提被击伤并抓获。

昆明市人民检察院依法将依斯坎达尔·艾海提、吐尔洪·托合尼亚孜、玉山·买买提连同帕提古丽·托合提四名暴徒以组织、领导、参加恐怖组织罪、故意杀人罪诉至法院，检察机关认为被告人依斯坎达尔·艾海提、吐尔洪·托合尼亚孜、玉山·买买提组织、领导恐怖活动组织，并组织、策划在昆明火车站实施杀人暴力恐怖活动；被告人帕提古丽·托合提积极参加恐怖活动组织，并在昆明火车站实施杀人暴力恐怖活动，手段极其残忍。四名被告人犯罪情节特别恶劣、后果特别严重，应当以组织、领导恐怖组织罪、故意杀人罪追究依斯坎达尔·艾海提、吐尔洪·托合尼亚孜、玉山·买买提刑事责任；应当以参加恐怖组织罪、故意杀人罪追究帕提古丽·托合提刑事责任。

法院经过审理认为，被告人依斯坎达尔·艾海提、玉山·买买提邀约他人参加恐怖组织，被告人吐尔洪·托合尼亚孜多次出资用于组织活动，三被告人均具体组织、策划在人员密集场所实施暴力恐怖活动，均系恐怖组织的组织、领导者；三被告人在被公安机关抓获后，明知其组织成员即将实施杀人恐怖活动，拒不供述犯罪事实，积极追求暴恐犯罪目的的实现，应对恐怖组织所犯全部罪行承担责任。被告人帕提古丽·托合提积极参加恐怖组织，实施杀人行为，犯罪情节特别恶劣，罪行极其严重，鉴于其在羁押时已怀孕，属于依法不适用死刑的情形，不应适用死刑。据此，昆明市中级人民法院以组织、领导恐怖组织罪与故意杀人罪数罪并罚，判处被告人依斯坎达尔·艾海提、吐尔洪·托合尼亚孜和玉山·买买提死刑，以参加恐怖组织罪与故意杀人罪数罪并罚，判处帕提古丽·托合提无期徒刑。随后，被告人玉山·买买提提出上诉，云南省高级法院二审维持原判。

二、暴恐案件新态势

帕提古丽·托合提作为一个身怀六甲的孕妇，居然能不顾腹中胎儿，对他人举起屠刀，且据本案证据显示，就在其决定实施犯罪前，还和她的丈夫（被当场击毙的暴徒）阿卜杜热伊木·库尔班商议，将另一名幼子送走。这究竟是怎样一种扭曲的心态，才能让一个初为人母的女性丧失基本的人伦，与那些和她素不相识的老幼们不共戴天呢？

（一）恐怖组织犯罪的"恐怖"

相比较其他有组织犯罪，恐怖组织犯罪具有恐吓、要挟社会的目的，其手段具有强烈的精神和心理刺激作用。[1] 恐怖组织犯罪的恐怖之处就在于它的犯罪动机具有反人类、反社会、反文明的特性，该种犯罪往往以某种"名义"作为指引，将与之持有不同看法或生活态度的人看作异类随意屠杀，在名义的驱使下，暴徒自觉犯罪是心安理得的，甚至将自己视为捍卫"名义"的英雄而愈发丧心病狂。

为了宣扬这种"名义"，暴徒们不会将犯罪做得躲躲藏藏，而是更希望它血淋淋、赤裸裸地展现在世人面前。于是，我们才看到，在本案中，暴徒实施砍杀行为之前还制作了暴恐旗帜，俨然是一副与整个文明社会开战的嘴脸。他们毫不顾忌他人生命的同时，也漠视自己的生死，以期通过这种践踏生命的戏剧化演绎让全社会感到恐慌。

正是由于这种血腥演绎毫无规律可循，毫无道理可言，所以，每一个人都

---

[1]刘凌梅：《国际反恐怖犯罪与我国刑事立法》，载《法学评论》，2001年第2期。

可能会成为暴恐犯罪的受害者。这种无差别的杀戮行为让整个社会都处于恐怖主义犯罪的威胁之下，人们无法预知何时、何地会受到暴徒的伤害，无论是在车站，还是在商场，这类似于一种在和平时期制造战争状态的行为，进而使文明与秩序受到最为严重的挑战。

那么，暴恐分子所持有的"名义"究竟是什么呢？结合本案来看，主要是宗教极端思想，具体而言就是"伊吉拉特"和"圣战"。[①] 所谓"伊吉拉特"意指"迁徙"，现已失去原有本意，特指"赶赴圣战"。从法律层面讲，往往表现为非法出境，目的是为了到境外参加恐怖组织，实施"圣战"；倘若出境失败，恐怖组织往往会就地实施"圣战"，进行暴恐活动。可见，"伊吉拉特"虽然有"迁徙"的前置条件，但是依旧以追求"圣战"为目的，并不等同于普通的非法出境思想，其中暴力恐怖色彩是显而易见的。所谓"圣战"，即指"杀人殉教上天堂"，该种思想首先将非本教成员视为"异教徒"，将自己视为"圣战队伍"，提倡杀死"异教徒"，并认为借此就可以升入天堂。

无论"伊吉拉特"还是"圣战"的宗教极端思想，实际上都是对宗教教义的歪曲和断章取义，为的是凭借宗教外衣建立一套极端理论体系，从而为暴力恐怖行径寻找"合法"的宗教解释，使这种思想更具蛊惑性。在2014年里，新疆侦破的大量暴恐犯罪团伙，无一例外都收听、观看了"东突厥斯坦伊斯兰运动"的暴恐音、视频，受到宗教极端思想洗脑，极端分子在收听、观看完这些音、视频后，思想急剧发生裂变。比如，2014年6月27日，犯罪嫌疑人吐尔逊·吐来克持刀捅伤两名过路女性，之后据其交代，他正是受到了暴恐音、视频的蛊惑才实施的犯罪；吐鲁番"8·15"案犯罪嫌疑人祖农·艾合买提交代他用暴恐音、视频对自己的追随者进行"洗脑"，很快追随者被剥夺了思考和判断的能力，而他本人也为自己能够肆意操控他人感到得意。[②] 可见，宗教极端思想借助暴恐音、视频等资料而存在，危害甚巨，那么，这些思想究竟又是如何产生并传播的呢？我们不妨遵循信源—信道—信宿的脉络来逐一进行梳理。

首先从信源来说，据近些年我国查获的恐怖主义犯罪来看，我国境内所传

---

① 虽然这仅仅是"3·1"案反映出来的特点，但在我国查获的暴恐案件中颇具代表性。
② 潘从武：《暴恐音、视频成影响新疆稳定最大毒源》，载《法制日报》，2014年7月17日第5版。

播的宗教极端思想多来源于境外"三股势力"。所谓"三股势力"指的是暴力恐怖势力、民族分裂势力和宗教极端势力。① 特别是以"东伊运"、"世维会"为首的"三股势力"长期盘踞我国国境周围，他们通过断章取义、歪曲宗教教义的方法形成宗教极端思想体系，鼓吹"伊吉拉特"和"圣战"，并将这种思想以及实践这种思想的犯罪方法制作成视频、音频以及书籍，从而形成宗教极端思想的信息来源。"三股势力"制造宗教极端思想，但并不代表他们相信这种思想。从案件查处的实际情况来看，大多数实施暴恐犯罪的人员是受到宗教极端思想蛊惑的普通人，而并非来自境外恐怖组织自己的成员，可见，境外恐怖组织一方面鼓吹"杀人殉教上天堂"，另一方面却龟缩境外，只教他人送死，他们根本不相信天堂的存在，所谓宗教极端思想背后，暗藏的是制造混乱、分裂民族、分裂国家的政治阴谋。

值得注意的是，目前国际反恐尚未形成共同意识，一些国家在反恐问题上阳奉阴违，首鼠两端，妄图利用恐怖组织实现制约他国的外交策略，对他国反恐行动恶意指摘，从中作梗，一定程度上给"三股势力"提供了滋生暗长的环境，国际反华势力与"三股势力"的结合造成我国反恐形势日趋严峻，也使得国际恐怖组织几成气候，甚至在一些国家割据疆土，对抗当局政府。

从信道来看，随着信息时代的到来，境外恐怖组织传播宗教极端思想的渠道也日趋多样化，大致可以归纳为两种形式：一种是通过互联网、手机等新通讯方式将大量暴恐音、视频资料、文字资料传入我国境内，这些资料一方面在思想上为人"洗脑"，鼓吹"杀人殉教上天堂"，另一方面教授犯罪方法，如制作爆炸装置等；另一种是操纵非法"台比力克"，所谓"台比力克"原指讲经活动，我国法律保护正当的宗教活动，而非法"台比力克"指的是在法律许可范围以外，披着讲经外衣传播宗教极端思想的行为。从实践来看，境外恐怖组织操纵境内非法"台比力克"主要有两种形式：一种是由境外恐怖组织直接操控的讲经人员来完成，另一种是一些信教人员在观看完暴恐音、视频资料和文字资料以后，实现自我极端化，从而自愿为境外恐怖组织传播宗教极端思想，实际上是受到境外恐怖组织宗教极端思想的间接控制。在"3·1"案中，同样

① 根据 2001 年 6 月 15 日，上合组织签署《打击恐怖主义、分裂主义和极端主义上海公约》解读。

集中体现了上述特点：首先，在本案中查获被告人的手机中发现了大量涉恐音、视频资料；其次，据被告人供述，他们确实共同观看了这些音、视频资料，并深受影响；再次，为首的恐怖分子在观看了这些暴恐音、视频后对其他成员开展非法"台比力克"，强化组织成员宗教极端思想，最终实施了暴恐活动。可见，相比较传统的宗教极端思想传播方式，利用网络的传播，其流毒更加广泛，而由此助推的非法"台比力克"也更加难以防范。

从信宿来看，原来宗教极端思想的转播一般是集中在我国新疆等地，因为这些地方具有宗教信仰的传统，有利于宗教极端思想鱼目混珠，蛊惑人心。所以，在"3·1"案以前，我国较为严重的暴恐案件还大多发生在新疆地区，但是从"3·1"案以后，形势发生急剧变化。

首先，"伊吉拉特"在宗教极端思想中占据了重要地位，从而使得宗教极端思想随着"迁徙"的恐怖分子一起流向内地，特别是边境地区。从现实情况来看，笔者认为"伊吉拉特"并不是比"圣战"有所缓和，相反，具有更加严重的破坏性：其一，通过鼓吹"伊吉拉特"会使得接受宗教极端思想的恐怖分子四下流窜，倘若出境不成则就地实施"圣战"，这实际上就会将暴恐袭击由新疆一省引向内陆全境，危害范围更加广泛且打击着力点变得相对分散；其二，"伊吉拉特"表面上看具有"迁徙"的非暴力伪装性，实则暗含暴力色彩，从而使其传播更加具有隐蔽性。比如，在"3·1"案中，暴恐分子在实施"伊吉拉特"时准备了刀具，一旦出境不成即打算实施暴力，表面上看是一场有组织的非法出境活动，实则暗藏杀机，且比赤裸裸的"圣战"行动更加难以防范。

其次，"伊吉拉特"思想使得国内反恐形势与国际反恐形势连为一体。随着国际恐怖组织毒瘤日益恶化，"伊吉拉特"已经变相成为国际恐怖组织获取人力资源的一条重要渠道。据查，我国很多恐怖主义案件中，恐怖分子所谓"伊吉拉特"的目的大多是为了加入到境外恐怖组织"赶赴圣战"。所以，一国之内对"伊吉拉特"的打击实际上已经不仅仅是国内反恐的问题，而是全球反恐战略的重要一环了。

再次，宗教极端思想的信宿有向年轻人、妇女转移的趋势。"3·1"案中的被告人多是20来岁的年轻人，在我国近几年查获的其他类似暴恐案件中，被抓获的嫌疑人也体现出年轻化的特点。可见，宗教极端思想的传统信宿主要集中于新疆地区的一些年轻人，这类人通常受教育少、涉世不深，容易被蛊惑，以为通过"杀人殉教上天堂"就能一劳永逸地获得富足的生活。而在"3·1"案中还反映出来的一个特点就是出现了女性暴徒，且两名女性暴徒在暴恐活动中都起到了至关重要的作用。

（二）恐怖组织犯罪的"组织"

"恐怖组织犯罪是有组织犯罪的最高形态。"①境外恐怖组织有的有着严密的组织体系和层级结构，成员相对固定，通常存在一套自上而下的管理体制，这类恐怖组织往往能够发动规模性的恐怖袭击。比如，美国"9·11"恐怖袭击，对此类恐怖组织，打击其首要分子对组织本身能够形成重创。但是在我国境内，尚未发现存在如此严密而庞大的恐怖组织，因为宗教极端思想的蛊惑目标具有不确定性，所以我国目前的恐怖组织犯罪多以零星散乱的形式出现，往往是一帮共同"伊吉拉特"的恐怖分子一拍即合形成，虽然组织结构始终存在，但是人员变动很大。

从组织管理来看，目前我国境内出现的恐怖组织并不都是自上而下的管理体制，有很大一部分恐怖组织，在实施恐怖活动时往往是集体讨论，共同策划，一起实施，他们的管理体制不是"金字塔式"的垂直结构，而更像"委员会式"的平行结构。比如，在"3·1"案中，到昆明火车站实施暴恐犯罪决议并不是由一名领导者做出来的，而是由多名男性成员共同商议得出的结果，这也就是为什么在本案判决中会出现三个组织、领导者，却只有一个参加者的原因。

平行散乱的管理结构很难组织起规模化的暴恐袭击，所以在我国很少出现类似"9·11"袭击那样需要较高技术含量的暴恐犯罪，但因其组织不甚严密，犯罪手法简单，所以打击起来也异常困难，针对某一恐怖组织，击其部分核心成员也很难使整个组织覆灭。比如，在"3·1"案中，警方在暴恐活动实施以前将依斯坎达尔·艾海提等人抓获，但是并不足以使整个暴恐计划破产，松散的机构使得恐怖组织在出现人员缺位时可以迅速修复，剩余人员照样能按照原定计划实施犯罪，在我国其他一些暴恐案例中，有时甚至出现独狼式的袭击。②

松散的组织结构并不意味着容易瓦解，相反其易于纠集且存在时间会更长。

①于志刚：《我国刑法中有组织犯罪的制裁体系及其完善》，载《中州学刊》，2010年第5期。
②独狼式袭击指由单个恐怖分子发动的暴恐袭击。

国内的恐怖组织其核心凝聚力往往不像黑社会性质组织那样是某一个人或是某几个人，而是某种思想，因为思想不具有物质形态，所以很难被铲除，再加上松散的结构使得领导结构多元化，所以人员的变动很难撼动恐怖组织的存在。易言之，少了谁恐怖组织都能运行，所以我们看到"3·1"案中的恐怖组织人员一再变动，但是"伊吉拉特"和"圣战"的思想却是始终贯彻的。这确实会给司法实践带来难题：一方面是对恐怖组织的认定；另一方面是对组织、领导者的判断。

(三) 恐怖组织犯罪的"犯罪"

随着通信技术的不断进步，境外恐怖组织利用新媒体技术大肆散布实施暴恐犯罪的方法，这使得我国暴恐犯罪的形式越来越多样化、复杂化。比如，在"3·1"案中，暴恐分子通过音、视频资料训练杀人方法，已使得自己在心理和犯罪技术上异于常人。通常来说，一般的杀人犯罪，行为人多少会产生一定的恐惧甚至是不忍的心态，这是一种动物的本能，在这种心态的作用下，杀人者多会伴有强烈的犹豫和思想斗争，实施杀人行为并不见得会如此顺畅。而经过暴恐音、视频训练的恐怖分子却不一样，本案中，从整个犯罪过程我们可以看到，五名暴徒先由昆明火车站临时候车区开始，辗转站前广场、售票大厅、小件寄存处等地，肆意砍杀无辜群众，面对慌乱的场面和血腥的环境丝毫没有紧张之感，且不分老幼，不辨男女，毫无怜悯之情，完全超过常人的心理承受能力；为实现杀伤量的最大化，他们专往人群密集处行凶，专朝他人致命部位下手，力求短时间内致人死亡。据本案伤情、尸检报告显示，被砍死、砍伤的被害人受伤部位多集中于头部、颈部和胸腹部，很多被害人是一刀致命。

正是在这种新型犯罪手法的指导下，才使得暴恐分子无论在心理上，还是在手段上，都具备了一种杀人狂魔的特质，所以，虽然从表面上看只是原始的砍杀手段，但相较于一般的砍杀行为，却能产生更为严重的犯罪后果。除了砍杀方法以外，暴恐音、视频资料还传授制造爆炸物等其他犯罪方法。比如，2014年5月22日在新疆乌鲁木齐早市发生的暴恐案件，恐怖分子就是采用爆炸的方式实施暴恐犯罪，造成30余人死亡，90余人受伤的严重后果。可见，现阶段暴恐犯罪的人员在涉恐音、视频资料的"洗脑"和训练下，思想更加极端，心态更加扭曲，手段更加残忍，犯罪方法也更加多样，这对我国的反恐战略来说将是一项新的挑战。

三、反恐战略新应对

针对"3·1"案所折射出的暴恐案件新态势，笔者认为，我国应当适时调整反恐整体战略，从立法和司法两个方面完善打击体系，惩防结合当以预防为主，最大限度抑制暴恐毒瘤的蔓延。

(一) 通过专门的《反恐法》来打击恐怖主义犯罪

目前，我国对于恐怖主义犯罪只是在刑法典中散落规定了一些条款，既不完备，也不成体系。面对日趋复杂而严峻的反恐形式，光靠一些散落条款的打击力度显然是不全面的，这势必造成我国反恐战略法律支援上的不足。

1.不利于打击宗教极端思想

市民刑法通常在思想和言论的管控方面保持克制，所以在刑法典中很难为传播宗教极端思想找到相应的罪名，因为对宗教教义断章取义的解读很难就被解释成"犯罪方法"，所以即使有传授犯罪方法罪的条款，在打击宗教极端思想的实践中也很难被适用。可是从上文分析我们不难看出，宗教极端思想是我国暴恐犯罪的毒源所在，它是境外组织得以操纵暴恐行动的纽带，倘若只是对零星暴恐活动本身实施打击，而对宗教极端思想泛滥束手无策，那么实际上是治标不治本，对整个反恐战略而言是失败的，通过立法给予宗教极端思想以专门回击显然是必要的。目前我国多以煽动分裂国家罪来处理传播宗教极端思想的行为，在笔者看来这或许是存在问题的。

首先，宗教极端思想实际上是为人提供一种犯罪动机，也就是所谓的"杀人殉教上天堂"，我们可以说，境外恐怖组织传播这些思想的实质目的是制造混乱，从而分裂国家，但是境内的再传播有时候未必见得暗含这样的故意。比如，"3·1"案中首要分子依斯坎达尔·艾海提等人对组织其他成员进行非法"台比力克"，为他人灌输宗教极端思想。基于扭曲的心态，传播者相信"杀人殉教上天堂"的可行性，即便这种想法是无稽而荒诞的，但也很难折射出有煽动分裂国家的打算。

其次，刑罚目的是特殊预防和一般预防的结合，易言之，刑罚应当清楚地告诉世人什么是该做的，什么是不该做的，煽动分裂国家罪只能告诉世人不能煽动分裂国家。那么，倘若行为人真诚地相信"杀人殉教上天堂"，一心求死升天却没有分裂国家的打算，又当如何处置呢？可见，要实现一般预防，刑罚的理由不能存在模糊性，必须一针见血地指出哪种行为是被禁止的。

再次，刑法不能对宗教极端思想直接亮剑，模棱两可的态度很容易让非法"台比力克"等行为顺利披上宗教的外衣，而国外打算利用恐怖主义的反华势力也会以"正常的宗教活动"为借口大打人权牌，使得我国在打击宗教极端思想传播行为的过程中处于被动。

2.容易造成对恐怖主义犯罪的量刑不均衡

同样是犯罪行为，恐怖组织的特殊之处在于他们受到某种思想的指引，基于一种与规范不共戴天的心理而实施犯罪，所以手段更加残忍，结果更加严重，破坏更加巨大，换句话说，不法程度要远高于同类的一般犯罪行为。与此同时，因为恐怖组织犯罪对规范持有一种彻底的敌对态度，所以其责任也远远重于一般犯罪。举例来说，就拿"伊吉拉特"行为与一般的偷越国边境罪进行比较，从行为外在表现来看并无二致，无非是出境目的不一样。倘若单纯从《刑法》第三百二十二条的角度来看，出境目的又恰好不是需要关注的构成要件，所以结局就是两种行为可能获得相同的处断刑，一年以下有期徒刑，拘役或者管制。可是一个偷越国境打工的犯罪分子和一个偷越国境"赶赴圣战"的恐怖分子，将来可能造成的危害存在天壤之别，对双方各处一样的刑罚显然是不均衡的。再者，《刑法》第三百二十二条最高刑期为一年有期徒刑，对于一个满脑宗教极端思想正在"赶赴圣战"的恐怖分子，一年有期徒刑又怎么能够产生足够的威慑和感化呢？

3.容易造成打击恐怖主义犯罪的法网漏洞

"伊吉拉特"外在行为表现与偷越国边境行为相似，在"3·1"案中恐怖分子也几次企图偷越国边境而未能得逞，倘若只是用《刑法》第三百二十二条来处理这种行为，那么顶多只能算是偷越国边境罪的未遂犯，但是我国刑法原则上只对重罪的未遂予以处罚，[1]比如对于故意毁坏财物罪理论上就不存在未遂犯。那么，对于偷越国边境这样法定刑在一年以下有期徒刑的犯罪，就很难处罚其未遂行为，结局就很可能会使得这些"伊吉拉特"的恐怖分子被释放。可是正如上文所述，"伊吉拉特"暗含的暴力成分不可小觑，

①刘明祥：《论危险犯的既遂、未遂与中止》，载《中国法学》，2005年第6期。

一方面其"赶赴圣战"的指导使得暴力转化成为必然，另一方面，出境不成就地实施"圣战"使暴力转化具有高度盖然，倘若不在第一时间采取行动，那么反复出境不成的恐怖分子往往会在内地就地实施"圣战"，制造出更多如"3·1"案这样的暴恐犯罪。

4.容易造成管辖上的不便

以往内地发生暴恐案件，考虑到案件办理的便利以及打击尺度的统一，经常采用的一种做法是将案件移交新疆地区办理。但是随着暴恐案件逐渐向我国内陆地区渗透，大量案件转移不光会造成管辖权上的混乱，加大新疆地区反恐任务的负荷，同时也不利于内地反恐力量的培养，以及全国性反恐网络的建立。

有鉴于此，为了防范和惩治恐怖活动，加强反恐怖主义工作，维护国家安全、公共安全和人民生命财产安全，2015 年 12 月 27 日第十二届全国人民代表大会常务委员会第十八次会议通过了《中华人民共和国反恐怖主义法》。该法全面系统地规定了我国反恐怖工作的体制、机制、手段和措施，它的出台必将为我国依法打击暴恐活动，维护国家安全、公共安全和人民生命财产的安全以及加强国际反恐合作提供更加坚实的法律支撑和保证。

（二）宜采取行政认定与司法认定相结合的模式来判断恐怖主义犯罪

对于一国而言，认定恐怖组织的方式有两种：一种称为行政认定方式，指的是通过行政机关颁布恐怖组织名单加以认定。比如，我国公安部 2003 年 12 月 15 日首次公布了 4 个恐怖组织和 11 名恐怖分子的名单，4 个恐怖组织分别为："东突厥斯坦伊斯兰运动"、"东突厥斯坦解放组织"、"世界维吾尔青年代表大会"和"东突厥斯坦新闻信息中心"。另一种称为司法认定方式，指的是司法机关根据类型化的法律规定以及具体的案件事实来判断涉案组织是否是恐怖组织。2011 年 10 月 29 日《全国人大常委会关于加强反恐工作有关问题的决定》明确规定："恐怖活动是指以制造社会恐慌、危害公共安全或者胁迫国家机关、国际组织为目的，采取暴力、破坏、恐吓等手段，造成或者意图造成人员伤亡、重大财产损失、公共设施损坏、社会秩序混乱等严重社会危害的行为，以及煽动、资助或者以其他方式协助实施上述活动的行为。""恐怖活动组织是指为实施恐怖活动而组成的犯罪集团。""恐怖活动人员是指组织、策划、实施恐怖活动的人和恐怖活动组织的成员。"以上规定成为我国通过司法方式认定恐怖组织及其成员的主要依据。

有学者提出，我国在认定恐怖组织时采用的是行政模式与司法模式相结合的双轨模式，一方面，由立法机关发布认定恐怖组织的解释，由司法机关在具体案件中加以适用，另一方面由行政机关依据法律对国内外恐怖组织加以认定。①问题是，两种认定方式究竟是一种什么样的关系呢？比如，对于已经被行政机关认定为恐怖组织成员的，因为具体实施暴恐犯罪而进入了司法程序，法官是否可以不依据司法认定的相关法律文件，而直接比对行政机关的恐怖组织以及恐怖分子名单加以认定呢？又比如，当在案件中遇到需要判断犯罪组织性质时，是先考虑行政认定呢，还是先考虑司法认定？

笔者认为，行政认定和司法认定并非一个硬币的两个面，而是两个不同领域的问题。诚如上文所论，反恐策略重在预防，所以行政认定有利于锁定恐怖组织和恐怖分子，通过行政管理的方式防御暴恐活动，如限制恐怖分子名单上的人员入境。同时，行政认定也有利于国际合作，共同打击国际恐怖组织及相关人员。从这个角度上来说，行政认定是一种主动打击的模式，能避免司法认定的滞后性而造成的防御不及时。但是行政认定也有其缺陷，因为名单的相对固定可能无法适应恐怖组织的多变，如目前我国境内零星散乱式的恐怖组织根本不可能完全囊括于一个名单之中。

而司法认定主要是在案件办理过程中采取的方式，虽然其存在认定上的滞后性，但是通过类型化判断方式可以避免那些不在名单上的恐怖组织和恐怖分子逃脱法网。从法理上讲，司法机关据以裁判案件的依据应当由立法机关颁布，行政机关颁布的规范性文件可作参考，但不能与立法等量齐观。比如，在行政诉讼中，同时存在法律和地方规章时，司法机关应当适用法律。将此法理借鉴于刑事案件也是一样的道理，当同时存在行政认定和司法认定的模式时，笔者认为，司法机关应当首先适用司法模式，将行政认定作为参考，无论行政机关的名单里有没有涉案恐怖组织以及恐怖分子的名字，都不能影响法官的自由裁量。比如，"3·1"案中的恐怖组织及涉案人员均不在公安部划定恐怖组织与恐怖分子名单之列，其组织性质就是由司法机关依据司法判断的方式认定出来的。

---

①赵秉志、杜邈：《恐怖组织认定模式之研究》，载《现代法学》，2006 年第 3 期。

（三）恐怖组织犯罪主犯认定方法

恐怖组织犯罪之所以存在巨大的破坏性，正是因为其属于有组织性犯罪，判断组织性犯罪的主犯，实际上是确定组织中不同行为人承担刑事责任范围与程度的重要一环。

根据我国《刑法》第二十六条的规定："组织、领导犯罪集团进行犯罪活动的或者在共同犯罪中起主要作用的，是主犯。"可见，我国《刑法》中主犯一共有两类：一类是组织、领导犯罪集团进行犯罪活动的人，另一类是在共同犯罪中起主要作用的人。回归"3·1"案，我们会发现，两种主犯类型在本案中都有所体现，根据上文提到《全国人大常委会关于加强反恐怖工作有关问题的决定》（以下简称《决定》）来看，恐怖组织属于犯罪集团，那么首先即肯定了恐怖组织犯罪属于集团犯罪，在其中起到组织、领导作用的人员即属于本案的第一类主犯；恐怖组织成立以后，又具体实施了昆明火车站的暴恐活动，倘若单独就昆明火车站砍杀行为来看，这就是一起共同犯罪，那么在这一起共同犯罪中起主要作用的人员同样属于主犯。

明确主犯范围以后，再来看主犯应当承担刑事责任的范围，根据我国《刑法》第一百二十条的规定："犯前款罪并实施杀人、爆炸、绑架等犯罪的，依照数罪并罚的规定处罚。"也就是说，在恐怖组织具体实施某项暴恐犯罪以后，其刑事责任范围的判断应当存在两个方面：第一个方面是判断其在组织、领导、参加恐怖组织罪中的刑事责任范围，第二个方面是判断其在具体暴恐犯罪中的刑事责任范围。而前后两个方面的判断其实是紧密联系的。

根据我国《刑法》第二十六条规定："对组织、领导犯罪集团的首要分子，按照集团所犯的全部罪行处罚。对于第三款（即前款）规定以外的主犯，应当按照其所参与的或者组织、指挥的全部犯罪处罚。"可见，对于第一类主犯，即犯罪集团的组织、领导者，首先应当承担《刑法》第一百二十条组织、领导犯罪集团罪的刑事责任；其次应当为集团所犯全部罪行承担刑事责任。这里又存在两种情况：有一种情况是组织、领导者直接组织、指挥某一起恐怖活动，则当然应当就该次犯罪承担刑事责任；有一种情况是虽然组织领导者没有参与某一起恐怖活动的组织、指挥，但因为犯罪行为没有超出集团宗旨范围，同样也要为集团所犯全部罪行承担刑事责任。当然，所谓"集团所犯全部罪行"不是指"集团成员所犯全部罪行",而应当在组织、领导者主观责任和个人责任的限制范围之内。①即在首要分子总体性、概括性的故意范围之内,属于组织行为所预设的犯罪类型。比如,恐怖组织受宗教极端思想以实施"伊吉拉特"和"圣战"为宗旨,倘若在该宗旨指导下,集团成员实施了非法出境活动以及暴恐活动,那么就算组织、领导者没有直接组织、指挥,也应当就此承担刑事责任。

对于第二类主犯,因为并非恐怖组织的组织、领导者,而系参与者,故首先应当承担《刑法》第一百二十条参加恐怖组织罪的刑事责任;其次,再看其具体参加的某一项恐怖活动,究竟在其中发挥什么样的作用,倘若其对某一项恐怖活动发挥了组织、指挥或者直接实施等主要作用,那么就应当对该具体暴恐犯罪承担主犯的刑事责任。

综上可见,对于暴恐犯罪必须逐层判断,首先,判断行为人在恐怖组织中所发挥的作用,进而分别确定组织者、领导者和参加者;其次,再来确定在某一次暴恐犯罪中他们各自的刑事责任范围以及程度;最后,将前后两个刑事责任合并得出行为人各自总体应当承担的刑事责任。以上顺序不能颠倒,不可混淆,即不能因为行为人在某一次暴恐犯罪中作用突出就将其升格为组织中的组织、领导者,进而让其承担那些他根本无法控制的其他组织成员实施恐怖活动的责任,这将有违责任主义原则。再者,将判断顺序颠倒,有可能会使首要分子逃脱法律的制裁,比如在不进行组织成分判断之前,单独看某一项暴恐活动,如果组织、领导者正好没有对此次活动发挥组织、领导、实行等作用,那么就根本无法找到组织、领导者的实行行为,最终结局有可能就会放纵犯罪。

而司法机关对"3·1"案主犯的判断,在笔者看来实际上就是遵从这样的层次逻辑,首先,判断行为人对组织存在的作用,依斯坎达尔·艾海提作为组织头目,向组织成员灌输宗教极端思想,组织体能训练;吐尔洪·托合尼亚孜为组织提供资金支持;玉山·买买提拉拢他人加入恐怖组织;三人共同策划、组织恐怖组织的犯罪活动,三人均为恐怖组织的存在提供了必不可少的组织基础、资金基础和人力基础,属于组织、领导者。而帕提古丽·托合提虽然始终积极参与恐怖

①所谓主观责任是指行为人具有辨认和控制自己行为的能力,并有故意、过失和期待可能性时,才可以归责于行为人;所谓个人责任是指行为人只能对自己的行为及其结果承担责任。

组织，但是相较于三人，其维系组织存在的作用较弱，属于恐怖组织的参加者。

其次，再判断四名被告人在昆明火车站杀人行动中的责任，依斯坎达尔·艾海提、吐尔洪·托合尼亚孜、玉山·买买提在杀人行动之前被抓，没有具体实施犯罪，但是依然应当就杀人结果承担主犯的刑事责任，理由有二：其一，昆明火车站的杀人行动并没有超出恐怖组织"圣战"的宗旨范畴，作为组织、领导者的三名被告人应当就此集团所犯罪行承担全部刑事责任；其二，三名被告人具体参与制定犯罪计划，组织了整个砍杀行动，应当就其组织行为承担全部刑事责任。帕提古丽·托合提虽然不是恐怖组织的组织、领导者，无需对犯罪集团所有犯罪承担刑事责任，但是因其具体实施故意杀人行为，在昆明火车站暴恐活动中发挥主要作用，应当承担此次共同犯罪的全部刑事责任。

再次，将两层判断综合，认定依斯坎达尔·艾海提、吐尔洪·托合尼亚孜、玉山·买买提构成组织、领导恐怖组织罪和故意杀人罪；帕提古丽·托合提构成参加恐怖组织罪和故意杀人罪。

笔者认为，司法机关就本案的判断方法是可取的，倘若将两层判断混淆或是颠倒，那么本案的认定将会出现巨大的障碍。首先，如果不对组织成分进行前提判断，而是直接来看昆明火车站的暴恐案件，那么这场杀人行动就成为普通的共同犯罪，而依斯坎达尔·艾海提等三人在实施犯罪以前被抓获，没有具体实施砍杀行为，可能就会忽视三人对造成伤亡结果所发挥的作用，自然就会缺乏认定三人主犯身份的法理逻辑。其次，倘若先看杀人行动，那么帕提古丽·托合提的作用无疑是突出的，其不光在事前制作暴恐旗帜，而且在事中具体实施了砍杀行为，倘若以此反推，可能就会提升帕提古丽·托合提在恐怖组织中的作用，从而得出其属于恐怖组织的组织、领导者的结论。但是在某一项犯罪中的作用并不代表其在整个组织存在中所发挥的作用，以此反推方式就会产生一个错误结论：只要是参加了某项具体犯罪活动的组织成员都是犯罪集团的组织、领导者。本案能够将判断顺序理顺，一方面没有使组织、领导者逃脱法律制裁，另一方面没有因为某一次犯罪活动中的突出作用而加重参与者在整个恐怖组织当中的责任，使裁判结果很好地体现了当宽则宽、当严则严，宽严相济的形势政策。

（四）恐怖组织犯罪中的行为样态

根据最高人民法院、最高人民检察院、公安部联合出台的《关于办理暴力恐怖和宗教极端刑事案件适用法律若干问题的意见》（以下简称《意见》）的规定："为制造社会恐慌、危害公共安全或者胁迫国家机关、国际组织，组织、纠集他人，策划、实施下列行为之一，造成或者意图造成人员伤亡、重大财产损失、公共设施损坏、社会秩序混乱的，以组织、领导、参加恐怖组织罪定罪处罚：(1)发起、建立恐怖活动组织或者以从事恐怖活动为目的的训练营地，进行恐怖活动体能、技能训练的；(2)为组建恐怖活动组织、发展组织成员或者组织、策划、实施恐怖活动，宣扬、散布、传播宗教极端、暴力恐怖思想的；(3)在恐怖活动组织成立以后，利用宗教极端、暴力恐怖思想控制组织成员，指挥组织成员进行恐怖活动的；(4)对特定或者不特定的目标进行爆炸、放火、杀人、伤害、绑架、劫持、恐吓、投放危险物质及其他暴力活动的；(5)制造、买卖、运输、储存枪支、弹药、爆炸物的；(6)设计、制造、散发、邮寄、销售、展示含有暴力恐怖思想内容的标识、标志物、旗帜、徽章、服饰、器物、纪念品的；(7)参与制定行动计划、准备作案工具等活动的。"

另据《意见》规定："参加或者纠集他人参加恐怖活动组织的，或者为参加恐怖活动组织、接受其训练，出境或者组织、策划、煽动、拉拢他人出境，或者在境内跨区域活动，进行犯罪准备行为的，以参加恐怖组织罪定罪处罚。"

根据以上规定，我们可以看出，所谓组织行为是指对恐怖活动组织的建立和维持提供组织支持和精神支持的行为。组织支持即以从事恐怖活动为目的，发起、建立训练营地，组织成员进行恐怖活动体能、技能训练等行为。

值得注意的是，除了组织支持，精神上的支持也属于组织行为，即为组建恐怖活动组织、发展组织成员或者组织、策划、实施恐怖活动，宣扬、散布、传播宗教极端、暴力恐怖思想的行为。宗教极端和暴力恐怖思想实际上是互为表里的关系，表面上，极端思想总是披着宗教的外衣出现在世人面前，实际上，是将实施暴力恐怖活动的组织目的隐藏在它的背后。宣扬者之所以要这么做，其目的在于利用宗教极端思想，使组织犯罪具有"宗教义务"化的色彩，从而实现对组织成员的指挥和控制。诚如上文所论，宣扬者通常通过播放涉恐音、视频资料，以及进行非法"台比力克"来向组织成员灌输这些思想，以此鼓动组织成员参加"伊吉拉特"和"圣战"。

根据《刑法》第九十七条规定来看，①所谓领导行为指的是"策划"和"指挥"行为，"策划"主要是指为组织出谋划策，制订犯罪计划；"指挥"主要是指依据犯罪计划，调派人员实施犯罪。②结合三部门出台的《意见》来看，具体是指实施了第三项行为，第七项中参与制订行动计划、指挥准备犯罪工具的行为，以及在第四项至第六项中发挥"策划"、"指挥"作用的行为。

这里需要单独强调一下的是第三项"在恐怖活动组织成立以后，利用宗教极端、暴力恐怖思想控制组织成员，指挥组织成员进行恐怖活动的"行为，笔者认为，"恐怖活动"一词的涵盖面要比"暴恐活动"广泛，如果从宗教极端思想的体系来看，暴恐活动指的是"圣战"等直接以暴力形式完成的犯罪行为，而"恐怖活动"除了"圣战"以外，还包括"伊吉拉特"等与暴力相当的其他破坏活动。之所以要将"伊吉拉特"解释为恐怖活动，从而使策划、指挥"伊吉拉特"的人该当领导者的刑罚，这是因为首先，从目的上来看，行为人"伊吉拉特"往往是为了到境外加入所谓"殉教队伍"，③从而参加境外的"圣战"活动，所以其最终目的与"制造社会恐慌、危害公共安全或者胁迫国家机关、国际组织"是完全契合的；其次，从手段上来看，一方面，"伊吉拉特"的本质就是非法出境的犯罪行为，另一方面，在司法实践中，恐怖分子实施"伊吉拉特"行为人多会准备武器，在偷越国边境不成的情况下转而采用暴力方式出境，属于《决定》中"采取暴力、破坏、恐吓等手段，造成或者意图造成人员伤亡、重大财产损失、公共设施损坏、社会秩序混乱等严重社会危害的行为"。足见，"伊吉拉特"应当属于恐怖活动，行为人如果在此活动中发挥了策划、指挥作用，应当构成恐怖组织中的领导者。

所以，笔者认为，《意见》中将"组织、策划他人出境，或者在境内跨区域活动"的行为认定为参加恐怖组织罪是值得商榷的，《刑法》第一百二十条规定的构成要件是"组织、领导恐怖组织"，而非"组织、领导暴恐活动组织"，所以只要组织、领导了恐怖组织中的恐怖活动，行为人就构成本罪的组织、领导者。

---

①我国《刑法》第九十七条规定："本法所称首要分子，是指在犯罪集团或者聚众犯罪中起组织、策划、指挥作用的犯罪分子。"

②张明楷：《犯罪集团首要分子的刑事责任》，载《法学》，2004年第3期。

③"殉教队伍"实际上就是指境外恐怖组织，这是一种以"宗教"名词实现自我美化的称谓。

不能因为出境行为比暴恐行为轻，就将出境行为中组织、领导的行为降档为参加行为，这样不光会使组织、领导、参加等概念间的界限变得模糊，也不利于罪名认定的逻辑一贯性，同时，这与《意见》第三项的规定也是存在冲突的。

所谓参加行为，是指"加入恐怖组织，使自己成为该组织的成员的行为"[1]。结合《意见》来看，参加行为具体指的是，行为人虽未实施组织、领导行为，但参与到《意见》第四至第六项行为当中，或者在第七项中实施了参与准备作案工具的行为，以及参加或者纠集他人参加恐怖活动组织的，或者为参加恐怖活动组织、接受其训练，出境或者煽动、拉拢他人出境，或者在境内跨区域活动，进行犯罪准备的行为。

从"3·1"案来看，依斯坎达尔·艾海提、吐尔洪·托合尼亚孜和玉山·买买提三名被告人进行恐怖活动体能、技能训练；为组织、策划、实施恐怖活动，宣扬、散布、传播宗教极端思想；利用宗教极端思想指挥组织成员进行恐怖活动；策划昆明火车站暴恐活动、制订行动计划、准备作案工具。符合《意见》第一项、第二项、第三项、第七项之规定，属于恐怖组织的组织、领导者。帕提古丽·托合提在三名被告人的组织、领导下，到昆明火车站对不特定人实施杀人行为；在实施犯罪前制作暴恐旗帜；在实施犯罪过程中展示暴恐旗帜。符合《意见》第四项、第六项之情形，属于恐怖组织的参加者。

"3·1"暴恐案件虽已过去，我们依然能够记得2014年3月2日的清晨，朝阳升起，昆明火车站上，列车准点运行，周边商铺照常开放，摩肩接踵的旅客在这里下车、又从这里起行……祥和与秩序依然弥漫在火车站的空气当中；春城市民以团结蔑视暴行，以文明反击野蛮。他们主动走上街头，为伤者献血，为逝者默哀，许多餐馆免费为巡警提供食物……在血浓于水的中华民族大家庭面前，暴徒们妄图制造社会恐慌的罪恶意图显然不会得逞、也永远不会得逞。春城晚殇虽然给这座城市带来了伤痕，但正如昆明市检察院的公诉人在法庭上所指控的那样："凶残的暴徒受到了法庭的公正审判，正是向世人昭示了这样一个真理：法网恢恢、邪不胜正！"

（简琨益）

---

[1]张明楷：《刑法学》(第四版)，617页，北京，法律出版社，2011年。

正义呼唤"罚当其罪"

——山东招远"全能神"血案

一、案情回顾

2014 年 5 月 8 日晚 9 点多，山东招远一麦当劳餐厅内，吕迎春、张帆、张立冬、张航、张巧联、张某（未成年）六名"全能神"邪教信徒，因向受害人吴艳硕女士索要电话号码遭到拒绝，竟将其当作"邪灵"活活打死，酿成了震惊全国的"全能神"血案。2014 年 10 月 11 日，山东招远涉邪教故意杀人案在烟台中院第一审判庭公开宣判，张帆、张立冬等二人因故意杀人罪、利用邪教组织破坏法律实施罪被判死刑，吕迎春因故意杀人罪、利用邪教组织破坏法律实施罪被判无期徒刑，张航因故意杀人罪被判有期徒刑 10 年，张巧联因故意杀人罪被判有期徒刑 7 年。2014 年 10 月 14 日，受害人家属金先生提出抗诉申请，要求判处该案主犯吕迎春死刑，其后又撤回申请。2014 年 11 月 28 日，山东省高级人民法院对上诉人张帆、张立冬、吕迎春等涉邪教杀人案二审宣判，裁定驳回上诉，维持原判，并将维持张帆、张立冬死刑判决的裁定报请最高人民法院核准。2015 年 2 月 2 日，经最高人民法院核准，山东省烟台市中级人民法院对张帆、张立冬两人执行死刑。

二、抗诉申请引发的疑问：主犯吕迎春是否罚当其罪

逝者长已矣。犯罪分子终究受到了法律的严惩，也不失为对亡者的告慰。不过，2014 年 10 月 14 日上午，金先生向烟台市人民检察院递交了抗诉申请，

认为对该案被告人吕迎春的判决量刑畸轻，应判处其死刑，要求烟台市人民检察院对该案一审判决提出抗诉，引发了社会的广泛关注。按照司法解释，多名被告共同致死一名被害人的原则上只判处一人死刑，杀害吴女士的五名被告中已有两人被判处了死刑，而且还是立即执行，如此严厉的惩罚显然已经超越了常规的对故意杀人犯罪的惩处力度，金先生为什么还不满意呢？现将他的抗诉申请择要如下：

吕迎春明确要求将被害人打死，并不停催促其他被告人及张某殴打被害人，吕迎春指使张立冬将被害人从桌椅间拖出，从而使张立冬得以用穿着皮鞋的右脚反复猛力踢、踩、踩被害人头面部；在整个事件过程中，张立冬听命于张帆和吕迎春，而在将被害人从桌椅间拖出并对被害人施以致命打击这一情节上，张立冬则是直接执行吕迎春的命令，吕迎春所起的作用，丝毫不亚于张帆、张立冬。然而，关于吕迎春指使张立冬将被害人从桌椅间拖出并对被害人施以致命打击的情节，一审判决虽然在事实认定部分予以确认，但在量刑时却未能体现出对该情节的考虑。吕迎春不仅以"全能神"邪教的歪理邪说指认被害人为"邪灵"，是血案的始作俑者，她还采用暴力阻止他人对被害人施救，从而使得被害人失去了逃生机会。吕迎春的行为是导致被害人当场死亡的直接原因，她"犯罪意志极其坚决，犯罪手段极其残忍，犯罪后果极其严重，社会影响极其恶劣。庭审中，她仍然坚持邪教的歪理邪说，拒不认罪，至今也没有丝毫的悔罪表现，主观恶性极深，无任何法定和酌定从轻情节，应依法判处其死刑，剥夺政治权利终身"。而一审判决虽然宣称对其"予以从严惩处"，但事实上只判处其无期徒刑，量刑明显畸轻，因此，"为维护法律尊严，为维护被害人的合法权益，恳请人民检察院依法抗诉"①。

虽然金先生随后撤回了抗诉申请，酿成惨剧的犯罪分子也已伏法，招远"全能神"血案看似已告一段落，然而疑问仍然存在：金先生的抗诉申请并非纯粹出于愤怒的宣泄，申请书列举的申请抗诉的理由确实是经过理性思考的，且不论金先生撤回抗诉申请具体出于何种原因，法院对主犯吕迎春的量刑合理性

①参见被害人丈夫向烟台市人民检察院提交的刑事抗诉申请书。

都受到了有力的质疑。诚然，司法的功能在于定分止争，但刑事司法审判具有自身的特殊性，仅仅解决加害人与被害人之间的争端和平息民众的愤怒并非其主要目的，因此不论被害人亲属是出于尊重司法裁判或是其他原因撤回了抗诉申请，也不论公众的愤怒是否因为犯罪分子的伏法得到了平息，刑罚终究要实现其自身的理念：公正的刑罚不仅仅意味着刑罚与犯罪相适应的刑罚（矫正正义），也意味着"根据一个犯罪者与另一个犯罪者互相之间的罪责比较关系、相对于某一者对另一者所做的惩罚"，亦即，"对罪状相同的人进行相同的惩罚，对罪状不同的人按照其罪状不同的程度进行惩罚"（分配正义）①。因此，一审法院的判决是否真如上诉法院所说的那样"量刑适当"？主犯吕迎春是否真的罚当其罪？笔者认为以上述标准衡量的话，这问题大有商榷的余地，且容我徐徐道来。

三、吕迎春的罪责轻于其他主犯吗

《刑法》第四条规定："对任何人犯罪，在适用法律上一律平等。不允许任何人有超越法律的特权。"《刑事诉讼法》第六条后段也规定："对于一切公民，在适用法律上一律平等，在法律面前，不允许有任何特权。"大概是因为中华民族经历了太久的特权时代，并且在今天还深受特权思想余毒的困扰，为了表示对特权的深恶痛绝，一定要强调法律面前"不允许有任何特权"——其实完全没有必要，因为既然任何人犯罪"在适用法律上一律平等"，特权思维在刑法领域就毫无立足之地，拒绝特权是平等原则的题中应有之意。刑法面前一律平等的表述，其实是法律的最高理念——"正义原则中的分配正义"在刑法中的具体体现，意味着前述"对罪状相同的人进行相同的惩罚，对罪状不同的人按照其罪状不同的程度进行惩罚"，以此视角审视对主犯吕迎春的量刑是否适当，就要对她和其他两名主犯的罪责②进行比较，"对行为的违法性和有责性程度以及特殊预防必要性大小的评价不产生影响的因素，就不是量刑时应当考虑的；根据这种因素的不同而作出不同的量刑时，就

---

① [德]拉德布鲁赫:《法哲学》,187-188 页,北京,法律出版社,2013 年。
② 传统的表述就是"客观危害"和"主观责任",用当下流行的话语表达就是"违法性"和"有责性"。

是不平等的，应当谓之特权"①，同理，若吕迎春与另外两名主犯张帆、张立冬的罪责相比并不更轻，对其判处无期徒刑而对张帆、张立冬判处死刑立即执行，就意味着吕迎春获得了更轻缓的刑罚，相对于其他两名主犯无异于获得了某种"特权"，这正是公正的判决应当极力避免的。遗憾的是，而这恰恰是本案判决的"硬伤"。

（一）疑点："全能神"血案是一般共同犯罪吗

本案判决书："……依照《中华人民共和国刑法》第二百三十二条，第三百条第一款，第二十五条第一款，第二十六条第一款、第四款，第二十七条，第五十七条第一款，第六十九条，第六十四条之规定，判决如下……"②

《刑法》第二十六条第一款为"组织、领导犯罪集团进行犯罪活动的或者在共同犯罪中起主要作用的，是主犯"。第四款为"对于第三款规定以外的主犯，应当按照其所参与的或者组织、指挥的全部犯罪处罚"。本条第三款规定："对组织、领导犯罪集团的首要分子，按照集团所犯的全部罪行处罚。"这就是说，合议庭认为"全能神"血案的主犯并非组织、领导犯罪集团的首要分子，因而六名杀人的"全能神"邪教徒就不是该条第三款中的"犯罪集团"，即"三人以上为共同犯罪而组成的较为固定的犯罪组织"——事实并非如此，之所以产生这种不恰当的认识，说明司法人员虽然一直重复"全能神"邪教的社会危害性，却并未自觉将邪教组织犯罪的特殊性纳入对犯罪定性的考虑中。

1."全能神"的渊源及组织架构

1995 年，公安部就将"呼喊派"定性为邪教，同时将由之发展起来的一些其他的教会定性为邪教，其中包括"常受教"、"能力主"和"全能神"。中国反邪教协会的资料显示，"全能神"又名"东方闪电"、"实际神"，兴起于 20 世纪 90 年代，头目赵维山已逃至境外。赵维山，黑龙江省阿城人，原为境外渗入的邪教"呼喊派"骨干成员。1989 年，他带着一批成员从"呼喊派"分裂出来，成立"永源教会"，自称"全权的主"。1991 年"永源教会"被当地政府定

---

① 张明楷：《刑法格言的展开》，84 页，北京，北京大学出版社，2013 年。
② （2014）烟刑一初字第 48 号。

为非法组织并查封，赵维山外逃。1993年，赵维山将"永源教会"改为"真神教会"，别称"实际神"。他开始在教会中造神，制造了七个"神的化身"，除自称"全权"的赵维山，其余六人皆为女性。六名女性中代表"全能"的杨向彬被赵维山进一步神话为"全能神"。据报道，杨向彬曾是赵维山的情妇，在1990年前后高考落榜，精神受到严重刺激而患了精神病，后被人带着加入"呼喊派"的聚会，她常对别人说自己被神灵感动见到异梦异象，还终日讲解她的异梦异象的启示。赵维山趁机将其捧上"全能神"的位置，并声称自己是"全能神"的"大祭司"，工作是替"全能神"全权负责该组织的行政。

"全能神"邪教的组织架构如金字塔一般，所谓的"全能神"杨向彬名义上拥有教会的最高权力，但她只是一个傀儡，真正的掌权者是"大祭司"赵维山，由七个"神的化身"组成的"监察组"控制着组织成员，被警方称为"七长老"。赵维山又设计了所谓"九大牧区"，分别对应三十个省、市、自治区，"牧区"之下为"区"，"区"下设"小区"，"小区"之下则为"教会"和"小排"，"牧区"为首者称为"办事员"，"小区"或"教会"的头目称作"带领"，并分别有"搭配"协助其活动，"小排"头目为"排长"。本案中的六名"全能神"邪教组织成员仅仅因为被害人不提供电话号码就将其围殴致死，看起来十分突然，实则并非偶然，因为"全能神"邪教组织经常殴打不愿入教或意图脱教的人，与其他邪教组织相比，"全能神"的暴力色彩十分鲜明。①

2.吕迎春、张帆和张立冬的"角色定位"

根据犯罪分子张航的供述，2009年前后，其全家人在张帆带动下开始信奉"全能神"，后到招远定居，其随家人下乡参加聚会约二十次，由张帆或张立冬驾车前往，每次聚会二十人左右，由吕迎春和张帆讲解"神话"。2009年冬，李某乙、范某某等人也来到招远，先住其家里，后搬至其家提供的租房居住，每周在其家所租一处商铺的二楼聚会，李某乙和范某某主讲《七雷发声》，吕迎春和张帆主讲"神话"，先后在此聚会约四十次。期间，其继续跟随下乡聚会十余次。2009年，其帮助吕迎春、张帆通过电脑、手机制作"神话"的电子版本。2010年，吕迎春、张帆跟李某乙、范某某反目。后来吕迎春、张帆不再外出聚

---

① 范传贵：《"全能神"邪教暴力罪行令人发指》，载《法制日报》，2014年6月3日第4版。

会，而是在家里为其家人灌输"全能神"思想，并经常在网上发表一些"全能神"的东西。2014年5月25日之后，吕迎春和张帆不再认同"全能神"邪教组织的头目赵维山，自称"神自己"，并称张航、张立冬、张某、张巧联是"祭司长"，吕迎春还指认家中宠物狗是"邪灵"，张帆遂将狗打死，之后吕迎春和张帆不断揭示其母亲陈某某是"邪灵"，直至案发。

由张航的供述可知，酿成招远血案的六人并非临时拼凑到一起的，而是有长时间相处的经历（除张巧联外）。根据"全能神"邪教的组织规则，在这个"全能神"邪教小团体内，地位最高的人其实是吕迎春和张帆，她们二人自称为"神自己"，其次才是张立冬等人，吕迎春和张帆被称为"祭司长"；从整个犯罪过程也能清晰地看出，她们在邪教组织内部的地位之分——最先挑起事端的是吕迎春，她认定被害人吴艳硕为"邪灵"并且得到张帆认可，在这个过程中，吕迎春一直处于十分活跃的状态，直接指挥其他邪教信徒对吴女士进行殴打，并且暴力阻挠他人营救。用最直白的话说，吕迎春和张帆才是这个邪教小团体的"老大"。从张立冬一家从河北举家迁往山东招远（吕迎春的居住地）的举动，也足见吕迎春在他们中间的影响力之大。虽然在共同故意杀人的犯罪中，张立冬击打被害人要害是造成死亡的最直接原因，可是组织、领导这个邪教小团体的首要人物是吕迎春和张帆，张立冬只是在忠实地执行首要人物的指示而已。

3.酿成血案的邪教小团体是否是犯罪集团

根据《刑法》第二十六条第二款，三人以上为共同实施犯罪而组成的较为固定的犯罪组织是犯罪集团。经审理，如下事实得到确认：在利用邪教组织破坏法律实施犯罪中，被告人吕迎春、张帆冒用基督教名义，编造歪理邪说，神化自己为"全能神"的"长子"、"神自己"，多次纠合教徒秘密聚会，利用各种方式制作、传播邪教组织信息，蛊惑蒙骗他人，发展控制成员，进行非法活动；被告人张立冬积极为被告人吕迎春、张帆从事"全能神"邪教活动提供经费、场地、食宿、接送等便利条件。依照《刑法》第三百条第一款，张帆、张立冬、吕迎春都犯有利用邪教组织破坏法律实施罪，分别因该罪被判处有期徒刑七年、有期徒刑五年和有期徒刑七年。由此观之，纵使"全能神"血案的其他三名施暴者没有受到利用邪教组织破坏法律实施罪的指控，也不得不说吕迎春、张帆和张立冬三人的组合是为了共同实施犯罪而组成的较为固定的犯罪组织，又因

《刑法》中所称"以上、以下、以内"包括本数，不难首先将这三人的组合认定为犯罪集团，而判决书对这个重要事实的忽视不得不说是个极大的遗憾。

既然吕迎春与张立冬、张帆父女组成了犯罪集团，不再是一般的共同犯罪，如前所述，吕迎春是其中的首要人物，即"首要分子"。根据《刑法》第二十六条第三款，对首要分子按照这个犯罪集团所犯的全部罪行处罚，犯罪集团中的首要分子"除了对自己直接实施的具体犯罪行为及其结果承担责任外，还要对集团所犯的全部罪行承担责任，即还要对其他成员按该集团犯罪计划所犯的全部罪行承担责任，因为这些罪行是由首要分子组织、策划、指挥实施的"，当然，"集团成员超出集团犯罪计划，独自实施的犯罪行为，不属于集团所犯的罪行，首要分子对此不承担责任"①。如此看来吕迎春不仅应当对自己亲手实施的杀人行为承担责任，而且还应当对听命于她的张立冬的杀人行为承担责任。虽然该犯罪集团的主要目的是利用邪教组织破坏法律实施，但犯罪集团是在发展和变化的，其犯罪行为不受"初衷"的限制，如果盗窃集团的头目利用其支配地位命令、指示集团成员实施杀人行为，也并不妨碍将故意杀人罪作为集团所犯罪行由集团头目承担。

综上，吕迎春、张帆、张立冬的组合乃是《刑法》中规定的"犯罪集团"，而吕迎春无疑是其中的首要分子，张立冬是身陷"全能神"的狂热的邪教信徒，并对自称"神自己"的吕迎春惟命是从，在集团中充其量是个骨干分子，他听从吕迎春的指挥残忍杀害无辜被害人，不仅自己应对自己的行为负责，而且组织、指挥杀人的吕迎春也应对他的行为负责——需要吕迎春承担责任的不仅是自己组织、指挥、参与杀人的行为，还要加上张立冬的杀人行为。这样看来，法院因故意杀人罪判处张立冬死刑立即执行，因故意杀人罪判处吕迎春轻得多的无期徒刑（甚至不是死刑缓期执行）非常不合理，无异于重罚伤人的恶犬，却轻纵操控恶犬的主人。《刑法》设立集团犯罪的目的就是防止出现对直接实施犯罪者处以重罚，却轻纵操控他们进行犯罪的幕后黑手的现象。最高人民法院《关于贯彻宽严相济刑事政策的若干意见》就指出，对邪教组织犯罪的犯罪组织或犯罪集团中的为首组织、指挥、策划者和骨干分子，要依法从严惩处，该判

①张明楷：《刑法格言的展开》，112-113页，北京，北京大学出版社，2013年。

处重刑或死刑的，一定要坚决判处重刑或死刑。①法院一边对作为打手的张立冬判处死刑立即执行极刑，一边又对指使张立冬杀人、理应对其杀人行为负责的吕迎春判处比死刑立即执行轻缓得多的无期徒刑，确实难谓合理。

既然对罪责相当的人应当处以相当的刑罚，吕迎春以不低于张立冬的罪责获得更加轻缓的刑罚时，相较于后者无异于获得了在刑罚裁量中的特殊优惠，"法律面前人人平等"的要求没有在本案中得到恰当的体现。

（二）延伸：张航、张巧联和张某的角色定位以及对吕迎春的量刑意义

吕迎春、张帆和张立冬的组合无疑是法律规定的"犯罪集团"，问题是血案的另外三名施暴者张航、张巧联和未达刑事责任年龄的张某在本案中担当了什么角色？如果他们也是犯罪集团的成员，那么对他们犯下的罪行，自称"神自己"的首要分子吕迎春自然难辞其咎；如果他们不是犯罪集团的成员，就要分析吕迎春是否是他们犯罪行为的教唆犯或间接正犯。笔者认为，张航、张巧联和张某是犯罪集团的参与者，与首要分子吕迎春、张帆和骨干分子张立冬共同构成一个完整的犯罪集团，因此，吕迎春需要对其组织、指挥实施的整个杀人暴行负责。

1. "在公共场所索要他人联系方式"行为的定性

检方认为，在"全能神"被国家明确认定为邪教的情况下，被告人吕迎春、张帆、张立冬仍然继续进行"全能神"活动，多次非法秘密聚会，并通过互联网传播邪教信息，点击量达十七万余次，进而发展到在公共场所索要他人联系方式，为进一步传播邪教、发展教徒做准备，他们所实施的行为完全符合最高人民法院、最高人民检察院司法解释规定，应当认定为利用邪教组织破坏法律实施的犯罪行为。

最高人民法院、最高人民检察院确实在《关于办理组织和利用邪教组织犯罪案件具体应用法律若干问题的解释（二）》的第一条第一款第三项规定，利用互联网制作、传播邪教组织信息的，依照《刑法》第三百条第一款的规定，以组织、利用邪教组织破坏法律实施罪定罪处罚，但是并未将邪教徒"在公共场所索要他人联系方式，为进一步传播邪教、发展教徒做准备"的行为认定为利

---

①详见 2010 年 2 月 8 日最高人民法院《关于贯彻宽严相济刑事政策的若干意见》第三十条。

用邪教组织破坏法律实施罪，这是否意味着此类行为可以脱离刑罚的威慑范围？答案应当是否定的。《刑法》第三百条第一款的罪状是"组织、利用会道门、邪教组织或者利用迷信破坏国家法律、行政法规实施的"，并非叙明罪状，内涵较为模糊，因而外延宽泛，"两高"出台了相关的司法解释列举了大量应当纳入该罪的行为，其中就包括利用互联网制作、传播邪教组织信息的行为。司法解释是对法律的解释而非法律本身，虽然它是具有法律效力的解释，但它用列举的方法解释法律条文，并不代表这种解释已经穷尽了法律所有的解释可能性，因此不妨碍将解释之外的行为类型纳入法律的威慑范围。举轻以明重，既然"两高"都认为利用互联网制作、传播邪教组织信息的行为已经构成了《刑法》第三百条第一款规定的犯罪，那就没有理由把在现实中骚扰普通民众，传播邪教、发展教徒的这种较前者危害性更严重的行为排除在该罪的犯罪构成之外。

2. 张航、张巧联属于犯罪集团成员

既然"张帆、吕迎春授意张航、张巧联、张某向餐厅内的其他顾客索要联系方式"①的行为可以评价为利用邪教组织破坏法律实施罪，那么直接向餐厅内其他顾客索要联系方式的张航和张巧联就可能被评价为该罪的从犯，司法机关不指控张航、张巧联利用邪教组织破坏法律实施罪，可能由于办案人员不认为这种行为单独符合该罪的犯罪构成，可能认为二人索要他人联系方式的行为情节显著轻微危害不大，根据《刑法》第十三条但书（"但是情节显著轻微危害不大的，不认为是犯罪"）不认为构成犯罪，也可能是因为某些政策上的原因，将张航、张巧联视为不明真相被邪教组织蒙骗的群众，对其行为不予追究。②然而不论以何种理由排除对张航、张巧联帮助张帆、吕迎春实施利用邪教组织破坏法律实施罪的指控，客观上都不能否认她们具有帮助张帆、吕迎春实施利用邪教组织破坏法律实施罪的行为，具体讲就是帮助两名主犯为发展邪教组织信徒在公共场合索要他人联系方式，这恰恰说明张航、张巧联具有帮助主犯实施犯罪的目的。犯罪集团的构成特征包括犯罪目的明确性，即犯罪集团具有实施某种

---

① (2014)烟刑一初字第 48 号。

② 1999 年 10 月 30 日第九届全国人民代表大会常务委员会第十二次会议通过的《全国人民代表大会常务委员会关于取缔邪教组织、防范和惩治邪教活动的决定》指出：在依法处理邪教组织的工作中，要把不明真相参与邪教活动的人同组织和利用邪教组织进行非法活动、蓄意破坏社会稳定的犯罪分子区别开来。对受蒙骗的群众不予追究。

犯罪或某几种犯罪的目的性，是为了实施犯罪活动而组织起来的，从犯罪目的形成的时间先后来看，犯罪集团的目的既可以在该集团策划成立的过程中酝酿确定，也可以在共同实施犯罪的过程中逐渐形成。①这样看来，虽然张航、张巧联都不是犯罪集团的核心人物，但确实是以利用邪教组织破坏法律实施为目的的犯罪集团的成员，她们与张帆、吕迎春、张立冬等怀有共同的犯罪目的。"全能神"血案因吕迎春、张帆为发展邪教成员公然索要他人联系方式而起，对被害人的残害也是犯罪集团成员贯彻邪教歪理邪说的部分表现，因此吕迎春、张帆自然要对张航、张巧联的杀人行为负责。

3.张某的行为须由吕迎春负责

"张帆脱身后，手撑餐桌反复跳起、连续踩踏吴艳硕头面部，叫嚣'杀了她！她是恶魔'，随后将两支拖把递给张立冬和张某，指使张立冬、张航、张巧联、张某诅咒、殴打吴艳硕。""吕迎春踢、踹吴艳硕腰臀部，并驱使张巧联、张某殴打吴艳硕。""公安人员接警赶到现场制止、抓捕仍在殴打吴艳硕的张立冬和张某时，遭张帆、吕迎春、张航、张巧联极力阻挠。"②

判决书详细地描述了吕迎春、张帆等狂热邪教徒殴打被害人吴艳硕的经过，自殴打开始后，有三次关于张某殴打被害人的记录：（1）受张帆指示殴打被害人；（2）受吕迎春指示殴打被害人；（3）公安人员抵达现场时张某仍然在殴打被害人。根据《刑法》第十七条第一款和第二款，已满十六周岁的人犯罪，应当负刑事责任。已满十四周岁不满十六周岁的人，犯故意杀人、故意伤害致人重伤或者死亡、强奸、抢劫、贩卖毒品、防火、爆炸、投毒罪的应当负刑事责任，这就是说不满十四周岁的人不论做出什么行为，不论其行为性质如何恶劣、社会危害如何严重，都不能成为刑罚的对象。张某只有十二周岁，本是在学校接受小学教育的年纪，在血案的现场表现却可以用"不遗余力"来形容，对于被害人的死亡，张某固然不能负刑事责任，但他的殴打行为对被害人的死亡结果无疑具有重要意义。根据张航的供述，2009 年前后在张帆的带动下全家开始信奉"全能神"教，这自然也包括最年幼的张某。据此估算，在案发时十

①高铭暄：《刑法专论》，367 页，北京，高等教育出版社，2006 年。
②（2014）烟刑一初字第 48 号。

二周岁的张某已经在这个家庭邪教团体中浸淫达四到五年，开始接触邪教的年龄大概是七岁！年仅七岁的儿童思想单纯如白纸一般，而四到五年的邪教徒生涯足以颠覆他对世界的认识，在他的内心建立一个以"全能神"教歪理邪说为中心的价值观体系，甚至使他成为比自己的父亲更加狂热的邪教追随者。如果说张立冬还有过两次对"全能神"的短暂怀疑，①那么很难想象年仅十二岁并且"入教"四五年的张某会对他自己及家人的所作所为感到过什么动摇。

本案中，张某并没有自己独立的意志，他的行为完全受吕迎春和张帆这两名邪教团体的领导者指示——他可能并不知道"犯罪"、"违法"为何物，但他确确实实是这个邪教犯罪集团的一分子。

首先，虽然犯罪集团的形成是为了反复多次实施一种或数种犯罪行为，具有犯罪目的明确的特点，②但这种犯罪目的是作为一个犯罪集团的犯罪目的而非作为单个犯罪集团成员的目的，具体到本案来说，该邪教犯罪集团的犯罪目的是集团中自称"神自己"的吕迎春和张帆，她们是该犯罪集团的头目，她们的意志代表了整个犯罪集团的意志，即使该集团的本来目的是传播邪教，但杀害被害人这种突发性作案也是在这二人代表的集团的总犯罪故意支配下进行的，张某向他人索要联系方式、参与殴杀被害人，都是在履行集团意志。

其次，虽然犯罪集团的成员相对固定，但不是绝对固定，本案中，犯罪集团的核心成员是吕迎春、张帆、张立冬，张航、张巧联和张某都不是核心人物。既然是犯罪集团，既然犯罪集团中有首要分子、骨干分子，自然可以有边缘人物，在我国的共同犯罪体系中也就是从犯、胁从犯。张某虽然因未达刑事责任年龄不能被评价为犯罪集团中的主犯、从犯、胁从犯等，但他跟随这个家庭式的邪教团体多年，已经被"全能神"的歪理邪说"洗脑"，听从主犯的指示，在事实上就是犯罪集团的成员。

再次，犯罪集团是为了实施犯罪行为而存在的，纵使有未达到刑事责任年龄而不能够被刑法认定为罪犯的人参与其中，也不会否定其犯罪集团的性质。在认定集团犯罪的时候，重点是对组织成员行为的评价而不应在个别成员是否

---

①"第一次是刚来招远的时候，第二次就是这次被抓起来以后，但很快，他又坚定了信心。"参见吴书光、陈尚营："女儿说自己妈妈是'恶灵之王'"，载《新华每日电讯》，2014年6月6日第4版。
②张明楷：《刑法学》，353页，北京，法律出版社，2011年。

达到刑事责任年龄上纠结。事实上,《刑法》第二十九条有"教唆不满十八周岁的未成年人犯罪"的字眼,这就说明《刑法》并不排斥将未成年人的犯罪行为称之为"犯罪",只是因年龄问题不使之承担刑事责任而已。张某的行为客观上具有社会危害性,主观上也对自己索要他人联系方式及杀人的行为具有意识,因此其犯罪行为是客观存在的,年纪尚幼不能影响他作为犯罪集团成员的身份。

综上,根据《刑法》第二十九条第一款,教唆不满十八周岁的人犯罪的,应当从重处罚。张某是以吕迎春、张帆为首的邪教犯罪集团的一分子,按照集团意志行动,对吕迎春来说,将其评价为首要分子是可以涵盖其教唆行为的——张某本不具有杀人意图,在张帆和吕迎春的指使下才产生了残害被害人的意图和行为。因此,对于张某的杀人行为,吕迎春不仅要负故意杀人罪的罪责,还是她整个故意杀人行为(包括组织、指挥、参与)的从重量刑情节。本案判决援引的法律条文并不包括《刑法》第二十九条第一款,是个令人遗憾的疏漏。①

(三)吕迎春与其他两名主犯在故意杀人罪中的罪责比较结论

1.利用邪教组织破坏法律实施罪不影响故意杀人罪的罪责

被告人吕迎春犯故意杀人罪,判处无期徒刑,剥夺政治权利终身;犯利用邪教组织破坏法律实施罪,判处有期徒刑七年,决定执行无期徒刑,剥夺政治权利终身。根据《刑法》第六十九条规定,一人犯数罪的,除判处死刑和无期徒刑的以外,应当在总和刑期以下、数刑中最高刑期以上,酌情决定执行的刑期,这意味着死刑和无期徒刑不能和其他主刑叠加使用,更不能因为数罪并罚就改变提升刑罚的等级,因此就算吕迎春除了故意杀人被判处无期徒刑之外,还因为利用邪教组织破坏法律实施罪被判处七年有期徒刑,也不可将两罪的刑罚合并为死刑。所以,吕迎春是否应当判处被害人丈夫金先生在抗诉申请中要求的死刑,除了探究她对故意杀人罪应负的罪责以外别无他途。

2.相较其他两名主犯,轻判吕迎春的理由成立吗

以下是控方起诉书中"被告人吕迎春应负的法律责任"的部分内容:

在故意杀人犯罪中,被告人吕迎春发挥了重要作用。案发当晚,其与被告人张帆共同认定被害人为所谓"邪灵",应予消灭,不仅如此,吕迎春本人直接

---

①本案援引的法律条文为:《刑法》第二百三十二条、第三百条第一款、第二十五条第一款,以及第二十六条第一款、第四款,第二十七条、第五十七条第一款、第六十九条、第六十四条。

对被害人进行了踢、打，并指令张立冬、张航、张巧联、张某共同殴打被害人，阻止其他顾客和麦当劳工作人员的施救，还扬言"谁管谁死"，对当晚案件的引发、殴打的升级起到了重要作用，亦应认定为主犯。在归案后，吕迎春毫无悔意，主观恶性极深，应依法严惩。

以下是判决书描述的三名主犯的犯罪事实：

在故意杀人共同犯罪中，被告人张帆授意被告人张航等向他人索要电话号码，又与被告人吕迎春共同指认被害人是"恶灵"，挑起事端后，率先持椅子击打被害人头部，后竭力踩踏被害人头面部，并以言语指使、提供工具、阻止他人解救等方式明确要求被告人张立冬等将被害人杀死，系本案的发起者、主要实施者和组织指挥者，依法应当认定为主犯。被告人张立冬积极响应张帆的指使，持拖把猛击被害人头部直至拖把断裂，又将被害人从桌椅间拖出，猛力踹踏被害人头部，系犯罪行为的主要实施者，依法应当认定为主犯。被告人张帆、张立冬以"全能神"邪教的歪理邪说指认被害人为"恶灵"，在公共场合当众指挥、实施故意杀人行为，打击被害人要害部位，其行为是导致被害人当场死亡的直接原因，且犯罪意志极其坚决，犯罪手段极其残忍，犯罪后果极其严重，社会影响极其恶劣。根据其犯罪事实、性质、情节和对社会的危害程度，应当依法严惩。被告人吕迎春出于发展"全能神"邪教组织成员的动机，与被告人张帆共同授意被告人张航等向他人索要电话号码，继而与张帆共同指认被害人是"恶灵"，挑起事端，引发本案，后又上前踢踹被害人腰臀部，多次指使张立冬、张巧联、张某等人殴打被害人，并暴力阻止他人解救，系共同犯罪的组织指挥者和直接实施者，依法亦应认定为主犯，予以从严惩处。①

通过分析以上材料可知：

张帆、张立冬具有"打击被害人要害部位"的犯罪事实，这种打击行为直接导致被害人当场死亡。"犯罪手段极其残忍"是说他们将被害人活活打死的犯罪手段，是附随于"打击被害人要害部位"直接导致被害人死亡这个犯罪事实的；"犯罪后果极其严重"说的是被害人的死亡结果，这个结果系六个邪教徒共同造成，当然也可以此评价吕迎春；"社会影响极其恶劣"是整个事件的

---

① (2014)烟刑一初字第48号。

影响，而非某个人的影响，以此评价吕迎春也没有任何问题；吕迎春在整个殴杀被害人事件的发起人（与张帆共同指认被害人为"邪灵"，挑起事端）、指挥者（多次指示张立冬等人殴打被害人）、实施者（直接踢踹被害人，并且暴力阻挠他人解救被害人），犯意不可谓不坚决。通过比较，可以发现吕迎春之所以较张帆、张立冬量刑较轻，在于她对被害人的直接攻击仅限于"踢踹被害人腰臀部"，并不属于像张帆、张立冬两人"打击被害人要害部位"的致命行为，不是被害人死亡的"直接原因"。

《刑法》第六十一条规定："对于犯罪分子决定刑罚的时候，应当根据犯罪的事实、犯罪的性质、情节和对于社会的危害程度，依照本法的有关规定判处。"对此存在的一个常见误解就是，在评价共同犯罪中各犯罪人时常常不是将共同犯罪看作一个事件整体把握，而是将各个犯罪人的表现与整个事件割裂开来。从导致被害人死亡的整个事件来看，所谓"直接原因"对罪责大小的影响真的有那么大意义吗？张立冬对被害人进行的致命殴打是导致其死亡的最直接原因，他手段残忍令人发指，固然能表现其犯意坚决，可是不停指挥张立冬等人残害被害人的吕迎春，她的犯意就不坚决吗？吕迎春在整个犯罪过程中的狂热表现及犯罪后毫不悔改的一贯态度，难道还不能充分暴露她的反社会性格？如果将各个犯罪人的行为割裂来看，张立冬无疑是罪责最大的人，他是殴打被害人的主力，是导致其死亡的直接原因，但从杀害吴艳硕的整个过程来看，他也不过是个打手，听命于两个自称"神自己"的邪教徒。由此看来，所谓导致被害人死亡的"直接原因"并不一定是衡量共同犯罪中犯罪集团成员的罪责大小的依据。我国的共同犯罪体系根据共同犯罪中各行为人的作用大小分为主犯、从犯和胁从犯。根据行为类型的特殊性，又设置了教唆犯，教唆犯也可是主犯、从犯或者胁从犯等。如果过分强调所谓"直接原因"的重要性，就容易忽视共同犯罪的特殊规律：对危害结果负有最大责任的往往并不是直接实施危害行为的人，而是直接实施者背后的组织者、指挥者，按照"直接原因"决定罪责大小的逻辑，这些人反而会在量刑上获得相对于其"马仔"、"小弟"、"手下"们的"优惠"，这完全不符合设置共同犯罪，尤其是集团犯罪的立法思想，因为如此一来，本该对共同犯罪负全部责任的操纵恐怖组织、黑社会性质组织、邪教组织的大人物们便可以借此推卸掉部分责任，这样就会对社会释放非常危险的信号。

3.小结

邪教犯罪集团的头目在集团犯罪中的作用甚至强于恐怖组织和黑社会性质组织的头目，因为其成员往往被邪说"洗脑"，像张立冬、张航、张巧联及张某等，甚至失去了独立思考的能力。头目的意志就是整个集团成员的意志，个人与集团的思想高度统一，因此如吕迎春者，绝不应因为其行为不是危害结果产生的"直接原因"而削弱其罪责，自然也不应获得比直接实施致命攻击的张立冬和张帆更为轻缓的刑罚。作为犯罪集团的首要分子，吕迎春应当对整个"全能神"血案负责，其罪责与另一名首要分子张帆相当，并高于听任其指挥的骨干分子张立冬，因此，若张帆、张立冬需要判处死刑立即执行，吕迎春也不能独善其身；反之，如果吕迎春只能被判处无期徒刑，就没有理由判处张帆、张立冬比无期徒刑更重的死刑，更何况还是越过死刑缓期执行的死刑立即执行！

四、生死之辩

在众多罪名的刑罚规定中，故意杀人罪是比较特殊的。对一般罪名法定刑的表述一般都是由轻到重。以绑架罪为例，《刑法》第二百三十九条第一款前半段规定"以勒索财物为目的绑架他人的，或者绑架他人作为人质的，处十年以上有期徒刑或者无期徒刑，并处罚金或者没收财产"，为什么是"处十年以上有期徒刑或者无期徒刑"而不是"处无期徒刑或十年以上有期徒刑"呢？因为表述顺序代表一种立法倾向，即立法者在通过这种表述方式提醒法官应当优先选择的刑罚方案，表述在先的法定刑优先于表述在后的。故意杀人罪的法定刑并未使用这种一般的由轻到重的表述方式——《刑法》第二百三十二条规定："故意杀人的，处死刑、无期徒刑或者十年以上有期徒刑。"这说明对犯故意杀人罪的人，如果没有从轻、减轻的情节，法官自由裁量时应当优先考虑适用死刑，自由刑次之，这种解读也符合传统的"杀人偿命"的报应思想。然而，仅靠"杀人偿命"回答不了是否应当判处吕迎春死刑的问题，因为死刑本身就是一个极其复杂的问题。

保留死刑是我国目前的基本态度，坚持少杀，反对多杀、错杀是我国的长期死刑政策。^①基于"必要性"和"谨慎性"的考虑，2010 年 4 月最高人民法院刑三庭制定了《在审理故意杀人、伤害及黑社会性质组织犯罪案件中切实贯彻宽严相济刑事政策的若干意见》（以下简称《意见》），与本案相关内容择要如下，并逐条代入吕迎春的具体情况进行分析：

1.《意见》认为，严重危害社会治安、严重影响人民群众社会安全感的故意杀人案件，如极端仇视国家和社会，以不特定人为行凶对象的，应当作为严惩的重点，依法判处被告人重刑直至死刑。对于被害人在起因上存在过错，或者是被告人案发后积极赔偿，真诚悔罪，取得被害人或其家属谅解的，应依法从宽处罚，对同时有法定从轻、减轻处罚情节的，应考虑在无期徒刑以下裁量刑罚。吕迎春组织、指挥邪教徒犯下"全能神"血案，无疑属于应当严惩的对象：她对素不相识的无辜者滥施暴力的行为令举国震动，严重动摇了人民群众的社会安全感；被害人吴艳硕在起因上无任何过错，全系吕迎春等主动挑起事端；吕迎春在案发后从未作出积极赔偿、真诚悔罪的举动，自然也没有获得过被害人家属的谅解，没有从宽处罚的理由，同时她也没有任何法定从轻、减轻处罚情节。

2.《意见》认为犯罪情节对量刑的影响十分重要，要考虑犯罪的动机、手段、对象、场所及造成的后果。量刑要看犯罪动机是否卑劣，手段是否残忍，犯罪后果的严重程度等，犯罪后果分为一般、严重和特别严重几档，在实际中故意杀人一人死亡的为后果严重，二人以上死亡的为犯罪后果特别严重。针对妇女、儿童等弱势群体或在公共场所实施的杀人、伤害就具有较大的社会危害性，应当予以严惩。动机"卑劣"与否在吕迎春的身上很难判断：动机是否卑劣必须结合社会的主流价值观及行为人的基本价值观来作判断，罪犯吕迎春本人是狂热的邪教信徒，她的价值判断体系已经完全站在了主流价值观的对立面，在我们常人看来残忍暴虐的行为，在她眼中却有"伸张正义"的意味。虽然不能确定她的动机是否卑劣，但很清楚的是，这种动机决不是能够获得正面评价并使其获得从宽处罚机会的动机。作为犯罪集团的首要分子，她虽然不是造成被害人死亡的直接原因，但作为直接原因的张立冬（还可能包括 12 岁的张某，因为他也打击了被害人的要害部位）确实是直接受到她的指挥而为此残忍行为

---

①高铭暄、马克昌：《刑法学》，237 页，北京，北京大学出版社，2014 年。

的，根据共同犯罪的原理，将手段残忍的罪责归于吕迎春是恰当合理的。吕迎春、张帆组织、指挥的"全能神"血案，造成了一人死亡的结果，后果严重毫无疑问，且犯罪对象属于妇女这一弱势群体，犯罪场合是光天化日下人来人往的麦当劳餐厅，属于应当严惩的范畴。

3.《意见》认为主观恶性和人身危险性应纳入量刑的考虑因素。主观恶性是被告人对自己行为及社会危害性所抱的心理态度，在一定程度上反映了被告人的改造可能性，对主观恶性深的被告人要从严惩处。人身危险性即再犯可能性，可从被告人有无前科、平时表现及悔罪情况等方面综合判断，人身危险性大的被告人，要依法从重处罚。"全能神"血案虽然没有预谋，属于突发性案件，但不能否定主犯吕迎春具有很深的主观恶性：在案发前，她就和主犯张帆指认张帆的母亲为"恶灵之王"并意图加害，这说明在"全能神"教的影响下，她已经完全不顾及社会规则的制约，加害无辜被害人看似荒唐，不过考虑到她扭曲的价值观和对社会的敌意的话并不意外。吕迎春在案发前一直进行利用邪教组织破坏法律实施的犯罪行为，犯罪后全无悔罪表现，人身危险性极大。鉴于此，吕迎春属于"依法从重处罚"的范围。

4.《意见》认为共同犯罪中，多名被告人共同致死一名被害人的，原则上只判处一人死刑。处理时，根据案件的事实和证据能分清主从犯的，都应当认定主从犯；有多名主犯的，应当在主犯中进一步区分出罪行最为严重者和较为严重者，不能以分不清主次为由，简单地一律判处死刑。根据以上分析，吕迎春的各项犯罪"指标"都是高的，姑且不论张帆和张立冬，判处吕迎春死刑是没有任何问题的，关键就在于"原则上只判处一人死刑"应如何理解。笔者认为，既然用"原则上"来表达，就说明这个标准并不绝对，多名被告人致死一名被害人的故意杀人案同时判处多人死刑的案件并不少见，比如王建辉、王小强等故意杀人、抢劫案，七名犯罪嫌疑人杀害一名被害人，五名被告被判处死刑，其中一人被判处死刑立即执行，其他四人被判处死刑缓期执行，[1]因此本案并不必太过纠结应当判处几人死刑，不应因为判处张帆、张立冬两人死刑，就对吕迎春网开一面，因为"一命换一命"并不是硬性规定，极端案例与一般案例理

---

①中华人民共和国最高人民法院刑事审判第一、二、三、四、五庭：《中国刑事审判指导案例3：侵犯公民人身权利、民主权利罪》，121—124页，北京，法律出版社，2012年。

应区别对待,这不仅符合正义理念的要求,从功利的角度看也能带来良好的社会效果。从另一个角度看也能解释为何可以判处吕迎春死刑:一般犯罪人的行动表明他基本上愿意遵守基本的法律规范,只是在一种特别状况中以一种非持久的方式否认这个社会的部分法律规范,因此,他依然是人类成员,值得享有人类的尊重,因此对他不应判处死刑;反之,如果谁通过对法律的基本规范进行了基本违反,谁就是这个现实世界的敌人,就可以被判处死刑。①吕迎春用自己的行动表明了与这个社会的决裂,她已经完全坠入"全能神"邪教的深渊,完全站在了公民社会的对立面并毫无悔改的意思,完全符合"敌人"的形象,判处其死刑并不违背人道主义精神。

5.比较麻烦的是应否判处吕迎春死刑立即执行。《意见》认为,对于罪行极其严重犯罪分子才能适用死刑立即执行,但只要有法定、酌定从轻情节,依法可不立即执行的,就不应当判处死刑立即执行。经过以上分析,吕迎春组织、指挥"全能神"邪教组织成员殴杀无辜被害人无疑属于罪行极其严重的范畴,且没有任何法定、酌定从轻情节,适用死刑并无障碍,关键是如何理解"依法可不立即执行"。根据《刑法》第四十八条,对应当判处死刑的犯罪分子,如果不是必须立即执行的,可以判处死刑同时宣告缓期二年执行。可是什么是"不是必须立即执行",语焉不详,所以《意见》中所谓的"依法可不立即执行"其实无法可依。对于法律条文中的"不是必须立即执行",有人理解为除非不立即执行死刑就无法控制犯罪人对社会造成新的危害,或者除非不立即执行死刑就可能引起社会震荡的,就都不符合必须立即执行死刑的条件。②不过,实践中并未采取如此严格的标准,满足如此条件的犯罪分子过于罕见,而且所谓"不立即执行死刑就可能引起社会震荡"的判断标准本身十分模糊,有将"不杀不足以平民愤"这种朴素但不科学的刑罚思想代入量刑的危险,因此这种判断标准并不合理。也有人认为只要犯罪后自首、立功、坦白或者有其他法定任意从轻情节的,均宜认定为"不是必须立即执行的"。③这种判断标准比较简单,但过于形式化,果真如此操作的话,对刑事正义的维护也有颇多不利,比如故意杀

①冯军:《刑法问题的规范理解》,387页,北京,北京大学出版社,2009年。
②马克昌:《刑罚通论》,122页,武汉,武汉大学出版社,1999年。
③张明楷:《刑法学》,479页,北京,法律出版社,2011年。

害多人后去自首，就不能不具体分析行为人的动机、手段等因素而径直根据自首的情节排除死刑立即执行适用的可能。《意见》中的"依法可不立即执行"也并非仅具象征性意义，因为对于情节特别恶劣，犯罪后果特别严重的犯罪分子，纵使有自首、立功等情节也不妨碍死刑立即执行的适用，作为排除死刑立即执行的条件，仅具有法定、酌定从轻情节也还是不够的。问题是，吕迎春的犯罪行为达到了情节特别恶劣，但没有达到犯罪后果特别严重，是否可以认定为罪行极其严重？法律实务界给出的答案是肯定的，据此认定为罪行特别严重的案件在现实中也并不鲜见（如药家鑫案），当然，这样做并不一定有法可依。因此，纵使"依法"，吕迎春是否应当判处死刑立即执行也还存在争议空间，如何解释"不是必须立即执行的"依然是个难以圆满解决的问题。

综上所述，判处吕迎春无期徒刑并不能体现与之相当的罪责，较之无期徒刑，死刑是更为恰当的选项。当然，是判处吕迎春死刑立即执行还是死刑缓期执行，可能只能由审判人员裁量了，不过，就算在量刑上不比张立冬更重，起码也不能较之更轻，这是基于正义理念的要求。

五、尾声

行文至此，对"全能神"血案主犯吕迎春的量刑分析已经结束，在此问题上法院的判决有以下几点不妥之处：

1.吕迎春系六人邪教犯罪集团（另外包括张帆、张立冬、张航、张巧联及张某）的首要分子，对集团所有犯罪负责，经分析"全能神"血案中吕迎春的罪责与张帆相当，比张立冬更大，审判人员却以张立冬的攻击行为是被害人吴艳硕死亡的"直接原因"为由判处他比吕迎春更重的刑罚。

2.吕迎春指示年仅十二周岁的张某实施杀害被害人吴艳硕的行为，应当作为酌定的从重情节予以考虑，判决书中并未提及。

3.从各个角度分析，对吕迎春判处死刑都更符合其所应担负的罪责，法院却判处其无期徒刑，量刑过轻，吴艳硕的丈夫金中庆质疑法院对吕迎春量刑畸轻于法有据。当然，执行死刑的方式是立即执行，还是缓期执行，应由审判人员自由裁量，不过前提是不能轻于对张立冬判处的刑罚。

用如此篇幅对"全能神"血案主犯吕迎春的量刑进行分析，并得出一个与法院判决完全不同的结论，并非出于对被害人亲属的同情和对狂热邪教徒的憎恨，也并非一定要置吕迎春于死地。毕竟从广义上讲，他们都是邪教的受害者；也非刻意"翻案"，实务界同仁洋洋万字的判决书凝聚着他们的智慧和辛劳，值得我们尊重；更不是出于法律人显摆解释能力的"炫技"心理和执着于正义的"自命不凡"。"全能神"血案发生以后，案件的冲击性是巨大的，而伴随这种冲击，激情的呼号常常淹没本就微弱的理性声音，一时间得出"杀"与"不杀"的结论仿佛不需要判断——这并非健康的法治氛围，甚至连健康的社会心理都不是。愤怒可以理解，但用法律剥夺一个人的生命——不论他犯下何种罪行——都需要力求全面、深入的论证，如此方能彰显法律对人格的尊重和对生命尊严的维护，也只有在这样的尊重个人人格和维护个人生命尊严的社会中，每个人才能享有真正的公正、安全，才能感受到对正义的"获得感"，这也恰恰是建设法治国家的努力方向之一。

最后，本文不愿再重复诸如"珍爱生命远离邪教"之类的宣传口号和揭批邪教反人类本性的陈词滥调，而是想提出一个跟每个人都或多或少有关的问题：避免招远"全能神"血案的成本有多大呢？张立冬的小儿子张某尚处在接受义务教育的年纪，辍学之后相关部门若能认真追究，便很可能及早发现这个家庭式邪教团体并采取预防措施，起码不至于让孩子在不谙世事的年纪就背上如此沉重的负担；吕迎春、张帆、张立冬等人多次在网上散布邪教信息，点击次数已达十七余万次，亦组织集会达数十次之多，但凡网络警察和当地派出所民警能认真履行职责，提前对他们进行追踪和锁定并非难事，对他们利用邪教组织破坏法律实施的行为进行侦查也就在情理之中了，如此则完全能够避免惨剧的发生；吕迎春等人施暴时，餐厅中数十人竟然眼睁睁看着被害人的生命流逝，对有些人来说，与救人相比，似乎拍下案发现场视频或照片传到网络上更为重要，究竟是什么样的心理作祟真是耐人寻味。笔者认为，面对邪教势力，社会个体"事不关己，高高挂起"，职能部门的懒政、不作为，让邪教组织的雪球越滚越大，直到难以控制的恶害加诸己身，才能触动我们麻木的神经。如"全能神"这般泯灭人性的邪教固然可怕，更可怕的是举手之劳便能遏制邪恶的时候，我们却选择做个毫无原则的懒汉。

（雷一鸣）

以正义的方式实现正义的结果

——刘汉、刘维黑社会性质组织犯罪案

2014 年 3 月 31 日，广受关注的刘汉、刘维等 36 人涉嫌组织、领导、参加黑社会性质组织、故意杀人、包庇、纵容黑社会性质组织等案在湖北省咸宁市中级人民法院开庭审理。这一案件之所以成为社会舆论的焦点，是因为本案主要犯罪嫌疑人刘汉身上环绕着太多充满矛盾的神秘色彩。一方面他是实力雄厚的汉龙系企业的控制人，涉足诸多产业；而他更令国人熟知的，则是其捐建的"刘汉希望小学"在 2008 年汶川地震中屹立不倒，被誉为"最牛希望小学"；刘汉还有四川"首善"之称，曾连续三届当选四川省政协委员、政协常委，拥有的个人荣誉称号多达 20 余项。另一方面，他又是为害一方的黑社会性质组织的头目，他与北京富豪袁宝璟之间的江湖恩怨更是充满了好莱坞式的戏剧色彩。然而，就法律层面，尤其是刑事诉讼法层面而言，该案被拆分成为 7 个相对独立的案件，由 7 个合议庭在既非案件发生地，亦非案件结果发生地，也非主要被告人居住地的湖北省咸宁市中级人民法院分别同时对 36 名被告人展开审理，具有很强的创新性与突破性，开创了审理黑社会性质组织犯罪等集团犯罪新的审理模式。

一、案情回顾

2014 年 3 月 31 日上午 8 时 30 分许，根据最高人民法院指定管辖，湖北省咸宁市中级人民法院开庭审理了广受关注的刘汉、刘维等涉嫌组织、领导黑社会性质组织罪、故意杀人罪、故意伤害罪、非法拘禁罪、非法买卖枪支罪、非法

持有枪支弹药罪、串通投标罪、非法经营罪、敲诈勒索罪、故意毁坏财物罪、妨害公务罪、寻衅滋事罪、开设赌场罪、窝藏罪，以及骗取贷款、票据承兑、金融票证罪一案。由于该案涉案人数多，公诉机关指控的犯罪事实复杂、罪名较多，为便于查明本案事实，咸宁市中级人民法院不仅召集了有公诉人、被告人、辩护人参加的庭前会议，就案件管辖、回避、非法证据排除等与审判相关的问题了解情况，听取意见；并且为了依法查清案件事实，充分保护被告人的合法权益，提高庭审效率，检察机关对刘汉等 36 人分 7 案起诉，咸宁市中级人民法院也分别成立了 7 个合议庭同时对案件进行分别审理。其中，第一至第六合议庭分别在咸宁市中级人民法院、咸安区人民法院、通山县人民法院等地点审理刘汉、刘维、曾建军等被控犯罪案件。第七合议庭在咸安区人民法院第二审判法庭审理刘学军等三人涉嫌包庇、纵容黑社会性质组织等一案。经过审理，咸宁市中级人民法院于 2014 年 5 月 22 日以（2014）鄂咸宁中刑初字第 9 号刑事判决，认定被告人刘汉犯组织、领导黑社会性质组织罪，判处有期徒刑十五年，并处没收个人全部财产，犯故意杀人罪，判处死刑，剥夺政治权利终身，犯故意伤害罪，判处有期徒刑十三年，犯非法拘禁罪，判处有期徒刑十年，犯非法买卖枪支罪，判处有期徒刑三年，犯非法持有枪支、弹药罪，判处有期徒刑五年，犯非法经营罪，判处有期徒刑七年，并处没收个人财产人民币三千万元，犯敲诈勒索罪，判处有期徒刑五年，犯故意毁坏财物罪，判处有期徒刑三年，犯妨害公务罪，判处有期徒刑二年，犯开设赌场罪，判处有期徒刑五年，并处罚金人民币二百万元，犯寻衅滋事罪，判处有期徒刑二年，犯窝藏罪，判处有期徒刑二年，犯骗取贷款、票据承兑、金融票证罪，判处有期徒刑六年，并处罚金人民币五千万元，决定执行死刑，剥夺政治权利终身，并处没收个人全部财产；被告人唐先兵犯参加黑社会性质组织罪，判处有期徒刑七年，并处罚金人民币二十万元，犯故意杀人罪，判处死刑，剥夺政治权利终身，犯故意伤害罪，判处有期徒刑十三年，决定执行死刑，剥夺政治权利终身，并处罚金人民币二十万元。

宣判后，刘汉、唐先兵提出上诉。湖北省高级人民法院经依法开庭审理，于 2014 年 8 月 6 日作出（2014）鄂刑一终字第 76 号刑事判决，撤销原审判决中对被告人刘汉犯非法经营罪的定罪量刑和犯骗取贷款、票据承兑、金融票证罪的量刑部分，认定被告人刘汉犯骗取贷款、票据承兑、金融票证罪，判处有期徒刑四年，并处罚金人民币一千万元。与原审判决认定其犯组织、领导黑社会性质组织罪，判处有期徒刑十五年，并处没收个人全部财产；犯故意杀人罪，判处死刑，剥夺政治权利终身；犯故意伤害罪，判处有期徒刑十三年；犯非法拘禁罪，判处有期徒刑十年；犯非法买卖枪支罪，判处有期徒刑三年；犯非法持有枪支、弹药罪，判处有期徒刑五年；犯敲诈勒索罪，判处有期徒刑五年；犯故意毁坏财物罪，判处有期徒刑三年；犯妨害公务罪，判处有期徒刑二年；犯开设赌场罪，判处有期徒刑五年，并处罚金人民币二百万元；犯寻衅滋事罪，判处有期徒刑二年；犯窝藏罪，判处有期徒刑二年的刑罚并罚；决定执行死刑，剥夺政治权利终身，并处没收个人全部财产。对被告人唐先兵驳回上诉，维持原判，并依法报请最高人民法院核准。

经审查，最高人民法院于 2015 年 1 月 27 日核准了对该案刘汉、刘维、唐先兵、张东华、田先伟五名被告人的死刑立即执行判决，并于 2015 年 2 月 9 日执行完毕。

经过咸宁市中级人民法院、湖北省高级人民法院和最高人民法院的审理和审查查明，刘汉、刘维黑社会性质组织主要的罪名包括：

(一) 组织、领导、参加黑社会性质组织事实

1993 年，被告人刘汉在四川省广汉市开办圣罗兰游戏机厅，从事赌博活动，由其哥哥刘坤（曾用名刘建，另案处理）管理。同年，刘汉组织人员非法转移被法院查封的货物，并涉嫌诈骗犯罪。湖南省和四川省的公安机关联合派员对刘汉实施刑事拘留时，刘汉的弟弟刘维持枪阻碍执行，被公安人员当场抓获。刘汉得以逃脱。此事发生后，刘汉、刘维兄弟因敢于暴力抗法在广汉市有了恶名。

此后，被告人刘汉与孙晓东合伙经营，在四川省绵阳市成立绵阳市平原建材公司，并于 1997 年 3 月在绵阳市成立四川汉龙（集团）有限公司，后又安排刘汉的姐姐刘小平管理公司财务。同年 4 月，汉龙集团成立绵阳小岛建设开发有限公司，在绵阳市游仙区小岛开发房地产，招募被告人唐先兵和仇德峰等组建保安队。保安队多次对当地村民使用暴力，强行推进工程建设，唐先兵等人将村民熊甲杀死。其间，孙晓东的哥哥孙华君经营典当行，网罗缪军、李波、车大勇、刘岗等人在广汉市、绵阳市发展黑恶势力。孙华君为刘汉、孙晓东发展经济实力提供武力保护，将缪军、车大勇、刘岗派到刘汉、孙晓东开办的经济实体工作，在刘汉、孙晓东的指使下组织唐先兵等人枪杀了对汉龙集团产生威胁的王某甲。

与此同时，以刘维为首的黑恶势力在被告人刘汉的资助下不断发展、壮大，逐步垄断了广汉市赌博游戏机行业。刘维还成立广汉市乙源实业发展有限公司等经济实体大肆敛财，结交四川省什邡市人民检察院原副检察长刘忠伟、四川省德阳市公安局刑侦支队原政委刘学军、德阳市公安局装备财务处原处长吕斌等人充当其保护伞，将广汉市音豪娱乐会所作为组织集会场所。刘维还为刘汉、孙晓东聚敛钱财、排除异己提供暴力支持，多次派手下携带枪支保护刘汉，为刘汉、孙晓东等人杀害王某甲、策划杀害史某某提供枪支，并策划枪杀了对刘家产生威胁的陈某甲。随着经济实力的增强，被告人刘汉与孙晓东于2000年将汉龙集团总部迁至四川省成都市。刘汉、孙晓东通过"政商结合"，不仅成为四川省知名的民营企业家，还分别获得四川省政协常委、绵阳市人大代表等身份，并利用政治地位和结交的关系多次对刘维、孙华君等人的违法犯罪活动提供庇护。

被告人刘汉与刘维、孙晓东、孙华君以兄弟亲情、合作经营为纽带，以汉龙集团等经济实体为依托，相互支持，相互融合，逐步形成了以刘汉、刘维、孙晓东为组织者、领导者，被告人唐先兵和孙华君、缪军、曾建军、文香灼、旷小坪、陈力铭、旷晓燕、詹军等人为骨干成员，刘岗、李波、车大勇、仇德峰、刘小平、肖永红和张东华、田先伟以及张伟、袁绍林、曾建、桓立柱、孙长兵、闵杰、李君国、钟昌华、黄谋、王雷、王万洪、刘光辉等人为其他参加者的较稳定的犯罪组织。刘汉负责决策和指挥整个组织的运转；孙晓东负责执行刘汉指示及汉龙集团日常经营管理；刘维负责为组织打击、铲除对手，谋取非法利益，树立非法权威。

(二) 黑社会性质组织实施的故意杀人、故意伤害、非法拘禁等事实

被告人刘汉和刘维、孙晓东组织、领导的黑社会性质组织，共实施故意杀人5起，致6人死亡、1人轻伤、1人轻微伤；故意伤害1起，致1人死亡、1人轻伤；非法拘禁1起，致1人死亡；非法买卖枪支2支；非法持有枪支18支、

子弹 622 发、钢珠弹 2163 发、手榴弹 3 枚；敲诈勒索 2 起；故意毁坏财物 1 起；妨害公务 1 起；开设赌场 1 起；寻衅滋事 1 起；窝藏多起；违法事实 11 起。具体事实如下：

1.故意杀人事实

（1）1999 年初，被害人王某甲（男，殁年 29 岁）的朋友李某甲因琐事被汉龙集团员工何甲等人砍伤，王某甲扬言要炸毁汉龙集团办公场所、保龄球馆及汉龙集团总经理孙晓东乘坐的车辆。孙晓东得知该消息后，即向被告人刘汉作了汇报，刘汉指使孙晓东找人"做掉"王某甲。孙华君安排黄强、杨某乙打探王某甲行踪，提供桑塔纳轿车用于作案。刘维应孙晓东的要求，安排其司机罗某乙将 2 支手枪、1 支滑膛枪送交缪军。缪军安排车大勇开车，将枪支分发给被告人唐先兵和刘岗、李波。同年 2 月 13 日晚，黄强、杨某乙在绵阳市凯旋酒廊发现王某甲，即联系缪军。缪军安排车大勇驾驶桑塔纳轿车载唐先兵、刘岗、李波前往，其随后赶到。在凯旋酒廊门口，黄强向缪军等人指认了王某甲，缪军先行离开。唐先兵、刘岗各持手枪在凯旋酒廊门口守候，李波持滑膛枪在附近警戒。当王某甲走出凯旋酒廊时，唐先兵朝王连开 2 枪，将王击倒在地。王某甲因被枪弹击伤致外伤性心脏破裂、双肺裂创，经抢救无效死亡。

（2）1997 年，小岛公司在绵阳市游仙区小岛开发房地产，与当地村民多次发生矛盾。1998 年三四月，小岛公司多名保安与村民再次发生冲突，被告人唐先兵被村民熊甲（被害人，男，殁年 22 岁）打伤。唐先兵起意报复，邀约同事仇德峰帮忙。同年 8 月 13 日晚，仇德峰发现熊甲在绵阳市凯旋酒廊，即通知唐先兵前来，指认了熊甲所在位置。唐先兵进入酒廊，持随身携带的水果刀朝熊甲右胸部连刺 2 刀。熊甲因外伤性心脏破裂，经抢救无效死亡。

（3）被告人刘汉和刘维与广汉市的"操哥"周甲（被害人，男，殁年 28 岁）素有积怨。1998 年，刘维与周甲因争夺广汉市赌博游戏机行业势力范围再次发生冲突。刘维指使曾建军杀死周甲。曾建军安排李君国打探周甲行踪，曾建、张伟担任枪手，闵杰负责驾车接送。同年 8 月 18 日凌晨，闵杰接到李君国电话通知后，驾驶曾建军租赁的夏利轿车载张伟、曾建至广汉市九江路严记夜宵摊前。张伟、曾建各持刘维提供的滑膛枪靠近在夜宵摊用餐的周甲，张伟朝周甲射击。周甲被枪弹击伤头颈部、胸部致阻塞性窒息、失血性休克，当场死亡。

（4）被告人刘汉和刘维与广汉市的"操哥"陈某甲（被害人，男，殁年39岁）素有矛盾。2008年，陈某甲刑满释放后扬言报复刘家的人，并跟踪刘维。刘维发现陈某甲跟踪后，授意文香灼、旷小坪杀害陈某甲。文香灼、旷小坪分别安排袁绍林、张东华具体实施。袁绍林、张东华又邀约孙长兵、何廷军和田先伟参与作案。袁绍林指使孙长兵打探陈某甲行踪，出资购置摩托车、手机卡等作案工具，还伙同张东华等人多次在广汉市伺机杀害陈某甲，均因故未得逞。2009年1月10日13时许，孙长兵发现陈某甲行踪后即电话通知袁绍林等人。袁绍林驾车搭载张东华、田先伟、何廷军在广汉市搜寻陈某甲。同日15时许，袁绍林等人发现陈某甲在广汉市北海路金湖花园对面河堤上的露天茶室喝茶，将车停靠在路边。张东华、田先伟、何廷军各持手枪下车，靠近陈某甲。张东华首先朝陈某甲射击，与陈某甲一起喝茶的被害人曾甲（男，殁年28岁）、阮某某（男，殁年20岁）起身反抗，田先伟、何廷军又朝陈某甲、曾甲、阮某某射击。陈某甲因被枪弹击中头胸部致开放性颅脑损伤合并失血性休克死亡，曾甲因被枪弹击伤胸背部致左锁骨下动脉完全断裂失血性休克死亡，阮某某因被枪弹击伤头面部致严重颅脑损伤合并失血性休克死亡。在场群众被害人张某乙、李甲被流弹击伤，损伤程度分别为轻伤、轻微伤。

（5）2001年10月，被告人刘汉和孙晓东等人在成都市红顶夜总会娱乐时，因琐事与被害人史某某（绰号"史扁"）发生纠纷，史某某持枪威胁刘汉。刘汉起意报复，指使孙晓东找人将史某某打残。2002年初，刘维得知此事后提议杀死史某某，刘汉同意并授意孙晓东安排实施，承诺出资一千万元。孙晓东从刘维处借得2支手枪，从公司拿出20万元交给缪军和伍某。缪军、伍某安排被告人唐先兵和易某、龚某某参与作案。唐先兵等人购买了车辆、钢管等作案工具，多方寻找史某某未果。后刘汉等人放弃杀人行动。

2.故意伤害事实

2002年5月29日晚，被告人刘汉的保镖仇德峰、桓立柱和被告人唐先兵在成都市卡卡都俱乐部娱乐时，与被害人黄丙发生冲突。仇德峰起意报复，返回刘汉住处，在二楼保镖值班室取出藏刀、手枪，再次与唐先兵前往卡卡都俱乐部。刘汉的管家詹军得知后，安排保镖王雷、桓立柱、王宏伟（另案处理）带刀前往帮忙。同月30日2时许，黄丙等人从卡卡都俱乐部出来，唐先兵上前朝黄丙头部砍击1刀，王雷朝黄丙背部砍击1刀。黄丙遇袭后逃跑，王雷、王宏伟继续追打。俱乐部保安上前制止，仇德峰朝天鸣枪进行威胁。从卡卡都俱乐部出来的被害人尚某某（男，殁年29岁）等人见状跑开。唐先兵、桓立柱、仇德峰误认为尚某某是黄丙同伴，持刀、枪追撵。唐先兵朝尚某某的背部砍击1刀，桓立柱朝尚某某的大腿捅刺2刀。尚某某经送往医院抢救无效，因右大腿刺创造成股动静脉破裂失血性休克死亡。黄丙的损伤程度为轻伤。

3.非法拘禁事实

2003年，刘维为四川宏达金桥大酒店有限公司平息事端，殴打了曾到金桥大酒店闹事的社会人员，安排陈力铭为酒店"看场子"。陈力铭指使钟昌华具体负责。其间，钟昌华受酒店委托负责管理娱乐部服务员，从中提成服务费。钟昌华将此事向陈力铭作了汇报。2004年2月6日晚，钟昌华等人将涉嫌偷窃顾客财物的服务员朱某（被害人，女，殁年22岁）带到金桥大酒店711房间看守。次日8时许，朱某翻窗逃离时坠楼身亡。

4.非法买卖枪支事实

2000年，陈力铭购得六四式手枪1支，交给刘维。2009年八九月，田伟购得钢珠枪1支及钢珠弹若干。上述枪支均被公安机关查获。经鉴定，六四式手枪是以火药为动力发射金属弹丸的枪支；钢珠枪以压缩气体为动力，具有杀伤力。

5.非法持有枪支、弹药事实

（1）1998年至2005年，刘维先后获得美制手枪、小口径运动步枪、五六式冲锋枪、六四式手枪、仿六四式手枪各1支。

（2）1998年，肖永红获得勃朗宁手枪、五四式手枪各1支及各类子弹616发。

（3）2007年至2012年，旷晓燕先后获得六四式手枪、钢珠枪、意大利产制式手枪、带消音器手枪、捷克产制式手枪各1支及钢珠弹640发。

（4）2009年2月14日，公安机关在重庆市江北区兴隆路巴黎公社公寓

19-16 号房间抓获张东华时，查获其持有的手枪 1 支、子弹 6 发。

（5）2008 年 12 月，袁绍林获得滑膛枪 2 支、手枪 1 支。

（6）2000 年至 2008 年，曾建军先后获得五六式冲锋枪 2 支、自制仿六四式手枪 1 支及手榴弹 5 枚（已试爆 2 枚）。

（7）2012 年，田伟获得钢珠枪 1 支及钢珠弹 1523 发。

（8）2011 年底，陈力铭收下句艳东欲送给被告人刘汉的 2 支手枪，并分得其中 1 支。

6.敲诈勒索事实

1996 年 4 月至 11 月，刘维强行向开办广汉市大西园游戏机厅的被害人陈某乙等人收取"保护费"10 万元。1997 年 4 月至 1999 年下半年，刘维、曾建军等人到大都会游戏机厅强行收取"保护费"、强占股份，累计勒索陈某乙等人数百万元。

7.故意毁坏财物事实

2008 年 1 月，因被害人罗某丙所购奔驰汽车比刘维的汽车款式新，刘维指使葛某某等人砸毁罗某丙的汽车。葛某某安排湛某某实施。同月 23 日下午，湛某某、卿某某等人将罗某丙停放在广汉市麦市街 43 号宏发商住楼院内的奔驰S600 型汽车砸坏，造成车辆损失 94005 元。

8.妨害公务事实

1992 年 12 月 31 日，广汉市人民法院根据湖南省郴州市有色金属精选厂的诉前保全申请，对被告人刘汉经营的广汉市平原实业发展有限公司存放于广汉市种子公司仓库的 60 吨钨铁进行查封。1993 年 2 月 16 日，刘汉组织人员用车辆封堵法院大门、撕毁封条，将查封的钨铁转移藏匿。因刘汉的行为涉嫌诈骗犯罪，同年 9 月 4 日 18 时许，湖南省和四川省的公安人员联合前往广汉市对刘汉执行刑事拘留。刘维随即带领孙华君等人乘坐吴小兵驾驶的小货车赶至，指使吴小兵将车停放在公司门口阻挡警车。刘维持钢珠枪冲向正在执行公务的公安人员，被当场制伏。刘汉趁机逃脱。

9.寻衅滋事事实

2008 年 4 月 17 日，刘维以中国石油天然气股份有限公司四川德阳销售分公司广汉交通加油站的油品质量有问题、造成其奔驰汽车油路堵塞为由，向加油站索赔。遭拒绝后，刘维安排曾建军等人用车辆堵塞加油站出入口，殴打加油站员工，致使该加油站连续两天无法正常营业。

10.开设赌场事实

1993 年，被告人刘汉在广汉市平原实业发展有限公司一楼开设圣罗兰游戏机厅从事赌博活动，后期交给刘坤、刘维经营。1997 年至 2008 年，刘维又先后在广汉市参股、经营大西园游戏机厅、大都会游戏机厅等赌博场所，雇用人员在赌场进行管理和服务，采取押分下注的方式吸引他人参赌，获取非法利益数千万元。

11.窝藏事实

2001 年左右，被告人刘汉与西藏珠峰摩托车工业公司合伙经营股票。其间，珠峰公司涉嫌走私犯罪，总经理助理陈戊被通缉。2002 年 11 月至 2005 年，刘汉明知陈戊涉嫌犯罪，仍指使范荣彰、范荣雄兄弟先后为陈戊在深圳市佳宁娜广场小区、深圳市银湖路 8 号颐园别墅区提供住所藏匿。刘汉承担陈戊藏匿期间的房租及生活费用，并曾与陈戊共同在上述别墅居住。

12.其他违法事实

（1）2004 年 12 月 15 日，被告人刘汉带领王雷、詹军等人殴打其前妻杨雪的同学林某乙，林某乙被旷晓燕派来的人持刀刺伤。

（2）2008 年 5 月至 2010 年，被告人刘汉多次组织商界朋友到成都市中国酒城、金林半岛会所赌博，并提供资金安排王雷、刘某甲在赌场内放高利贷，抽头渔利。

（3）2012 年 8 月 24 日，受被告人刘汉指使，旷晓燕安排他人在成都市锦江宾馆限制张某庚人身自由近 2 个小时。

（4）2005 年底，按照被告人刘汉指示，刘维帮黄某戊竞拍什邡市马井镇金桥村河段采砂权。刘维安排陈某丁报名参与拍卖，要求他人退出竞拍或不参加竞拍，使黄某戊一次举牌即获得该河段采砂权。

（5）2007 年 1 月，刘维受刘忠伟请托帮助罗某甲竞拍什邡市南泉镇鸭子河一河段采砂权。刘维报名参与拍卖，要求他人不参加竞拍，使罗某甲一次举牌即获得该河段采砂权。后刘维在罗某甲经营的砂场占股 50%，获利 400 余万元。

（6）2000 年 10 月，刘维得知刘坤在广汉市帕提亚大酒店内开设的游戏机厅滋事，前往相助，持枪追逐他人。

（7）2003年，刘维等人因琐事在广汉市丽都花园小区居民楼逐户敲门谩骂，被闻讯赶来的公安人员劝离。

（8）1997年，田伟指使小岛公司保安殴打因索揽工程与公司产生矛盾的村民姚某乙。

（9）1998年，小岛公司保安因琐事持刀将村民樊某某、文某某夫妇的货车轮胎刺破。

（10）1998年，缪军按照孙晓东的安排，邀约曾建军等人持木棍驱赶、殴打采砂村民，砸坏采砂车辆。

（11）1999年，田伟因琐事带领小岛公司保安追打村民李某乙等人。

（三）骗取贷款、票据承兑、金融票证事实

汉龙集团注册成立后，刘汉先后担任该集团法定代表人、董事局主席，并通过他人代为持股等方式实际掌控汉龙集团。刘汉的姐姐刘小平先后担任汉龙集团财务经理、副总经理、财务总监、董事局副主席、审计委员会主任等职，主管汉龙集团财务工作。为维持汉龙集团及其关联企业的运营，刘汉安排刘小平指使财务人员采取向银行骗取贷款等方式融资。2010年4月9日至2013年3月12日，汉龙集团及其控制的四川汉龙高新技术开发有限公司、广汉市佳德实业有限公司、四川平原实业发展有限公司、四川凯达实业有限公司等通过向银行提供虚假的投资项目、贸易合同、财务报表和虚开的增值税专用发票等资料的方式，先后骗取包商银行成都分行、华夏银行股份有限公司成都红星支行等金融机构贷款、票据承兑、信用证等共计人民币4.52亿元、美元1.24亿元。刘汉、刘小平归案后，广汉佳德、汉龙高新从银行骗取贷款、票据承兑、信用证等共计人民币0.93125亿元。前述从金融机构骗得的资金均由汉龙集团统一管理使用。

人民法院认为，刘汉伙同他人组织、领导人数众多、骨干成员基本固定的较稳定的犯罪组织，有组织地通过违法犯罪活动或者其他手段获取经济利益，具有支持该组织活动的经济实力，以暴力、威胁或者其他手段，有组织地多次进行违法犯罪活动，为非作恶，欺压、残害群众，称霸一方，在一定区域或者行业内形成非法控制或者重大影响，严重破坏经济、社会生活秩序，其行为已构成组织、领导黑社会性质组织罪。

刘汉等人组织、领导的黑社会性质组织故意非法剥夺他人生命；故意伤害他人身体；非法剥夺他人人身自由；非法买卖枪支；违反枪支管理规定，非法持有枪支、弹药；以暴力、威胁等手段勒索他人财物，数额巨大；故意毁坏他人财物，数额巨大；以暴力、威胁方法阻碍国家工作人员依法执行职务；在公共场所起哄闹事，造成公共场所秩序严重混乱，破坏社会秩序；以营利为目的，开设赌场；明知是犯罪的人而提供隐藏处所、财物，刘汉作为该黑社会性质组织的组织者、领导者和该犯罪集团的首要分子，其行为又分别构成故意杀人罪、故意伤害罪、非法拘禁罪、非法买卖枪支罪、非法持有枪支、弹药罪、敲诈勒索罪、故意毁坏财物罪、妨害公务罪、寻衅滋事罪、开设赌场罪和窝藏罪。

汉龙集团以欺骗手段取得银行或者其他金融机构贷款、票据承兑、信用证等，情节特别严重，被告人刘汉系汉龙集团直接负责的主管人员，其行为还构成骗取贷款、票据承兑、金融票证罪。

刘汉伙同他人组织、领导黑社会性质组织，严重危害当地经济、社会管理秩序，造成极其恶劣的社会影响，社会危害性极大。在故意杀害王某甲的共同犯罪中，刘汉提出杀人犯意，事后藏匿、资助组织成员，起组织、指挥作用。在故意杀害陈某甲等三人和故意伤害尚某某、黄丙的犯罪中，刘汉对组织成员为维护组织利益实施的故意杀人、故意伤害行为事后认可，窝藏并帮助组织成员逃避法律追究或减轻罪责。故意杀害周甲的犯罪系黑社会性质组织的组织者、领导者刘维直接组织实施，故意杀害熊甲的犯罪系黑社会性质组织的骨干成员唐先兵为维护组织利益而实施，该两起故意杀人犯罪均系黑社会性质组织实施的犯罪。在故意杀害史某某的共同犯罪中，刘汉直接授意、指使组织成员具体实施，后自动放弃犯罪，系犯罪中止。刘汉等人组织、领导的黑社会性质组织实施的非法持有枪支、弹药、开设赌场行为，均情节严重。刘汉等人组织、领导的黑社会性质组织实施故意杀人5起、故意伤害1起、非法拘禁1起，共致8人死亡、2人轻伤、1人轻微伤，还实施了非法买卖枪支、非法持有枪支弹药、敲诈勒索、故意毁坏财物、妨害公务、寻衅滋事、开设赌场、窝藏等行为，刘汉系黑社会性质组织的组织者、领导者和该犯罪集团的首要分子，应当按照其所组织、领导的黑社会性质组织和犯罪集团所犯的全部罪行处罚。刘汉所犯骗取贷款、票据承兑、金融票证罪，情节特别严重。刘汉组织、领导黑社会性质组织，参与实施故意杀人犯罪，犯罪性质极其恶劣，主观恶性极深，后果和罪行极其严重，且拒不认罪、悔罪，应依法惩处并数罪并罚。

唐先兵积极参加黑社会性质的组织，其行为已构成参加黑社会性质组织罪；唐先兵伙同他人故意非法剥夺被害人生命，其行为已构成故意杀人罪；唐先兵伙同他人故意伤害被害人身体，其行为又构成故意伤害罪。在故意杀害王某甲的共同犯罪中，唐先兵积极参与，持枪朝王某甲射击致其死亡；在故意杀害熊甲的共同犯罪中，唐先兵邀约他人，持刀捅刺熊甲要害部位致其死亡；在故意伤害尚某某、黄丙的共同犯罪中，唐先兵持刀追砍黄丙的头部、尚某某的背部，行为积极主动。在上述故意杀人、故意伤害共同犯罪中，唐先兵均起主要作用，系主犯，应当按照其所参与的全部犯罪处罚。在故意杀害史某某的共同犯罪中，唐先兵积极参与，准备作案工具，后又自动放弃犯罪，系犯罪中止。唐先兵积极参加被告人刘汉等人组织、领导的黑社会性质组织，在该黑社会性质组织的组织、领导下，实施故意杀人3起，致2人死亡，实施故意伤害1起，致1人死亡、1人轻伤，系黑社会性质组织的骨干成员，应当按照其所参与的犯罪处罚。唐先兵主观恶性极深，人身危险性极大，手段特别残忍，情节特别恶劣，后果和罪行极其严重，应依法惩处并数罪并罚。

判决被告人刘汉、刘维犯组织、领导黑社会性质组织罪、故意杀人罪等罪，均被决定执行死刑，剥夺政治权利终身，并处没收个人全部财产。全案36名被告人中共判处5人死刑、5人死刑缓期两年执行，4人无期徒刑，22人有期徒刑。①

---

①以上案情介绍均来源于最高人民法院关于刘汉等组织领导黑社会性质组织故意杀人等死刑复核刑事裁定书。

二、法理分析——程序正义彰显法治进步

刘汉、刘维所领导的黑社会性质组织由于人数众多，存续时间长，并且犯罪类型多样等原因，涉嫌罪名数量众多，如何正确定罪量刑是对负责案件审理的法院的巨大挑战。然而，虽然该案所涉定罪量刑等实体问题众多，但同一般类型的黑社会性质组织犯罪并无本质性差别，并没有需要进行特别探讨和解释的刑法适用问题。与此相对应的是，该案的审理过程，无论是管辖法院的确定，还是具体审理主体的组成方式等问题都令人有"耳目一新"的感觉。尤其是将同属同一黑社会性质组织的36个被告人分为7个案件分别由7个合议庭进行审理，在以往的重大案件审理中并不常见，自然受到社会舆论的格外关注。

（一）指定管辖——审判法院确定的法律纽带

根据刑事诉讼法关于地域管辖的规定，刑事案件通常由犯罪地的人民法院管辖，如果由被告人居住地的人民法院审判更为适宜的，可以由被告人居住地的人民法院管辖。具体而言，根据《公安机关办理刑事案件程序规定》第十五条第二款和第三款的规定，犯罪地包括犯罪行为发生地和犯罪结果发生地。犯罪行为发生地，包括犯罪行为的实施地以及预备地、开始地、途经地、结束地等与犯罪行为有关的地点；犯罪行为有连续、持续或者继续状态的，犯罪行为连续、持续或者继续实施的地方都属于犯罪行为发生地。犯罪结果发生地，包括犯罪对象被侵害地、犯罪所得的实际取得地、藏匿地、转移地、使用地、销售地。居住地包括户籍所在地、经常居住地。经常居住地是指公民离开户籍所在地最后连续居住一年以上的地方。根据人民法院相关判决和裁定中对刘汉、刘维等人主要犯罪事实和个人身份的认定，不难发现，刘汉、刘维等人不论是所涉嫌罪名的犯罪地还是经常居住地都集中于四川，与本案最终的审判管辖法院所在地湖北省咸宁市并没有紧密的联系。然而，无论是该案的第一审法院咸宁市中级人民法院，还是第二审人民法院湖北省高级人民法院却获得了审理这一案件的管辖权，与之相对应的是，湖北省的相关公安机关和检察机关也获得了对这一案件的侦查和审查起诉管辖权。之所以出现这一情形，原因在于对于这一案件管辖权的确定中实施了指定管辖制度，通过最高人民法院的指定，咸宁市中级人民法院取得了对刘汉、刘维一案的审理管辖权。

所谓指定管辖是指上级人民法院可以将存在管辖权争议或者有管辖权法院不适宜刑事管辖权的案件指定给其他法院审理的管辖类型。指定管辖属于审判管辖中裁定管辖的一种情形，这一概念是相对于法定管辖而言的。之所以规定指定管辖制度，其现实需要基础是因为司法实践中存在部分管辖范围和权限不明或有争议，或者是有管辖权的公安机关、人民检察院和人民法院无法或不宜行使管辖权的案件。根据刑事诉讼法的规定，我国当前指定管辖包括以下两种情形：一是上级人民法院指定下级人民法院审判管辖不明的案件；二是必要时上级人民法院指定下级人民法院将案件移送其他人民法院审判。

指定管辖的直接法律依据是《刑事诉讼法》第二十六条"上级人民法院可以指定下级人民法院审判管辖不明的案件，也可以指定下级人民法院将案件移送其他人民法院审判"的规定，除此之外，相关的司法解释对指定管辖作了进一步的细化规定，如：《公安机关办理刑事案件程序规定》第十七条规定："对管辖有争议或者情况特殊的刑事案件，可以由共同的上级机关指定管辖。"《人民检察院刑事诉讼规则》第十六条规定："对管辖不明确的案件，可以由有关人民检察院协商确定管辖。对管辖权有争议或者情况特殊的案件，由共同的上级人民检察院指定管辖。"该规则第十八条规定："上级人民检察院可以指定下级人民检察院立案侦查管辖不明或者需要改变管辖的案件。"第二百四十八条规定："人民检察院受理同级公安机关移送审查起诉的案件，认为属于同级其他人民法院管辖的第一审案件时，应当写出审查报告，连同案卷材料移送有管辖权的人民检察院或者报送共同的上级人民检察院指定管辖，同时通知移送审查起诉的公安机关。"《最高人民法院关于执行刑事诉讼法若干问题的解释》第二十二条规定："上级法院在必要的时候，可以将下级人民法院管辖的案件指定其他下级人民法院管辖。"

根据刑事诉讼法和相关司法解释的规定，指定管辖实践中表现为对于管辖权不明确或存在争议的刑事案件管辖权的确认，以及对于虽然管辖权明确，但因某种原因不适于原管辖单位管辖而由上级法院指定移送其他人民法院管辖的明确，即改变管辖。当前指定管辖适用最为频繁且存在的问题主要集中于第二种情形。之所以要将管辖权明确的刑事案件因指定而改变管辖，在实践中主要有以下几种情形：一是为防止因为犯罪嫌疑人、被告人以及其他案件利害相关人的社会地位和社会关系等外在因素的不利影响而改变管辖法院。这一情形主要发生于职务犯罪案件当中，由于此类案件的犯罪嫌疑人、被告人在犯罪地及其经常居住地往往具有较大的职务影响和社会关系，为保障案件的查办力度和司法公正，防止人情关系等非法干扰，对此类案件实行异地管辖。尤其对于犯罪嫌疑人、被告人是有管辖权法院所在地的党政机关和司法机关重要领导干部的案件，普遍适用指定管辖。这一点在近年来所审判的诸如薄熙来案、季建业案等案件中具有体现。①二是因侦查、审查起诉和案件审理力量调配以及其他"特殊情况"而改变管辖，这主要发生于案件的侦查和审查起诉环节。这主要是针对部分具有很强专业性和技术性要求的案件。例如，对于恐怖主义犯罪，新疆和西藏等地的公安机关和检察机关具有充分的实践经验积累，因此对于部分此类案件可以指定具有办理经验的办案机关管辖。此外，例如经济犯罪案件中为防止地方保护主义也可以通过指定改变管辖予以解决。三是因原管辖办案机关及其工作人员（主要是其负责人）需要回避而改变管辖等。

具体到刘汉、刘维案，该案属于典型的因避免犯罪嫌疑人、被告人的社会地位和社会关系影响案件的公正审理而指定管辖的情形。本案的主要被告人刘汉、刘维不仅是人数众多的黑社会性质组织的组织者、领导者，并且拥有巨额的财富，经济实力雄厚，尤其是刘汉还拥有政协委员等一系列政治身份；经过在当地的长期经营，这一黑社会性质组织已经构建了非常复杂严密的社会关系网，并且寻求来自公权力机关内部的保护伞，具有很强的社会影响力。因此，为防止犯罪嫌疑人、被告人的权势和社会关系等影响该案的处理，保障司法公正和效率，在刘汉、刘维黑社会性质组织一案中，最高人民法院采取了个案调整的方式，指定进行异地管辖。而被指定的管辖地湖北咸宁，一方面远离刘汉、刘维等人的主要活动区域，可以有效隔绝基于其社会关系和经济实力所产生的不利影响，有助于办案机关秉公执法，确保司法公正。另一方面，湖北省相对而言，离四川较近，有利于办案机关调查取证和核实证据以及保护证人，提高办案效率、降低办案成本，考虑了刑事诉讼中的便利原则。因此，确定咸宁市

---

① 例如，薄熙来案是在与其任职经历无明显交叉重叠的山东省济南市中级人民法院审理，而非在其主要犯罪地的辽宁省和重庆市法院审理；季建业案也是在与其任职经历无交叉的山东省烟台市中级人民法院审理。

中级人民法院作为该案的管辖法院，可以有效兼顾诉讼公正与诉讼效率，体现了刑事诉讼程序应将特殊刑事案件的原则性与灵活性有效结合。

然而，不得不承认的是，刑事诉讼中的指定管辖虽然在实践中发挥了积极作用，例如针对涉嫌腐败犯罪高官的异地指定管辖，对于提高审判的客观性和公正性，确立司法权威发挥了积极的促进作用。但是这一制度当前也存在一定弊端，如适用随意性较大，指定侦查管辖于法无据，公、检、法在指定管辖上不能有效衔接，公民的管辖异议权与指定管辖申请权不受尊重等。[1]因此，伴随着我国反腐败斗争的继续深入，尤其是法治反腐受到的重视程度不断提升，以及集团犯罪、有组织犯罪不断增加的时代背景下，对指定管辖制度的立法完善与细化是必然的发展趋势。刑事诉讼法及相关司法解释应当对指定管辖的适用原则及具体适用对象以及指定和异议程序等内容进行明确规范，以实现这一制度运行的法治化、规范化。

（二）分案审理、并案审理以及另案审理

通常情况下，为确保案件审理结果的一致性和审判过程的效率性，针对同一犯罪嫌疑人或同一犯罪事实都是由同一审判组织进行审理并作出裁决。然而在刘汉、刘维黑社会性质组织犯罪的审理当中，由于被告人人数众多，采取了分案审理的做法，分为刘汉等 10 人案、刘维等 7 人案、陈力铭等 5 人案、桓立柱等 3 人案、曾建军等 5 人案、旷晓燕等 3 人案、刘学军等 3 人案等 7 个案件分别进行审理。针对这 7 个案件，咸宁市中级人民法院分别成立了 7 个合议庭，并且同时开庭审理。虽然分案审理的形式在此前重大案件审理过程中已有所尝试，如在 2001 年著名的"慕马案"中，共有 62 名涉案人员被移送司法机关。根据最高人民法院的指定，江苏省南京、宿迁和辽宁省抚顺、大连、锦州、营口、丹东等 7 个城市的中级人民法院同时进行审理。但是在同一法院成立不同的合议庭对存在关联的案件同时进行审理却具有很强的突破性，这一审理模式受到社会各界的广泛关注，是刑事诉讼分案审理的典型案例。

提及分案审理，对绝大多数人而言，都是一个陌生的概念，与之相类似但普及度更高还有并案审理和另案处理两个概念。刑事犯罪的分案审理主要是指

---

[1]龙宗智：《刑事诉讼指定管辖制度之完善》，载《法学研究》，2012 年第 4 期。

在刑事诉讼过程中，司法机关将已经或应当合并在一起的多个案件分离为若干个相互独立的案件，并分别适用不同诉讼程序予以解决。刑事犯罪并案审理，是指在刑事诉讼过程中，在同一诉讼阶段一并解决同一主体的多个案件或者多个主体的同一案件或者多个案件。长期以来，分案审理在刑事司法领域特指未成年人案件审理过程中，对成年被告人和未成年被告人进行分别处理的审理模式。有观点认为，分案起诉制度是人民检察院对于提起公诉的未成年人与成年人共同犯罪的案件，在不妨碍整个案件审理的情况下，将未成年人与成年人共同犯罪的案件分案，分别以独立案件提起诉讼，法院分别审理的制度。①其主要法律依据为：最高人民检察院《人民检察院办理未成年人刑事案件的规定》第五十一条规定："人民检察院审查未成年人与成年人共同犯罪案件，一般应当将未成年人与成年人分案起诉。"《最高人民法院关于适用〈中华人民共和国刑事诉讼法〉的解释》第四百六十四条规定："对分案起诉至同一人民法院的未成年人与成年人共同犯罪案件，可以由同一个审判组织审理；不宜由同一个审判组织审理的，可以分别由少年庭、刑事审判庭审理。"这一制度在我国当前未成年人刑事诉讼实践中也已得到较为广泛的适用。

在比较分案审理与并案审理这对概念之前，笔者先对实务中常出现的"另案处理"这一概念作简要辨析。我国现有法律对另案处理尚未作出明确规定，但在司法实践中却被司法机关频繁用于相关的法律文书中。所谓另案处理，是指在共同犯罪等案件中，如果其中的一个或者数个犯罪嫌疑人，由于某种合理原因，无法在同一程序中进行诉讼，必须以分案的方式与其他案件一并或单独通过其他诉讼程序或途径加以解决的案件处理机制。②这一处理模式在刘汉、刘维黑社会性质组织一案的审理中也有所体现，对于部分与概念存在牵连的被告人也采取另案处理的方式。而并案审理与分案审理作为一对互相对应的概念，相互之间存在紧密的联系。其中并案审理是指对一个被告人犯有数罪或者数个被告人共同犯有一罪或者数罪的，作为一个案件合并进行审理。③分案审理是指

①姚建龙：《长大成人——少年司法制度的建构》，198-199页，北京，中国人民公安大学出版社，2003年。

②董坤：《论刑事诉讼中"另案处理"规范功能的异化与回归》，载《法学论坛》，2013年第1期。

③王飞跃、丁念红：《论刑事案件分案审理》，载《中南大学学报（社会科学版）》，2007年第6期。

公安、司法机关在立案、起诉、审理等阶段将共同犯罪案件或者具有关联性的案件作为不同的案件分开处理。

在刑事诉讼中，对于案件进行合并审理还是分案审理，一般以关联性作为判断标准，同时考虑其他因素。一人犯数罪、数人共犯一罪或者数罪等情形，原则上应当合并审理。但是，如果合并审理可能带来不利的后果，如影响被告方的辩护策略、可能对被告人形成重大偏见、可能对被告人主要罪行的审判造成迟延、可能导致利害关系截然相反的共同被告人相互指控、可能导致法庭审判流于形式等，法院可以裁定进行分案审理。从该案的情况看，如果进行合并审理，可能产生上述不利后果，进而影响案件事实真相的及时查明，而进行分案审理，更能保障被告人获得公正的审判。因此，咸宁中级人民法院对于全案被告人及其犯罪事实进行了科学的梳理，采取了分案同步审理的做法，使得整个案件的庭审过程重点突出，特征显著，脉络清晰，保障了充足的庭审时间，也防止了审判的过分迟延。①

司法实践中，分案审理通常存在于共同犯罪案件的审理过程中，尤其是对于黑社会性质组织犯罪等有组织犯罪，司法机关根据具体情况，把原本应当或者已经合并处理的案件分离，将涉案的部分共犯另案进行诉讼。分案审理实质上是案件在程序上的相互分离，司法机关根据犯罪嫌疑人、被告人的不同而将已经或者本应并案诉讼的共同犯罪案件分离为若干个相互独立的刑事案件，并适用不同程序分别进行诉讼。从刑事诉讼理论上而言，被告人与犯罪事实是刑事案件的两个基本构成要素，因而共同犯罪分案诉讼主要包括了犯罪主体的分离和犯罪事实的分离，即对人的分离和对事实的分离。

概览其他国家和地区关于分案与合并审理的立法规定，均是以刑事案件在实体上是否存在"关联性"作为判断依据。从本质上而言，对"关联性"的理解体现了不同国家和地区在被告人的公正审判权与诉讼效率之间的取舍。国外大多数国家往往通过其程序法对刑事案件的合并审理做出了明确的规定。例如，《美国联邦刑事诉讼规则和证据规则》第八条（a）和（b）分别规定，如果数项被指控罪行属于同一性质或类似性质，或者是基于同一行为或同一交易，或者

---

① 熊秋红：《刘汉等人涉黑案审理彰显程序正义》，载《检察日报》2014年5月28日第3版。

虽是两个或两个以上交易，但相互联系或构成一共同计划中的组成部分，那么在一份陪审团起诉书或检察官起诉书中，可以对两个或两个以上的罪行逐项分别提出指控；对于数名被告人，如果他们被指控参加同一行为或者同一交易，或者参加构成一项犯罪或数项犯罪的一系列行为或交易。这样的被告人可以在一条或数条罪状中共同或分别被指控，不需要在每份罪状中对所有被告人都提出指控。同时，该规则第十四条规定，如果显示在一份大陪审团起诉书或检察官起诉书中对数种罪行或数名被告人一并指控或合并审理可能对被告人或政府方产生不公正影响，法庭可以命令从数种罪行中进行选择或者分开进行审理，同意将共同被告人分开或者提供其他救济性的司法命令。

　　此外，我国台湾地区的刑事诉讼法对于刑事案件的合并与分案审理也做出了规定，该法第六条规定，数同级法院管辖之相牵连者，得合并由其中一法院管辖。第二百八十七条之一规定，共同被告人之调查证据、辩论程式之分离或合并，法院认为适当时，得依职权或当事人或辩论人之申请，以裁定将共同被告人之调查证据或辩论程式或分离或合并。前项情形，因共同被告人之利害相反，而有保护被告人权利之必要者，得分离调查或辩论。因此，只有当数名被告人之间的利害关系处于相反情形时，出于保护被告人权利的需要才必须进行分案审理，其他情形则均属于法院自由裁量是否应该分案审理的情形。

　　但是，目前的司法实践中，分案处理的过程并不透明，具体依据也缺乏明确的规定。共同犯罪案件的分案处理，既有分案立案、一案起诉、一案审判，也有一案立案，分案起诉、审判，还有分案立案、起诉，一案审判等多种情形。由于实务中并没有统一、明确的标准决定分案与否，混乱的情形往往直接影响到了律师对于辩护方案的确定，甚至可能因为分案后一个案件的判决，使律师对于另一案件的辩护归于无效。这对于被告人辩护权的保障以及律师的实践操作是极其不利的。具体而言，当前刑事司法实践中由于分案审理标准规范缺失所导致的弊端主要表现为该分而不分。

　　"该分不分"会妨碍某些刑事审理程序（如庭审）的功能发挥，刑事庭审是刑事诉讼的核心环节，但一个案件的被告人人数过多，会导致刑事庭审程序形同虚设，不能发挥其应有的功能。此外，对于部分犯罪嫌疑人、被告人的犯罪事实清楚、证据确实充分，部分犯罪嫌疑人、被告人的犯罪事实不清、证据不足案件，"不该并而并"的现象遇到延长审理期限、上诉、发回重审等情形时，会导致同案所有犯罪嫌疑人、被告人均受到牵连，势必影响到所有同案犯罪嫌疑人、被告人的羁押期限。例如，在处理这些涉案人员众多、组织结构复杂、证据资料与犯罪事实繁冗的集团犯罪案件，特别是涉及黑社会性质的犯罪案件时，常常由于来自上级指示或者其他政府部门的压力、社会媒体的关注、缺少分案诉讼的法律依据等因素，迫使办案的检察机关不得不将整个涉案集团一起审查、起诉，法院也不得不在同一审判程序中对此作出判决。而犯罪集团中那些处于最底层，仅涉及一些较轻罪行的被告人也不得不与犯罪集团中的那些主犯一起忍受长时间的羁押并一起获刑。例如，在湖南娄底刘俊勇涉黑案中，涉案的被告人数达98人，其中52人被控涉黑犯罪，全案涉嫌罪名共23项，检察机关指控的犯罪事实达170起，案卷材料205册，78名律师出庭辩护。湖南省娄底市人民检察院于2005年12月23日提起公诉，经娄底市中级人民法院专案审理组三个多月的详细阅卷审查和庭审准备，才正式进入开庭审理阶段。2006年12月27日，在第一次开庭长达足足八个半月之后，湖南省娄底市中级人民法院才对该涉黑案作出一审判决，判决书长达486页，创刑事案件判决书之最。这种旷日持久的诉讼过程本身就是对部分犯罪情节轻微的被告人的巨大折磨，在我国当前审前羁押率居高不下的刑事司法现状下，这无疑会导致刑期短于审前羁押期限，并引发刑罚确定中的"实报实销"等弊端。

回到本案，之所以对刘汉、刘维等人采取分案审理的方式原因在于提高诉讼效率，避免诉讼拖延。据报道，刘汉、刘维黑社会性质组织犯罪一案作为党的十八大以来判处的性质最为严重的黑社会性质组织犯罪案件，历经近一年的侦办，多达800余册的罪证材料，历时17天的庭审，20名证人的当庭陈述，20项起诉罪名和数十起违法犯罪事实，27位公诉人与刘汉等36名被告人及49位辩护人的激烈交锋。[1]由此可见，通过将整个案件划分成为相对独立的7个分案，可以有效地缩短案件审理期间，并且可以确保每一名被告人，每一项犯罪行为都得到认真细致的审理，有助于实现司法公正与诉讼效率的有机统一。

较之于并案审理，分案审理在实务中尚未形成稳定的处理规则，各司法机

---

①杨维汉、邹伟、李鹏翔：《刘汉、刘维黑社会组织覆灭记》，载《人民日报》，2014年5月24日第4版。

关在处理时往往具有任意性。但是案件一旦被决定分开处理，将会涉及具体诉讼措施的变更，往往"牵一发而动全身"，控辩双方的权利义务分配情况会发生变动，证据的适用规则也会有所调整，以及具体的庭审方式、庭审程序也会产生变化，共同犯罪案件的分开，甚至会对案件的判决结果产生影响。因此，在分案审理过程中，应当充分保障案件审理，尤其是证据质证认证的相互印证和量刑基准确定的统一平衡。

三、案件审理之后的反思

刘汉、刘维黑社会性质组织犯罪一案的审理，是我国刑事司法制度现代化发展的真实写照，案件审理过程中，无论是审理模式的选择，还是对犯罪嫌疑人、被告人的权利保障，都体现了惩罚犯罪与保障人权有机统一的刑事司法理念。习近平同志在中央政治局第四次集体学习中强调，"要努力让人民群众在每一个司法案件中都感受到公平正义"，对于刘汉、刘维等社会各界广泛关注的重大案件的审理，对于提高全民法治意识更是具有极强的标杆模范作用。

通过对案件审理过程的梳理不难发现，对于涉案人数众多，具体犯罪行为多样复杂的黑社会性质组织犯罪等有组织犯罪案件，无论是在管辖机关确定，还是在具体诉讼程序安排等环节都存在与普通刑事案件诉讼程序不同之处。人类社会分工的不断细化是文明发展的重要表现，而诉讼程序的专业化、科学化分化则是刑事司法文明发展的集中体现。因此，在未来的刑事司法程序类型发展过程中，有组织犯罪诉讼程序的专业化设置将会是重要的发展趋势。

所谓有组织犯罪是指三人以上为长期实施一种或多种犯罪获取某种巨大利益（主要是经济利益）而建立的犯罪组织，以暴力、恐吓和贿赂腐蚀等非法手段，有组织、有计划地故意实施依法应受刑事处罚的行为。①而在我国当前的刑法立法体系中，有组织犯罪的主要表现形式是黑社会性质组织犯罪。有组织犯罪特别程序是指公安机关、人民检察院、人民法院和监狱对有组织犯罪案件，所适用的有别于普通程序的专门程序。②之所以有观点认为需要针对有组织犯罪

---

① 陈明华：《有组织犯罪问题对策研究》，15页，北京，中国政法大学出版社，2004年。
② 吴高庆：《试论有组织犯罪特别程序》，载《河北法学》，2007年第12期。

制定专门的诉讼程序，其理由主要基于以下几个方面：首先是这一犯罪的犯罪主体的特殊性，由于实施有组织犯罪的主体往往都是组织严密，具有较强的反侦查能力，为有效打击此类犯罪需要赋予侦查机关特殊的侦查措施①，并且在强制措施领域提供较为宽松的适用空间。②其次，有组织犯罪案件中往往涉及公职人员的腐败和渎职，为避免其继续干扰案件诉讼，有必要对管辖制度等加以调整。再次，就世界范围打击有组织犯罪的立法经验而言，很多国家都制定有专门的反有组织犯罪法律法规，其中基本都涉及特别程序规范。③而且在国际层面，联合国专门制定了《打击跨国有组织犯罪公约》，该公约中亦存在大量的程序性规范。④最后，在有组织犯罪案件的审理过程中，关于证人保护以及污点证人制度等特殊的证人制度内容需要特别加以规范。此外，由于有组织犯罪案件往往涉及的犯罪嫌疑人、被告人数量角度，因而在审判法院的确定上亦需要特别应对。

新刑事诉讼法中针对黑社会性质组织犯罪的特殊性，在强制措施、律师会见以及侦查措施等方面进行了特别规范，伴随着刑事诉讼程序体系专业化发展的深入，在未来的程序体系完善和拓展过程中，需要针对有组织犯罪的特殊性进行全面系统的程序构建与完善，形成具有我国特色的有组织犯罪诉讼程序。

（吕晓刚）

---

① 例如，日本针对有组织犯罪制定了专门的《关于犯罪侦查中监听通讯的法律》，德国《刑事诉讼法》第一编第八章就监视电信通讯、扫描侦查以及派遣秘密侦查员等秘密侦查手段在有组织犯罪等案件中的适用作出了规定。另外，1991年莫斯科国际有组织犯罪研讨会也曾向各国建议：要使用秘密侦查方法了解犯罪组织，要利用秘密机构、情报人员（线人、卧底）及相应技术包括窃听器、闭路监视器、夜视设备、音像设备对正在进行的事件进行记录。《联合国打击跨国有组织犯罪公约》第二十条也就有组织犯罪中电子监视、特工行动等特殊侦查手段作出了规定。

② 针对有组织犯罪，在西班牙、爱尔兰和法国，警官拘留罪犯的法定时间被延长，在意大利还规定了临时拘留权等。高一飞：《有组织犯罪问题专论》，65页，北京，中国政法大学出版社，2000年。

③ 例如我国澳门地区的《有组织犯罪法》中除实体性规定之外，还包含大量的程序性规范。徐京辉：《澳门惩治有组织犯罪的立法与司法简论》，载《人民检察》，2007年第6期。

④ 陈光中：《联合国打击跨国有组织犯罪公约和反腐败公约程序问题研究》，379—399页，北京，中国政法大学出版社，2007年。

十八年生死两茫茫

——呼格吉勒图"故意杀人"再审无罪案

2014年12月15日，冬天的呼和浩特寒风凛冽，而呼格吉勒图的父母李三仁和尚爱云两口子的家里却格外热闹，屋子里坐满了前来采访的各路媒体记者以及老两口的亲朋好友。

这一天，以赵建平为代表的内蒙古自治区高级人民法院工作人员向老两口送达了呼格吉勒图案的再审法律文件，并当场向他们告知："我院于2014年11月19日决定对呼格吉勒图案进行再审，经过合议庭审理，审判委员会讨论作出决定。现在向你宣布判决内容：本院审理认为，原案件审判及认定呼格吉勒图犯故意杀人罪、流氓罪事实不清、证据不足，作出判决：（1）撤销本院（1996）内刑终字第199号刑事裁定和内蒙古自治区呼和浩特市中级人民法院（1996）呼刑初字第37号刑事判决；（2）宣告呼格吉勒图无罪。同时根据刑事诉讼法解释第三百九十一条的规定，告知您二位，有权向内蒙古自治区高级人民法院申请国家赔偿。"随后，赵建平副院长深鞠一躬，表示对呼格吉勒图的错判以及死刑的真诚道歉。老两口颤抖地接过法律文书，逐字默读，尚爱云终于抑制不住内心复杂的情感，热泪溢出了眼眶。①

人群散去之后，老两口在两个儿子的陪伴下，一同前往呼格吉勒图的坟头。在坟前点燃再审文书的复印件，将这迟到的正义宣判告知九泉之下的呼格吉

---

①杨大伟：《内蒙古高级人民法院：撤销原判，判决呼格吉勒图无罪》，新华网：http://www.nmg.xinhuanet.com/zt/2014zt/hgjltcs/2014-12/15/c_1113638237.htm，2015年3月18日访问。

勒图。一边焚烧，老两口在一边痛哭不已："可怜我儿只活了十八岁就走了啊……"是啊，如果当年的公安机关能再仔细一点搜查证据、调查案情，如果当年检察机关能再谨慎一点审查起诉、支持公诉，如果审判机关能再严肃一点调查证据、听取辩论，那么十八年后的今天，一切都将不一样，呼格吉勒图不会躺在这冰凉的黄土之下，而已经成长为一个三十六岁的精壮蒙古汉子了。但是，命运在 1996 年 4 月 9 日这天偏离了轨道……

一、案情回顾：十八年的生死轮回

（一）十八年前的黑夜：呼格吉勒图案

1996 年 4 月 9 日晚上，18 岁的呼格吉勒图和往常一样约上自己的好友闫峰，两人到小饭店吃完一个砂锅，还喝了二两小酒，打算一会儿接着去卷烟厂上晚班，晚班是下午 3 点 30 到凌晨 12 点。卷烟厂规定，上班时间不能喝酒，为了能压压酒气，闫峰让呼格吉勒图去买个口香糖。

就在呼格吉勒图独自前往购买口香糖的路上，他听到第一毛纺厂宿舍旁的女厕所内传来了呼喊声。过了一会儿，厕所里没有了动静。出于好奇，呼格吉勒图跑进女厕所看了一眼，看见一个女的横仰在那里，他便跑了出来。回到工厂之后，呼格吉勒图叫上闫峰，想再去一探究竟。闫峰一开始不同意："别去了，那是女厕所。"呼格吉勒图鼓动闫峰说："怕什么，咱们俩在一起。"接着，两人走到女厕所门口。正犹豫要不要进去时，有两个老太太走出来了，但并没有说什么。接着，呼格走进女厕所，闫峰在门口喊了两声，没人回应，他就拿着打火机进入了。透过打火机的亮光，他们看到在厕所的矮墙上有一具下身裸体的女尸。惊吓中，他们向外跑去，一直跑到一百米外的治安岗亭。呼格吉勒图执意要进去报案。透过玻璃，闫峰看到呼格吉勒图急切地想拉警察去现场探看，但警察并没有动。直到几分钟后，另外两个老太太来报警，大家才一起向厕所走去。呼格吉勒图没让闫峰一同前往，而是让他先回厂里替自己请假，他说："我一会儿就回去。"但他并没有回去。两个小时后，闫峰没等到呼格吉勒图，反而等来了警察。警察把他带上了警车，而呼格吉勒图也在车上。

晚上十点左右，两人被带到呼和浩特公安局新城分局，被分别安置在相邻的审讯室。在审讯室内，闫峰被几名警察反反复复地询问了数十次。他说呼格吉勒图人品好，但警察不信。警察说，呼格吉勒图已经招了，再为他说话就是包庇，会被重判。他们还反复让闫峰说呼格吉勒图干过哪些不好的事，有个警察还问他，是否曾经和呼格吉勒图看过黄色录像。最后，他抵不住压力告诉警察，呼格吉勒图曾和自己开过关于女性的黄色笑话。听了这话之后，警察露出满意的微笑。闫峰不知道呼格吉勒图的审讯室都发生了什么，只听到隔壁传来了呼格吉勒图的呻吟声和桌椅挪动的声音。桌椅挪动一下，他就叫一声。隔天早上离开时，闫峰偷偷瞄了一眼呼格吉勒图的房间，警察给他戴上了一顶白色摩托车头盔，并把他锁在暖气上。这是他最后一次看见呼格吉勒图。[①]

就在这个审讯室里，负责该案的新城分局副局长冯志明和其他办案人员要求呼格吉勒图承认他所没有做的事情，不然就不让他睡觉，不给他水喝，不给他饭吃，也不让他上厕所。而且，警察还欺骗呼格吉勒图，那个受害人没有死，已经指认出他来了，只要他承认了犯罪事实，就可以回家了。经过四十八小时，警察终于"熬"出呼格吉勒图的认罪供述。此外，为了佐证呼格吉勒图的供述，分局刑警队技术室还对他指缝里的污垢进行采样和理化检验，并交市公安局技术室和内蒙古公安厅进行鉴定。结果显示呼格吉勒图指缝里的血样和被害人的血型是吻合的。据此，警察迅速认定，呼格吉勒图在女厕所对死者杨某进行流氓猥亵时，用手掐住死者的脖子致其死亡，并移交检察机关审查起诉。

移送到检察院后的呼格吉勒图对整个案件进行了翻供，但这仍然没能引起检察官的注意，也没能启动核实程序。不久后，负责该案的检察官彭飞以"流氓罪"和"故意杀人罪"两项罪名对呼格吉勒图提起公诉。同年5月23日，呼格吉勒图案在呼和浩特市中级人民法院开庭审理。仅经过不到一个小时的时间，庭审就结束了。该法院当庭作出一审判决：以故意杀人罪判处呼格吉勒图死刑，剥夺政治权利终身，以流氓罪判处呼格吉勒图有期徒刑五年，两罪并罚决定执

---

①谷力：《呼格案唯一在场者：十八年前的秘密》，新浪新闻：http://news.sina.com.cn/c/zg/lrs/2014-11-19/1719414.html，2015年3月18日访问。

行死刑，剥夺政治权利终身。作出这份判决书的包括审判长苏明，代理审判员宫静和呼尔查。一审判决作出后，呼格吉勒图提起上诉，但是这并没有为他争取太多时间。同年6月5日，内蒙古自治区高级人民法院作出终审判决：驳回上诉，维持原判，并核准以故意杀人罪判处呼格吉勒图死刑，剥夺政治权利终身。作出该终身判决的审判长叫杨小树。①随后，不到一周之后，呼格吉勒图的人生就走到了终点。1996年6月10日，在距离呼和浩特市约五十公里的霍寨沟，呼格吉勒图和其他三个年轻的男孩子一起，被两颗冰冷的子弹结束了自己年轻的生命。②

从案件发生到呼格吉勒图最终被执行枪决，这中间不过六十二天的时间。然而就是因为这短短的六十二天，呼格吉勒图以及与他和这个案件有关的人们的生活都发生了重大的变化：案件的另一个亲历者闫峰迫于压力不久后就离开了卷烟厂，十几年来一直靠打零工贴补家用，在哪里都待不长，也没有交过女朋友。呼格吉勒图的至亲尚爱云和李三仁在案件发生之后，生活顿时失去了重心。呼格吉勒图的母亲尚爱云精神常常有些恍惚，经常去儿子的坟上看看，没事就盯着呼格的照片死死地看。呼格吉勒图的哥哥昭力格图经常要面对周围人的非议，弟弟庆格勒图本来成绩很好，二哥出事之后由于压力过大常常掉头发，成绩也下滑得厉害，结果高考也没考好，只上了一个职高。③

（二）九年前的曙光：赵志红案

原本以为伤痛将被时间慢慢冲淡，然而事情在2005年发生了转机。从1996年到2005年间，呼和浩特市和乌兰察布市发生多起女性惨遭强奸杀害的案件。直到2005年10月23日，这些案件的真凶、被称为"杀人狂魔"的赵志红被警察抓获。落网后，公安机关随即对他进行了讯问，他共交代了27起案件，其中11名女性被强奸杀害。而令众人惊愕不已的是，他交代自己做过的第一起案件

---

① 曾珂：《"呼格案"办案人员名单公布 多名主办者早已高升》，人民政协网：http://www.rmzxb.com.cn/yw/fd/2014/12/17/419768.shtml，2015年3月18日访问。

② 谷力：《呼格案唯一在场者：十八年前的秘密》，新浪新闻：http://news.sina.com.cn/c/zg/lrs/2014-11-19/1719414.html，2015年3月18日访问；杨璐：《被呼格案影响和影响呼格案的人》，三联生活周刊：http://www.lifeweek.com.cn/2015/0116/45588.shtml，2015年3月18日访问。

③ 杨璐：《被呼格案影响和影响呼格案的人》，三联生活周刊：http://www.lifeweek.com.cn/2015/0116/45588.shtml，2015年3月18日访问。

就是 1996 年发生在呼和浩特的呼格吉勒图案。①心存疑惑的警察带着赵志红指认现场。虽然当时的厕所已经不存在了，但是赵志红仍然准确地指认了案发现场。除此之外，赵志红甚至交代了一些当年案件侦查过程中没有查清的细节，例如被害人背后为何有擦伤。他对被害人的头发等的形容也比呼格吉勒图当年的供述更详细和精确。当时厕所和街面都没有灯，但他却可以准确地说出内裤的颜色，等等。警察几乎可以认定赵志红就是当年呼格吉勒图案的真凶。于是，警察将这个案件连同赵志红涉嫌的其他案件一起移送检察机关审查起诉。②

2006 年 11 月 28 日，呼和浩特市中级人民法院对赵志红案进行一审。不过，检察机关对赵志红涉嫌的其他九起案件都提起了公诉，唯独漏掉了呼格吉勒图案。对此，赵志红当场便提出疑问："我做的第一起案子就是厕所女尸案，检察院怎么不公诉，审理中为何也没人提呢？"竟然有被告人自己主动揽罪的，这令当时的庭审现场显得非常尴尬。在审判长的提示下，赵志红没有再就此案讲更多细节。之后该案继续审理，赵志红一审被宣判死刑，等待内蒙古自治区高级人民法院的二审。可是，二审却迟迟没有开庭。在此期间，赵志红还做过一件令人吃惊的事情。2006 年 12 月 5 日，被关押在看守所的赵志红用卫生纸写了一份所谓的"偿命申请"，向检察机关承认自己是呼格吉勒图案的真凶，并要求有关机关审理此案，还死者呼格吉勒图清白。并且多年来，赵志红还一直向管教民警强调自己就是呼格吉勒图案的凶手，坚称自己应该承担所有的罪责。③

听说警察带着赵志红指认命案现场，刚做完胆结石手术的李三仁等不及养好手术刀口，就捂着肚子开始了漫长的翻案之路。为了申诉，他们找到当年的律师要来了案件的判决书，并从法院要来了二审判决书的复印件。夫妇俩把所有精力都扑在翻案上，呼和浩特的公检法机关他们差不多每天轮流去，北京也去了很多趟。就在老两口的寻求翻案的过程中，时间不知不觉又过去了九年。

---

①周阳：《呼格案真凶赵志红曾写偿命申请为其喊冤》，人民网：http://politics.people.com.cn/n/2014/1216/c1001-26213749.html,2015 年 3 月 18 日访问。
②澎湃、朱安足：《呼市公安局原副局长：赵志红极可能是真凶》，腾讯新闻：http://news.qq.com/a/20141124/009943.htm,2015 年 3 月 19 日访问。
③陈威：《赵志红"偿命申请"曝光》，载《法制晚报》,2014 年 12 月 15 日。

在这九年间，赵志红一直被关押在看守所内，尽管其对自己犯下的呼格吉勒图案供认不讳，但由于各方面的压力，该案件一直没有被纳入法律程序中。

（三）十八年后重见天日：呼格吉勒图案再审

随着时间的推移，呼格吉勒图案越来越多地受到社会各界的关注。在李三仁和尚爱云的不懈努力下，一群有识之士不断发出声音，提出该案的各种疑点，主张重审此案。这其中就包括呼和浩特市新城区的退休检察官滑力加，他提出该案有三大问题：公安机关存在主观办案之嫌；缺少直接证据，死者体内精斑未作 DNA 鉴定；公安机关涉嫌刑讯逼供。还有媒体获得一份十八年前呼格吉勒图接受检察官询问的笔录，在笔录中，呼格吉勒图数次表示自己是无辜的，关于被害人个人特征的描述也都是猜的，并指出警察对他进行变相的刑讯逼供和诱供。另外，从 2006 年就开始代理呼格吉勒图申诉案的律师苗立也提出了自己的疑问，除了被害人的精斑是否是呼格吉勒图的以外，她还指出掐死被害人的手印是否经过鉴定，以及案发地点是否留有呼格吉勒图的脚印等，认为该案的证据无法形成证据锁链。除此之外，曾参加过赵志红案侦查的呼和浩特市公安局副局长赫峰也指出被害人体内的精斑未经 DNA 鉴定这一问题。新华社记者汤计甚至就该案写过五篇内参，希望引起有关领导重视并重新彻查该案。不仅如此，多年来，内蒙古公检法系统以及政法委也曾就该案启动过复查。内蒙古自治区政法委甚至组成了以时任政法委副书记宋喜德为主政的呼格吉勒图案核查组，对案件进行复查。内蒙古自治区公安厅也组织了调查组，重新调查这一案件。①

在各界的关注和努力下，内蒙古自治区高级人民法院终于在 2014 年 11 月 19 日作出了对呼格吉勒图案进行再审的决定。次日，内蒙古自治区高级人民法院立案一厅厅长暴巴图带领法院的其他工作人员将这份再审决定送到李三仁和尚爱云两口子家里，并表示内蒙古自治区高级人民法院是在前期复查的基础上作出这份再审决定，内蒙古自治区高级人民法院一定会按国家法律办事，按国

---

① 冯明文、吴海浪：《内蒙古"呼格吉勒图奸杀案"18 年后进入再审程序》，新华网：http://www.ln.xinhuanet.com/newscenter/2014-11/20/c_1113329628.htm，2015 年 3 月 19 日访问；郭铁流：《赵志红案休庭 8 年未再开庭》，载《新京报》，2014 年 11 月 4 日。

家法律程序走。①此后，内蒙古自治区高级人民法院另行组成合议庭对案件进行审理。关于代理申诉律师提出的申请开庭审理本案的要求，合议庭于 12 月 3 日作出明确答复，由于本案原审被告人呼格吉勒图已经死亡，根据刑事诉讼法解释第三百八十四条第三条的规定，决定不开庭审理此案。再审过程中，申诉人要求尽快公平公正对本案作出判决。辩护人认为，原判事实不清、证据不足，应宣告呼格吉勒图无罪。内蒙古自治区人民检察院认为，原判认定呼格吉勒图构成故意杀人罪、流氓罪的事实不清，证据不足，应通过再审程序，作出无罪判决。经过审理，内蒙古自治区高级人民法院认为，原审认定呼格吉勒图故意杀人罪、流氓罪事实不清，证据不足，对申诉人的请求予以支持，对辩护人的辩护意见和检察机关的意见予以采纳。2015 年 12 月 15 日，内蒙古自治区高级人民法院宣布了该案的再审结果：撤销原判，判决原审被告人呼格吉勒图无罪。至此，沉冤十八年的呼格吉勒图终于得以昭雪。②

就在宣布呼格吉勒图无罪的隔天，检察机关对赵志红进行追加起诉，认为呼格吉勒图案系赵志红所为，其行为构成故意杀人罪、强奸罪。呼和浩特市中级人民法院于 2015 年 1 月 5 日至 7 日依法对包括该案在内的赵志红所涉嫌的故意杀人、强奸、抢劫、盗窃犯罪共计 21 起进行审理。在庭审现场，赵志红当庭对呼格吉勒图案的事实供认不讳。其辩护人提出，认定该案系赵志红所为证据不足。该法院认为，赵志红始终供认该案事实，且有证人证言、现场勘验笔录、尸体鉴定意见、指认现场录像等证据在案佐证，各项证据相互印证，足以认定。但是，赵志红是在故意杀害被害人之后才进行奸尸，所以只构成故意杀人罪，但不构成强奸罪。经过审理，呼和浩特市中级人民法院于 2015 年 2 月 9 日对赵志红故意杀人、强奸、抢劫、盗窃一案进行公开宣判，以故意杀人、强奸、抢劫、盗窃罪数罪并罚，对赵志红判处死刑，剥夺政治权利终身，并处罚人民币 53000 元，同时，判决赵志红赔偿附带民事诉讼原告人经济损失共计102768 元。

2015 年 2 月 26 日，呼和浩特市中级人民法院发布消息称，被告人赵志红

---

①冯明文、吴海浪：《呼格案再审决定送抵呼家"等来这份决定太难了"》，载《法制晚报》，2014 年 11月 20 日。

②罗沙、贾立君：《内蒙古高院对呼格吉勒图案再审，判决宣布无罪》，新华网：http://www.js.xinhuanet.com/2014-12/15/c_1113641107.htm,2015 年 3 月 19 日访问。

在上诉期内书面向呼和浩特市中级人民法院提出上诉，该案件将移送给内蒙古自治区高级人民法院进行二审。①

目前，赵志红案的二审还没有启动，二审之后如果仍然判处死刑，还需经过死刑复核程序。虽然从诉讼程序的角度看，赵志红尚未被完全认定为呼格吉勒图案的真凶，但是国家已经以再审的形式赋予了呼格吉勒图正义的裁判。从这个角度看，呼格吉勒图十八年来的冤屈以及他的至亲十八年来的煎熬都被画上了一个比较圆满的句号。

二、法理分析：冤假错案如何发生

冤假错案是我国近年来屡被提及的热门话题。包括呼格吉勒图案在内，近年来涌现出的错案纠正的判例还包括聂树斌案、佘祥林案、浙江叔侄案、念斌案等。这些案件都有着惊人类似的案情：大多在侦查期间涉嫌刑讯逼供或者变相肉刑，大多在证据上存在着严重缺陷，大多仓促结案"疑罪从有"。而且，这些冤假错案的翻案都具有偶然性：或是多年后真凶落网，或是多年后死者复归，案件才得以重新启动再审，被告人才得以沉冤昭雪。换句话说，如果没有出现这些偶然因素，这些错案可能会一直这么错下去，最终消失在历史的长河里，激不起半点波澜；而被告人及其至亲只能默默忍受错案所带来的耻辱和伤痛，无法得到解脱。

时至今日，呼格吉勒图案已经暂时告一段落。此时再谈一次呼格吉勒图案，再谈一次冤假错案，是希望我们的法制工作者们能从中吸取教训，遏止冤假错案的发生，加强冤假错案再审的规范化，还社会一个公平公正文明的法治环境，正如呼格吉勒图的哥哥昭格力图所说的："希望公检法办案不要草率办案……就这些。"②

（一）特殊的刑事政策环境

冤假错案的发生往往有其特殊的社会环境。呼格吉勒图案发生时正是我国

①贾立君：《赵志红提出上诉》，新华网：http://news.xinhuanet.com/legal/2015-02/26/c_1114442548.htm,2015年3月19日访问。

②汤计：《朴实的一家：记呼格吉勒图的父母兄弟》，新华：http://www.sc.xinhuanet.com/content/2014-12/15/c_1113647666.htm,2015年3月19日访问。

"严打"活动最鼎盛的时期。"严打"这个概念最初提出于1983年。鉴于当时社会治安的严峻形势，时任中共中央军委主席的邓小平在北戴河向公安部指出："对于当前的各种严重刑事犯罪要严厉打击、判决和执行，要从重，从快；严打就是要加强党的专政力量，这就是专政。"同年8月党中央出台了《关于严厉打击刑事犯罪活动的决定》，明确地将七类犯罪作为重点打击对象，强调对这些刑事犯罪应该依法"从重从快"惩处。之后，全国人大常委会通过了《关于严惩严重危害社会治安的犯罪分子的决定》和《关于迅速审判严重危害社会治安犯罪分子的程序的决定》，这两个文件强调对特定类型的犯罪分子，可以不受《刑事诉讼法》各项程序设置的限制，从快从重打击，以维护社会治安。①以这些文件为依据，声势浩大并绵延了近二十年的"严打"活动正式拉开序幕。

对应不同的社会历史环境，我国先后进行了三次大规模的不同形式的"严打"活动。（1）第一次"严打"发生在1983年。这次"严打"的时间跨度最长，从1983年8月一直延续到1987年1月。以上述文件为依据，这次严打主要针对七类严重刑事犯罪分子，以"从重从快，一网打尽"为方针，以"稳、准、狠"为原则；采取公检法联合办公的形式，并得到人民解放军的支援；采取发动群众的方式，以战役的方法大张旗鼓地进行，使犯罪分子成为人人喊打的过街老鼠。这次"严打"活动效果显著，共查获强奸、盗窃、流氓等团伙19.7万个，破获刑事案件164.7万余起。但是这种疾风骤雨式的"严打"方式也滋生了一大堆问题。例如，为了便于执法，将收容审查权下放，超出中央规定的七类特殊犯罪类型，将实施轻微违法行为的人也当成犯罪分子抓起来。再如，公检法联合办案的方式虽然能提高办案效率，但三机关直接界限不明，无法保证案件处理的准确性。（2）第二次"严打"的起点是1996年。随着社会主义市场经济体制的提出和建设，我国进入了一个全新的社会转型期。有些地方只注重发展经济，不注重精神文明建设，导致社会治安再次出现严峻的局面。这一时期，全国刑事立案率居高不下，并出现了一些性质特别恶劣的重大刑事犯罪案件。在这种特殊历史背景下，中央政法委提出了第二次"严打"的总体方案：坚决贯彻依法从重从快，严厉打击严重刑事犯罪分子，严厉打击突出的刑事犯

---

①苏惠渔民、孙万怀：《"严打"方针的刑法学思考》，载《法学》，2001年第1期。

罪活动，大力整治群众反映强烈的突出治安问题。中央要求，政法各部门要以战斗姿势投入到严打斗争中，各司其职，紧密配合，协同作战。其中，公安部门的表现最为突出，公安部曾于1996年年底提出在全国开展严打整治"冬季行动"，严厉打击严重的刑事犯罪活动。这次"严打"效果明显：侦破了数起严重刑事案件，扫除大量犯罪团伙，并查封了大批藏污纳垢的犯罪窝点。不过，重法之下必有瑕疵，此次"严打"活动的问题也非常突出。在公安机关内部，刑讯逼供现象非常普遍，而且部分地区情节恶劣、后果严重、影响极坏；警察对刑讯逼供依赖性极重，办案不注重调查取证，而是随意抓人刑讯逼供的情况大量存在。 (3) 第三次"严打"活动始于2001年。1996年"严打"后保持了不到两年的社会治安形势在世纪之交又出现了迅速恶化的倾向。从1998年起刑事发案率不断攀升，终于在2001年前后迎来了新中国成立之后的又一次犯罪高峰。面对严峻的社会治安形势，中央于2001年4月2日召开全国治安工作会议，部署新一轮的"严打"活动。这次"严打"以"打黑除恶"的专项斗争为龙头，分阶段、分战线，争取在两年内使社会治安工作取得新的明显进步。这次"严打"除了在破获大量严重刑事案件之外，最重要的是铲除了某些危害一方的黑社会性质组织，并依法打击了一批涉枪涉爆犯罪。不过，与上两次"严打"活动相同，公检法三机关办案过程中的不严谨、不注重人权保障的情况也时有发生。①

从二十年的"严打"历程可以看出，"严打"活动对于打击严重刑事犯罪行为、提高刑事案件办理效率、改善社会治安状况具有显著的效果。但是，"严打"活动所造成的消极影响也是非常明显的，公检法在行使自身职能时过于简单粗暴，不遵守刑事诉讼规律，严重依赖犯罪嫌疑人被告人的口供，侵犯人权的行为时有发生；三机关分工不明，配合有余，而制约监督不足，形成以侦查为中心的畸形的刑事诉讼程序模式；盲目扩大特殊案件的处理模式，刻意加重普通案件被告人的刑罚严厉性，使个案的刑事司法丧失公平。之所以会出现这样的消极影响，与"严打"活动所强调的"从重从快"要求是分不开的。(1) "从重"意味着对刑事被告人适用较重的刑罚。人有趋利避害的倾向，人

---

①汪明亮：《"严打"的理性评价》，34-41页，北京，北京大学出版社，2004年。贾东军、国章成：《严打刑事政策：反犯罪的中国经验》，105-177页，北京，中国人民公安大学出版社，2008年。

在实施犯罪行为之前往往会进行利益权衡，如果他认为实施了这一行为所获得的好处不会被可能产生的风险所抵消掉，那么他便会选择实施这种行为；而如果他认为不值得为那么一点好处冒过大的风险时，那么他自然就会避免作出这样的行为。较重的刑罚增加了社会成员实施犯罪行为的成本，使那些有犯罪苗头的人感受到国家和法律的威慑力，从而克制自己犯错的冲动。也就是说，"从重"具有预防犯罪、控制犯罪的功能，这也是刑罚产生的初衷。但是，"从重"本身却可能侵害了个案的公正性。在"严打"时期对刑事被告人处以较普通时期更重的刑罚，这等于在同样的罪行判处不同的刑罚，是以社会形势来影响刑罚的判处，不仅有违法律的普遍性特征，而且对个案的刑事被告人是非常不公平的。（2）"从快"的意思是以尽可能快的速度侦破案件、惩罚刑事被告人。这种做法最明显的优势就是能提高处理刑事案件的效率，在较短的时间内改善社会的治安状况。这种做法还能迅速地安抚受到犯罪侵害的社会成员，对加快恢复被犯罪行为所破坏的社会秩序也具有不错的效果。但是，"从快"的方式却是违反刑事诉讼规律的。刑事诉讼程序从立案、侦查、起诉，到判决和执行，中间需要经历多个复杂的环节。任何一个环节都需要刑事司法部门严格地按照法律规定履行职能。而只有耗费必要的时间成本才能实现诉讼程序的公正正义。如果刑事司法部门一心求快，那么很多时候就不得不以牺牲程序的公正性为代价了。刑事侦查中对犯罪嫌疑人口供的依赖以及由此引发的刑讯逼供现象，都是公安机关盲目求快的后果。总之，"从重从快"的"严打"使得公检法机关作出大量不符合刑事诉讼规律的行为，从而为大量冤假错案的发生埋下了伏笔。

"严打"构成了呼格吉勒图案的特殊刑事政策背景。呼格吉勒图案件发生于1996年4月9日，两天之后侦查程序即告终结，案件被移送审查起诉。不久后，检察机关即以流氓罪和故意杀人罪对其提起公诉。同年5月23日，呼格吉勒图在呼和浩特市中级人民法院接受审理，法院当庭作出判决，判处呼格吉勒图死刑、剥夺政治权利终身。随后，二审法院内蒙古自治区高级人民法院也迅速于6月5日维持了原判并核准了死刑。不到一周之后，即1996年6月10日，呼格吉勒图即被执行了枪决。可以看出，呼格吉勒图案件是发生在第二次"严打"活动的开端时期，呼格吉勒图所涉嫌的强奸杀人罪也属于此次"严打"的重点部署对象。这一时期,先前"严打"的显著效果为此次活动提供了动力,以公安机关为代表的中央和地方各政法部门更将严厉打击特定类型的刑事犯罪行为作为主要工作目标。在这种历史背景下,公安机关没有进行严格的调查取证,却急于通过刑讯逼供的方式获取呼格吉勒图的口供,检察机关没有对呼格吉勒图口供中的矛盾和模糊之处进行查证,法院面对呼格吉勒图案件薄弱的证据草率审判并快速执刑,这一系列行为都是在受到"严打"刑事政策的影响,在过分追求完成打击犯罪任务的功利性目的情况下作出的。

(二)扭曲的刑事诉讼模式

呼格吉勒图案的发生还是当时扭曲的刑事诉讼程序的产物。刑事诉讼程序通常由包括侦查、起诉、审判等子程序组成。在这些子程序中,审判程序理应成为整个刑事诉讼程序的中心。审判中心主义,是指审判程序,尤其是第一审法庭审判程序,是国家对特定案件是否存在犯罪事实、特定个人是否需要承担法律责任作出决定的关键阶段;只有在该程序中,所有诉讼主体在前期诉讼程序中所收集的证据将集中进行质证,控辩双方将就案件进行面对面的辩论,未经审判,任何人不得被认为是罪犯,更无须承担刑事责任。①审判中心主义是程序法定原则的体现。程序法定原则是现代刑事诉讼法的基石,它要求国家发动刑事诉讼追究公民的刑事责任,干涉公民的个人权利,必须有法律的明确授权,并严格遵守法律所规定的条件和程序。②刑事诉讼程序的落实本身就是对公民权利进行限制的过程,审前程序中的各项限制公民权利的行为要获得合法性,需要审判程序根据法律规定对案件作出公正的判决。也就是说,只有以审判程序对前期侦查行为和起诉行为进行制约,才能保证所有的诉讼行为的履行都严格遵守法律的规定。

与审判中心主义相对的是侦查中心主义。侦查程序是刑事诉讼程序中最先接触到犯罪嫌疑人的阶段。在这阶段,公安机关对案件事实进行初步的调查,收集证据,证明案件事实,并将侦查结果移交检察机关审查起诉,继而进入审判程序对案件进行最终的裁判。侦查程序在刑事诉讼程序中占据非常重要的地

---

① 孙长永:《审判中心主义及其对刑事程序的影响》,载《现代法学》,1999年第4期。
② 万毅、林喜芬:《现代刑事诉讼法的"帝王"原则:程序法定原则重述》,载《当代法学》,2006年第1期。

位，它为后续程序的进行提供了证据和案件事实基础。侦查中心主义将侦查程序作为整个刑事诉讼程序的中心，警察在诉讼中居于支配地位，他们拥有不等法院审判就对犯罪嫌疑人进行惩处的权力。但是这么一来，由于缺乏监督和制约，警察权容易被滥用。由于侦查程序的进行往往以限制犯罪嫌疑人人身权利和干涉犯罪嫌疑人财产权为代价，如果不对警察权进行必要约束，犯罪嫌疑人的合法权利很难得到适当保障，违背了程序法定原则。从世界诉讼制度的历史演进的角度，我们也可以看出，只有专制国家才实行侦查中心主义，现代法治国家则以审判作为诉讼程序的中心，侦查权的行使应该受到其他司法机关和诉讼程序的制约。

然而，在发生呼格吉勒图案件的 20 世纪九十年代，我国的刑事诉讼程序却呈现出侦查中心主义的倾向。我国的刑事诉讼程序结构被比喻为"葫芦型"：侦查程序构成了"葫芦"的庞大底部，审判程序是"葫芦"的窄小顶部，而由检察机关主导的审查起诉程序则仅仅是连接上述二者的细腰。这种奇怪的刑事诉讼程序被戏谑地形容为："大公安，小法院，可有可无检察院。"①也就是说，当年我国的刑事诉讼程序呈现出不平衡的程序设置，侦查程序是整个刑事诉讼程序的重头戏，主导着案件程序的走向，并在很大程度上决定了案件的最终裁判结果；而审查起诉和审判程序流于"走过场"，徒有形式，却很少改变侦查程序所作出的结果。

这种侦查中心主义的倾向在呼格吉勒图案中得到充分体现。在该案中，侦查程序是整个诉讼程序的重心。侦查程序中所收集的证据全部顺利通过了检察机关的起诉审查和法院的审判，公安机关收集的证据中所存在的问题丝毫没有引起检察机关和法院的注意。例如，呼格吉勒图曾经在审查起诉程序中否定了自己的犯罪行为，并向检察官表示自己之所以作出这样的认罪供述，是因为警察不让他睡觉，不给他水喝，不给他饭吃，也不让他上厕所，警察还欺骗他受害人没死，已经指认出他来了，只要承认犯罪事实，便可以回家。除此之外，呼格吉勒图在侦查供述中对被害人特征的描述还出现不少模糊之处，对此，呼格吉勒图也对检察官表示他对犯罪事实的供述很多都是"猜"的、"估"的。

---

①樊崇义：《论以审判为中心的诉讼制度改革》，载《中州学刊》，2015 年第 1 期。

但显然检察官并不买账，面对呼格吉勒图的翻供，检察官只是对他呵斥道："不准胡说。"而没有对这些明显存在问题的地方进行核实或者发回公安机关重新侦查。再如，呼格吉勒图案的一审程序前后进行不到一个小时的时间，公安机关所收集的证据不管准确与否都被法院照单全收。虽然呼格吉勒图的家人为他请了律师，但是两名律师一名全程没有说一句，另一名只做了有罪辩护，提出呼格吉勒图年纪小是初犯，是少数民族等这些无关痛痒的辩护词，要求法官轻判。一审程序基本就是对侦查结果的确认罢了，法院迅速判决呼格吉勒图有罪，而全然不顾案情中所存在的诸多自相矛盾之处。①正是由于侦查中心主义大行其道，呼格吉勒图案等冤假错案才屡屡发生。对此，我们可以从以下两个方面考察侦查中心主义与冤假错案的关系：

第一，侦查中心主义使侦查权缺乏必要的监督制约机制，从而导致冤假错案的发生。侦查中心主义的主要特征之一是公检法三机关之间的监督制约机制的缺失。在这一模式下，侦查程序的结果直接决定了最终的案件裁判结果，这使得检察机关本应通过审查起诉程序对公安机关的侦查权所施加的直接影响、以及法院本应通过审判程序对公安机关的侦查权所施加的间接影响不复存在。在缺乏必要的监督制约的情况下，公安机关侦查权力得到一定的膨胀，个别警察为了尽快侦破案件重"口供"、轻证据，为了取得犯罪嫌疑人的供述，迫使犯罪嫌疑人承认犯罪事实，个别警察不惜采取各种形式的刑讯逼供，从而使犯罪嫌疑人作出违背自己意愿的供述。在呼格吉勒图案中，虽然呼格吉勒图并没有直接提出警察对他进行刑讯逼供，但是根据与他同时接受警察讯问的闫峰的说法，讯问的当天晚上隔壁讯问室内不时传出呼格吉勒图的呻吟声和桌椅挪动的声音。桌椅挪动一下，他就叫一声。②而且，隔天早上，当闫峰离开警察局时，他瞄见呼格吉勒图被警察戴上了一顶白色摩托车头盔，并把他锁在暖气上。种种迹象表明，警察极有可能对呼格吉勒图作出了刑讯逼供。我们也能从呼格吉勒图在审查起诉时对检察官所作的供述中发现，警察曾经不允许他睡觉，不给

---

①冯明文、吴海浪：《内蒙古"呼格吉勒图奸杀案"18年后进入再审程序》，新华网：http://www.ln.xinhuanet.com/newscenter/2014-11/20/c_1113329628.htm，2015年3月19日访问。

②谷力：《呼格案唯一在场者：十八年前的秘密》，新浪新闻：http://news.sina.com.cn/c/zg/lrs/2014-11-19/1719414.html，2015年3月18日访问。

他水喝，不给他饭吃，不让他上厕所。①这一切都是违背基本人权保障的虐待行为。在这种情况下，呼格吉勒图作出使之背负十八年冤情的错误认罪供述便不足为奇了。

第二，侦查中心主义使错误的侦查结果缺乏必要的过滤程序，从而导致冤假错案的发生。在侦查中心主义的模式下，侦查结果是决定案件最终裁判的关键，除此之外，审查起诉、审判等原本应该发挥审查侦查结果、制约侦查权力作用的程序难以得到实实在在的履行。侦查、审查起诉和审判三道工序合并为一道工序，案件最终结果的得出没有经过各个诉讼程序的重重把关，致使冤假错案无法在诉讼过程中得到有效遏制。在呼格吉勒图案中，如果检察机关能充分发挥审查起诉的作用，对呼格吉勒图所提出的刑讯逼供问题进行谨慎调查，对侦查机关提交的其他证据进行仔细甄别，这些明显有缺陷的证据就不会流入审判程序中，据此形成的证明案件事实的证据锁链自然不攻自破。即使这些证据流入审判程序中，如果控辩双方能更认真地对证据进行质证，提出有价值的辩论意见，法官能充分听取双方的庭审情况，在证明案件事实时排除瑕疵证据的运用，那么一审程序便不会轻易对尚有疑惑的案件仓促判决，错杀好人。总之，侦查中心主义使得检察机关的审查起诉程序和法院的审判程序没有发挥其应有的作用，错误的侦查结果没有得到及时制止，这才导致了悲剧的发生。

（三）存在明显漏洞的刑事审判证据

在呼格吉勒图案的再审裁判书上，内蒙古自治区高级人民法院推翻原审裁判，判决被告人呼格吉勒图无罪的主要依据就是原审事实没有确实、充分的证据予以证实。为了证明这一点，内蒙古自治区高级人民法院列举了三点理由：呼格吉勒图供述的犯罪手段与尸体检验报告不符；血型鉴定结论不具有排他性；呼格吉勒图的有罪供述不稳定，且与其他证据存在诸多不吻合之处。②从中我们可以看出，呼格吉勒图案的证据问题主要出现在两个部分，即被告人供述和被害人血型鉴定。前者与我国历来刑事诉讼的痼疾——口供中心主义密切联系，而后者则与鉴定结论的科学性有关。

---

① 冯明文、吴海浪：《内蒙古"呼格吉勒图奸杀案"18 年后进入再审程序》，新华网：http://www.ln. xinhuanet.com/newscenter/2014-11/20/c_1113329628.htm，2015 年 3 月 19 日访问。
② 内蒙古自治区高级人民法院刑事判决书(2014)内刑再终字第 5 号。

1.口供中心主义与冤假错案的发生

根据我国刑事诉讼法的规定，能够证明案件事实的证据，除了犯罪嫌疑人、被告人的供述之外，还包括物证、书证、证人证言、被害人陈述、鉴定意见、勘验、检察、辨认、侦查实验等笔录、视听资料、电子证据。但是在我国传统的诉讼活动中，我国的公安司法机关往往更重视犯罪嫌疑人、被告人的供述，而容易忽视其他证据。原因在于，犯罪嫌疑人、被告人的供述具有其独特的优势：首先，犯罪嫌疑人、被告人供述能最直接地反映案件的事实。一般情况下，犯罪嫌疑人、被告人是案件的亲历者，他们最了解案件发生当时的情况，他们的表述如果真实的话，应该是对案件事实的最准确的反映。其次，犯罪嫌疑人、被告人供述能为寻找其他证据、侦破案件提供重要线索。根据我国刑事诉讼法的规定，仅凭犯罪嫌疑人、被告人的供述是不能定罪的，必须有其他证据相互印证。但是案件的发生毕竟已经是过去式了，寻找其他证据有时候并不容易。此时如果犯罪嫌疑人、被告人作出供述的话，侦查人员就可以从中发现有用的线索，然后按图索骥地收集到其他证据。再次，犯罪嫌疑人、被告人供述还具有链接证据的功能。虽然一个案件最终裁判的作出往往包含了很多不同的证据形式，但大多数证据所反映的案件事实是较为零碎的。此时，犯罪嫌疑人、被告人供述就像一条绳索，将其他零碎的证据串联起来，形成一个完整的证据锁链，从而使多个证据能有效地为证明同一个案件的事实服务。正是因为犯罪嫌疑人、被告人供述具有这么多的优点，公检法三机关在调查、审查和审判案件时特别青睐这一证据形式，甚至奉之为处理案件的唯一法宝，从而形成所谓的口供中心主义。

然而，口供中心主义存在明显的缺陷，它是诱发冤假错案的原因之一。根据口供中心主义，公安司法机关认为犯罪嫌疑人、被告人的供述才是侦破案件的不二法门。但是犯罪嫌疑人、被告人的供述这一证据形式所具有的特点致使该证据形式在很多情况下是不准确的。第一，根据前文所述，在侦查中心主义模式下，公安机关的侦查权缺乏必要的监督和制约，容易滋生刑讯逼供等非法讯问行为。在这种非法讯问的情况下产生的供述，其真实性得不到保障，供述中出现错误也就难以避免了。第二，犯罪嫌疑人、被告人的供述属于言词证据的一种。言词证据是人对自己所知所感的一种描述。犯罪行为毕竟已经是过去的事情了，随着时间的流逝，人的回忆出现偏差也是在所难免的。让这种不稳定的言辞证据作为证明案件事实的不二法宝，容易使案件事实得不到完整而准确的呈现。其中，第一点在呼格吉勒图案件中有充分的体现。根据有关资料显示，犯罪嫌疑人呼格吉勒图在接受讯问时受到了警察的非法讯问。①由于存在非法讯问行为，呼格吉勒图的供述显得非常不稳定，甚至还推翻过自己的有罪供述。呼格吉勒图在描述案件事实和被害人的特征时也表现得模糊不清。以这种问题重重的供述证据作为证明案件事实的关键，出现冤假错案也就是不可避免的了。

口供中心主义导致冤假错案的发生，这一问题还体现在审判程序中。我们曾在上文提及，在我国，仅有犯罪嫌疑人、被告人供述是不可以定罪的，还需要其他证据相佐证。因而，一般情况下，在法庭审理过程中，证明一个案件事实的成立不可能仅有犯罪嫌疑人、被告人供述这一项证据，还包含着其他物证、书证、鉴定结论等。但是，正因为我国素有"口供中心主义"的传统，再加上被告人供述所具有的直接反映案件事实和链接其他证据的功能，被告人供述显然是案件审判过程中最受重视的证据。法院的审判人员在分析案件时，喜欢从犯罪嫌疑人、被告人的供述着手，而其他证据虽然可以证明案件事实的某一个环节，但往往显得可有可无，也得不到应有的重视。由于偏信被告人供述，并且没有将被告人供述与其他证据进行比较分析，这就容易导致冤假错案的发生。从呼格吉勒图案可以看出，在一审过程中，控辩双方除了出示被告人呼格吉勒图的认罪供述之外，还出示了证人证言、刑事科学技术鉴定书、物证检验报告、尸体检验报告、现场勘验笔录这些证据。但实际上，法官在裁判案件时，还是以呼格吉勒图的供述为主，对其他证据不审查或者审查不严格，忽视呼格吉勒图的供述与尸体检验报告之间的矛盾之处，忽视血型鉴定结论所存在的不严密性，从而导致了这起错案的发生。

①谷力：《呼格案唯一在场者：十八年前的秘密》，新浪新闻：http://news.sina.com.cn/c/zg/lrs/2014-11-19/1719414.html，2015年3月18日访问。冯明文、吴海浪：《内蒙古"呼格吉勒图奸杀案"18年后进入再审程序》，新华网：http://www.ln.xinhuanet.com/newscenter/2014-11/20/c_1113329628.htm，2015年3月19日访问。

2.鉴定结论的科学性与冤假错案的发生

在呼格吉勒图案中，被害人的血型鉴定结论也是证明案件事实的重要证据。在原审裁判中，经刑事科学技术鉴定证实，呼格吉勒图左手拇指指甲内附着物检出 O 型人血，与被害人的血型相同，而物证检验报告显示呼格吉勒图本人的血型为 A 型，由此推断出呼格吉勒图即是杀害被害人的凶手。但实际上，人的血型是不具有排他性的和唯一性的，人的血型种类非常局限，很多人都具有相同的血型。以呼格吉勒图指甲中的人血血型来证明其就是真凶，显然缺乏严谨性。这一证据证明的不严谨也反映出我国刑事诉讼程序中曾经长期存在的另一个问题——鉴定结论的科学性问题。

在 2012 年之前，鉴定结论是重要的刑事证据之一，它指的是有关刑事科学机关在诉讼中运用专门知识或技能，对某些专门性问题进行检验、分析后所作出的结论。鉴定结论的种类很多，常见的法医学鉴定结论、司法精神病鉴定结论、会计鉴定结论、刑事技术鉴定结论等。鉴定结论以其"科学性"被广泛运用于刑事诉讼过程中。由于专业局限性，刑事案件中的很多问题只有专业人士运用相关的科学知识、方法和仪器才能得出相应的结论，而侦查人员、检察官和法官不具备专业知识是不可能对这些问题有准确的见解。但是，鉴定结论却并不必然是科学的。首先，鉴定结论的作出来自不同的部门，出自不同鉴定人员之手。这些鉴定部门和鉴定人员的素质参差不齐，作出的结论难免出现不准确之处。其次，许多专业问题在科学领域存在不同的观点，即便由专业素质差不多的鉴定部门和鉴定人员对某一问题进行鉴定，也可能得出不同的结论。如果盲目相信鉴定结论的科学性，那么对案件的处理将产生消极影响。在某些特定案件中，鉴定结论往往直接决定了被告人是否需要承担刑事责任，如果不加区分地对鉴定结论照单全收，那么就会出现"以鉴定代替审判"的奇怪现象。在另外一些案件中，刑事诉讼过程中可能存在两份自相矛盾的鉴定结论，到底该采信哪份鉴定结论，这也是法官经常遇到的难题。即便鉴定结论本身不存在问题，如果鉴定结论与其他证据存在矛盾冲突之处，那么该鉴定结论如何被采信，也没有一个固定的答案。

正是由于鉴定结论存在着这样那样的缺陷，2012 年刑事诉讼法将证据种类中的"鉴定结论"更名为"鉴定意见"。这表明，相关鉴定部门的鉴定人员就某一问题所作出的鉴定文书只是鉴定人对该问题的个人认识和判断，表达的也仅是个人的意见。就整个案件的证明而言，这种证据形式只是法官审理案件的证据之一，必须得到了法官的采信，并且与其他证据形成证据锁链。总之，将"鉴定结论"改为"鉴定意见"有助于摆正该证据在刑事诉讼程序中的地位，防止法官对鉴定结果的盲目崇拜，并推动案件证明朝着更为严密的方向发展。由于鉴定结果不再具有绝对性的证明效力，为了使法官更好地对不同的鉴定意见进行甄别和运用，2012年刑事诉讼法还新增了鉴定人出庭制度以及有专门知识的人制度。前者规定公诉人、当事人或者辩护人、诉讼代理人对鉴定意愿有异议的，人民法院认为鉴定人有必要出庭的，鉴定人应当出庭作证；经人民法院通知，鉴定人拒不出庭作证的，鉴定意见不得作为定案的根据。后者规定公诉人、当事人和辩护人、诉讼代理人可以申请法庭通知有专门知识的人出庭，就鉴定人作出的鉴定意见提出意见。可见，鉴定意见作为一项证据如果想要被法官采信，首先可能需要鉴定人出庭作证，其次鉴定人还可能需要在法庭上与有专门知识的人进行辩论。如此一来，鉴定意见的科学性就可以得到充分的保障。

回到呼格吉勒图案发生的年代，我们可以发现，当时的刑事诉讼法并没有上述规定，鉴定结果仍然以"结论"的方式呈现，鉴定人不需要出庭作证，也缺乏有专门知识的人出庭对鉴定结论中存在的问题进行反驳。在这种情况下，法官偏信鉴定结论中所陈述的事实就在所难免了。在呼格吉勒图案中，当血型鉴定不严密、无法与其他证据形成证据锁链时，法官仍然将其纳入审判证据的范围，并成为证明案件事实的核心证据之一，正是这一问题的直观反应。由于鉴定结论缺乏科学性，案件最终裁判存在错误也就不可避免，再加上其他证据也有缺陷，冤假错案也就产生了。

三、结论与建议：莫让悲剧重演

通过呼格吉勒图案，我们看清了一个冤假错案对家庭、对社会将生产什么样的影响；通过呼格吉勒图案，我们更应该看清是什么样的法律制度性错误才导致冤假错案的发生。如今，呼格吉勒图案的再审已经结束了，历史也终于还呼格吉勒图及其家人一个清白。但如果不吸取呼格吉勒图案的教训，那么第二个、第三个呼格吉勒图还可能产生。呼格吉勒图案的发生是多方面原因造成的：

从历史背景的角度，它是公检法三机关根据"严打"的刑事政策背景对特定刑事案件进行盲目"从重从快"的结果；从刑事诉讼程序的角度看，它是侦查中心模式下，侦查权得不到必要监督和约束的结果；从案件审判证据的角度看，它又是公安司法机关过分依赖口供、不重视分析鉴定证据的科学性的结果，等等。因此，预防冤假错案的发生也需要从这几个方面着手：

首先，倡导宽严相济的刑事政策。进入 21 世纪之后，我国社会逐渐认识到"严打"的刑事政策所带来的严重问题。基于对"严打"的反思，我国的刑法应该向宽严相济的刑事政策转向。这一政策是对我国传统的惩办与宽大相结合的政策在新时期的继承、发展和完善，它指的是我国公安司法机关在办理刑事案件时应该该宽则宽，该严则严，宽与严之间还应该具有一定的平衡，互相衔接，形成良性互动。①落实宽严相济的刑事政策意味着应该形成一种合理的刑罚结构，一方面降低死刑的适用范围，另一方面合理配置案件适用的刑罚种类。该刑事政策还意味着应该严格依法办案，切实贯彻法定原则，进行任何刑事诉讼行为都应该于法有据，宽严有据，罚当其罪。

其次，落实审判中心主义诉讼模式。以审判程序作为刑事诉讼程序的关键所在，其他诉讼程序都应该以服务审判程序为目的，这是现代法治国家的通行做法。我国作为一个建设中的法治国家，也应该朝着这个方向发展。一方面，加强公检法三机关之间的制约和监督，运用诉讼法理约束公安机关的侦查权力，使得侦查程序逐渐步入规范化的轨道。另一方面，重视审判程序的作用，构建控辩对立、法官居中的符合诉讼规律的审判结构，落实证人、鉴定人、警察出庭政策，辩护人从"有辩护"转向"有效辩护"，控辩双方在平等的基础上进行充分的对抗，法官在更客观中立的立场上裁判案件。

再次，废除口供中心主义的做法，重视证据的科学性和质证的严密性。在侦查程序中，公安机关不仅应该以合法的手段收集犯罪嫌疑人的供述，还应该重视其他证人证言、实物证据等的收集，不再盲目迷信口供的作用，从而准确侦破案件。在审查起诉程序中，检察机关应该对公安机关提交上来的证据进行严格审查，对于可能存在刑讯逼供等情形的，应该发挥监督职能排除非法证据，

---

① 陈兴良：《宽严相济刑事政策研究》，载《法学研究》，2006 年第 1 期。

对于其他与案件相关的实物证据、鉴定意见等，应该考查相互之间的关系以及是否足以构成证据锁链以满足起诉条件，从而有效地提起诉讼。在审判程序中，控辩双方应该充分提出证据、进行证据的质证，并对证人进行交叉询问。就存在疑问的鉴定意见的，应该要求鉴定人出庭，并提供有专门意见的人与之进行辩论，从而查清事实，正确判决案件。

"十年生死两茫茫，不思量，自难忘。千里孤坟，无处话凄凉。"①愿这种因为冤假错案而产生的天人永隔之痛不要一再发生，愿我国的刑事司法能早日走上法治化的正轨。

（林艺芳）

---

① 苏轼：《江城子·乙卯正月二十日夜记梦》。

非典型性错案

——念斌 "投放危险物质" 案

如果就近几年的法治关键词做一个排行榜， "错案"这个词必定榜上有名。从佘祥林案到浙江叔侄案，从杜培武案到呼格吉勒图案，这一个个错案如同肉中之刺，不断引发我国刑事司法的阵痛，提醒着人们刑事司法制度现代化的任重而道远。

以上错案的发现和纠正不外乎两种契机：一是发现真凶。例如，在呼格吉勒图案中，如果不是"杀人魔王"赵志红的落网，并主动交代了犯罪事实，呼格吉勒图案件也无法在十八年后启动再审，并宣判无罪。二是死者复归。例如，在佘祥林案中，如果不是"被害人"佘祥林之妻张在玉突然回到家乡，佘祥林恐怕要背负着杀人犯的骂名在监狱中孤独终老。这似乎意味着，错案就是案件在事实上发生了重大的错误，错案的发现和纠正只能出于偶然性的因素。如果将这种与案件事实和偶然因素相关联的错案看作"典型性错案"，那么念斌投毒案应该被认为是"非典型性错案"。究竟念斌投毒案特殊在哪？请看下文细细分解。

一、案情回顾：错案，又见错案

（一）居民家中突发中毒事件

澳前村是福建省北部沿海平潭岛上的一个小渔村。与其他沿海靠养殖鱼虾维系的村庄一样，这个地方多年来一直保持着简单平静的生活状态。如果要说这几十年来发生过什么惊天动地的大事，那就要数 2006 年的那起中毒事件了。

2006 年，32 岁的丁云虾在丈夫因海难去世后，独自带着三个孩子，租住在平潭县澳前镇澳前村 17 号的陈炎娇家里，同时租用陈炎娇家的临街店铺开食杂店。陈炎娇与丁云虾同病相怜，关系甚好，两家共用天井里的厨房。7 月 27 日晚上，和往常一样，丁云虾和她的三个孩子同房东陈炎娇、念福珠一起吃了晚饭。两家分别吃自家煮的稀饭，丁云虾还炒了"青椒炒鱿鱼"给大家加菜。念福珠和陈炎娇早早就吃完饭上楼，丁云虾和孩子们随后吃完了剩下的饭菜。

晚上九时许，念福珠感到头疼。与此同时，丁云虾则听见自己八岁的女儿俞悦大喊肚子痛，十岁的大儿子俞攀也不停地抽筋。过了一会，女儿俞悦开始吐起来，六岁的小儿子也闹肚子疼。见此情景，邻居和亲戚们纷纷赶来，对孩子们用尽了偏方都无济于事。眼看着病情不断加重，凌晨时大伙连夜将三个孩子送往了平潭县医院治疗。在此期间，丁云虾、房东陈炎娇及其女儿念福珠也出现了中毒症状。

在平潭县医院，俞悦和俞攀的病情持续恶化，陆续于 7 月 28 日 2 点 50 分和 5 点 20 分宣布死亡。其他中毒人员被及时送往省立医院抢救，由于救助及时而幸免于难。①

（二）锁定犯罪嫌疑人念斌

两个幼小的生命的突然离世，立即引起了有关部门的重视。平潭县卫生防疫部门和平潭县公安局在死者死亡的一个小时之内迅速介入，时任平潭县公安局局长林捷亲自指挥现场勘查，由福州市公安局副局长带领的技侦人员与平潭县公安局的技侦人员也组成了专案调查组，对该案进行调查。警方的介入意味着刑事立案，可是此时是否是人为投毒还没有足够的证据予以证明。

警方进入现场之后首先锁定的犯罪嫌疑人不是念斌，而是居住在丁云虾店铺楼上的邻居。该人有作案的时间，并且在案发之前与死者一家存在着矛盾。警方从其家中搜出四包老鼠药和一瓶液体老鼠药。当警察试图找其调查案件时，

---

① 马世鹏：《命案必破：福建警方 12 天破物证不足念斌投毒案》，澎湃网：http://www.thepaper.cn/newsDetail_forward_1252710,2015 年 3 月 25 日访问。

这个人竟然紧张地晕倒在地，浑身抽搐。警方经初步调查认为，投毒者是直接将毒物投入丁云虾和陈炎娇两家共同吃的"青椒炒鱿鱼"里面，作案时间约为 7 月 27 日下午 1 点 40 分到晚上 6 点前，即在丁云虾的公公送来鱿鱼后到吃晚饭之前。警察随后在现场提取了一百多件物品，并陆续送到福州市公安局进行检验。

与此同时，法医对两名死者进行尸体解剖检验后，也迅速将死者的"胃内容"、"胃"、"肝脏"、"心血"、"尿液"等送往福州市公安局检验。然而，侦查就在这个时候出现了重要拐点。警方没有公布"青椒炒鱿鱼"、死者的"肝"、"胃"、"胃内容"的化验结果，称在死者的"心血"、"尿液"和垃圾筐内的呕吐物里发现剧毒物——氟乙酸盐。此时，警察再次来到现场，抠下了念斌家的门把，并把它送到福州市公安局进行检验。除此之外，警察将丁云虾灶上的铁锅、灶边的高压锅、楼梯旁煤球炉灶上的烧水铝锅里的水等多项物证带到福州市公安局进行检验。福州市公安局迅速作出了分析意见：经检验，俞攀的呕吐物中检出氟乙酸盐鼠药成分；门把上提取的残留物衍生化二级质谱图与标准氟乙酸盐衍生化二级质谱图进行比较，主要离子碎片均存在，倾向于认定门把上的残留物含有氟乙酸盐；丁云虾灶上铁锅内和灶边高压锅内的残留物检出氟乙酸盐成分；楼梯旁煤球炉灶上的烧水铝锅里的水中也检出氟乙酸盐成分。与此同时，福州市公安局还宣布楼上邻居家搜出的老鼠药是"毒鼠强"，并非氟乙酸盐。由于死者不是死于毒鼠强，因此楼上邻居的作案嫌疑就被排除。案件的犯罪嫌疑人转变成了同样租用陈炎娇门面、与丁云虾一墙之隔的念斌。

接着，念斌受到了警方的传唤，并于 2006 年 8 月 7 日接受公安机关的测谎。念斌没有通过测谎，当天就被留置盘问。8 月 8 日，念斌作出了有罪供述：2006 年 7 月 27 日凌晨 1 时，他将浸泡过鼠药的水倒入丁云虾家烧水的铝壶中，原因是丁云虾 7 月 26 日晚上抢走了一个要买一包香烟的顾客，他想让丁云虾"肚子痛，拉稀"。至此，公安机关宣布这起投毒案在十二天内告破，破案的消息在当地电视台连续多天滚动播报。

破案的消息点燃了两个家庭之间的仇恨，死者家属曾召集一百多人到念斌家多次打砸。在死者下葬那天，家属们还焚烧了念斌家的棉被和家具。念斌的父母不敢待在家中，只能躲避到福州的亲戚家。念斌被捕后，念斌的母亲有些精神失常，念斌的父亲则一蹶不振，不久后就郁郁而亡。念斌的父亲在去世前说："如果是念斌投毒，千刀万剐也不为过！"①

（三）漫长而反复的诉讼过程

原以为案件将迅速结束，时间也会逐渐冲淡当年的仇恨。然而，让念斌和其他人始料未及的是，这一案件的诉讼过程竟然绵延了"八年"之久，期间经过"八次审判"，共举行了"十次开庭"，法院曾作出"六次批准延期审理"的决定，念斌曾"四次被判死刑"，并"三次被撤销判决"，直到 2014 年 8 月 22 日，福建省高级人民法院才就这一案件作出了再审的终审判决。

1.审查起诉

念斌案宣布告破之后，公安机关于 2006 年 8 月 18 日对念斌进行拘留，平潭县检察院于 8 月 18 日对念斌批准逮捕。随后，平潭县公安局于 10 月 11 日以念斌犯故意杀人罪将案件移送平潭县检察院审查起诉。平潭县检察院以被告人念斌涉嫌投放危险物品罪于 11 月 6 日将案件移交福州市检察院审查起诉。福州市检察院受理案件后曾退回补充侦查一次。平潭县检察院于 2007 年 1 月 8 日再次将此案移交福州市检察院审查起诉。期间，福州市检察院依法延长审查期限 15 日。

2.提起公诉

2007 年 2 月 6 日，福州市检察院以念斌涉嫌投放危险物质罪向福州市中级人民法院提起公诉，指控念斌具有如下犯罪行为：2006 年 7 月 26 日，被告人念斌在其食杂店中，看到顾客被丁云虾招揽过去而怀恨在心。次日凌晨 1 时许，被告人念斌到其与丁云虾等人共同租用的厨房，将半包鼠药倒入矿泉水瓶掺入水后倒入丁云虾放置在厨房中的铝壶中，剩余的半包鼠药及装鼠药的矿泉水瓶丢弃在附近的竹筐里。当天下午，陈炎娇用铝壶中的水帮助丁

---

① 张燕生：《念斌案：令人震惊的真相》，新浪博客：http://blog.sina.com.cn/s/blog_52f1134501 02uxu8.html，2015 年 3 月 26 日访问。马世鹏：《命案必破：福建警方 12 天破物证不足念斌投毒案》，澎湃网：http://www.thepaper.cn/newsDetail_forward_1252710，2015 年 3 月 25 日访问。张刘涛、马世鹏：《念斌案始末》，载《东方早报》2014 年 8 月 23 日，http://epaper.dfdaily.com/dfzb/html/2014-08/23/content_918606.htm，2015 年 3 月 26 日访问。

云虾煮鱿鱼，傍晚丁云虾用铝壶中的水煮稀饭。当晚被害人俞攀、俞悦、俞涵、丁云虾、陈炎娇、念福珠食用了稀饭、鱿鱼相继中毒。其中，俞攀、俞悦经抢救无效死亡。经福州市公安局法医检验，俞攀、俞悦心血、尿液中检出含氟乙酸盐鼠药，系氟乙酸盐鼠药中毒死亡。丁云虾的铝壶内的水、高压锅残留物、铁锅残留物均检出氟乙酸盐成分。自此，念斌案漫长的诉讼历程正式拉开帷幕。

3.一审程序、二审程序和死刑复核程序

2007 年 3 月，福州市中级人民法院首次开庭对此案进行审理。在庭审过程中，念斌当庭翻供，声称自己之所以作出有罪供述是受到公安办案人员的刑讯逼供。念斌投毒案的一审程序持续了将近一年时间。在 2008 年 2 月 1 日，福州市中级人民法院终于作出一审判决，以投放危险物质罪判处念斌死刑，剥夺政治权利终身。对此，念斌不服一审判决，提出了上诉。

福建省高级人民法院对这一案件进行二审开庭审理。在审理结束后，福建省高级人民法院于 2008 年 12 月 18 日作出二审裁判，以"事实不清，证据不足"将案件发回福州市中级人民法院重审。大半年之后，案件又回到了福建省中级人民法院。照理说，福建省中级人民法院对于上级法院所发回重审的案件应该进行更为仔细的审理核查，及时发现原判中的破绽。但是 2009 年 6 月 8 日，福州市中级人民法院在原有证据的基础上再次以投放危险物质罪第二次判处念斌死刑，剥夺政治权利终身。对此判决，念斌不服再次提出上诉。面对同一案件的第二次上诉，福建省高级人民法院作出了与先前不同的终审裁定，驳回念斌的上诉，维持原判。案件依法进入死刑复核程序。

由于最高人民法院于 2008 年全面收回了死刑复核权，因而此时福建省高级人民法院依法将念斌案报请最高人民法院进行死刑复核。不过，在对案件进行审查之后，最高人民法院于 2012 年 10 月 28 日以"第一审判决、第二审裁定认定被告人念斌投放危险物质罪的事实不清、证据不足"，裁定不核准福建省高级人民法院维持死刑的裁定，并撤销福建省高级人民法院维持死刑的裁定，将案件发回福建省高级人民法院重新审理。

2011 年 5 月 5 日，福建省高级人民法院也撤销了福州市中级人民法院对念斌的死刑判决，并将案件再次发回福州市中级人民法院重新审判。2011 年 9 月

7日，念斌案第三次在福州市中级人民法院进行审判，在没有任何新事实和新证据的情况下，福州市中级人民法院于同年11月24日第三次判处念斌死刑，剥夺政治权利终身。加上福州市高级人民法院在二审程序中所作出的维持死刑裁判，念斌已经因为同一个投毒案四次被判处死刑了。此次死刑判决之后，念斌还是不服判决，提出上诉，于是案件又来到了福建省高级人民法院手中。

4.再审程序

不过，与前述多次诉讼程序有所不同的是，在此次审理过程中，迫于多方压力，福建省高级人民法院多次报请最高人民法院批准延长审理期限并获得批准，从而使得这一审判程序从2011年年底一直延续到2014年的下半年。在此期间，福建省高级人民法院依法组成了合议庭，于2013年7月4日至7日、2014年6月25日至26日，先后两次公开开庭审理了本案。终于，2014年8月22日，福建省高级人民法院作出终审判决：撤销福州市中级人民法院（2011）榕刑初字第104号刑事附带民事判决；上诉人念斌无罪；上诉人念斌不承担民事赔偿责任。福建省高级人民法院终审认为，虽然上诉人念斌对投毒过程作过多次供述，但原判认定被害人死于氟乙酸盐鼠药中毒的依据不足，投毒方式依据不确实，毒药来源依据不充分，与上诉人的有罪供述不能相互印证，相关证据矛盾和疑点无法合理解释、排除，全案证据达不到确实、充分的证明标准，不能得出系上诉人念斌作案的唯一结论。因此，原判认定上诉人念斌犯投放危险物质罪的事实不清、证据不足，原公诉机关指控上诉人念斌所犯罪名不能成立。原审判决上诉人念斌赔偿附带民事诉讼原告人丁云虾、俞涵的经济损失无事实依据。因此，依照刑事诉讼法的有关规定，作出上述终审判决。[1]至此，距离案件发生已经过去了八年之久，念斌也在牢狱中度过了人生中最漫长而纠结的八年。这一曲折的司法经历，使得念斌案成为我国刑事司法程序现代化发展的生动标本。

①郑良：《"真正的法治不拒绝无罪"——"一审3次被判死刑"的念斌终审无罪引热议》，新华网：http://news.xinhuanet.com/politics/2014-08/22/c_1112196205.htm,2015年3月29日查询。

二、法理分析：换个视角看错案

念斌投毒案是 2014 年网上最"火"的案例之一。在念斌投毒案的终审判决出炉之后，很多网民欣然表示，正义虽然迟到了，但终究还是到达了。但是，与此同时，也有不少网民仍在争论案件的真相到底是什么。这部分网民的观点可以分为这么几派：一派网民认为，虽然福建省高级人民法院已经判决念斌无罪，但恐怕念斌还是存在重大的作案嫌疑的。另一派网民则认为，证明念斌是投毒真凶的证据存在如此多的问题，念斌显然是被冤枉的，真凶另有他人。还有中立派的网民则认为，这个案件的真相还未查清，为了还原事实，应该对当年的被害人开棺验尸。从这些争论中，我们一方面可以感受到，在我国当今社会，公众对刑事司法具有极高的关注度和期望值，但另一方面我们也应该注意到，无论是哪一派的观点，其着眼点都更多地放在"案件的真相"这一问题上，即便关心司法程序的运作，也是为了寻求或者证明"真相"服务的。也就是说，以法律的专业术语来讲，大家的视野更集中于"实体正义"的实现，而忽视了"程序正义"的存在。

陈兴良教授曾经指出："法是以维持一种正义的秩序为使命的，这种正义的秩序可以视为法所追求的实体正义。法在维护社会秩序中发挥着重要的作用，因而，实体正义更是法的归依。但是，实体正义的实现不能离开一定的程序。因为，实体与程序是实现法的正义的两种法律制度设计：前者解决案件处理的公正标准问题，后者解决案件处理的正当程序问题，两者不可偏废。"[1]可见，实体正义更多指代的是案件通过刑事诉讼程序而实现的结果上的正当性，亦即案件的真相得到了解释，有罪人受到了应有的处罚，无罪的人不被定罪量刑。而程序正义则偏重于刑事诉讼程序本身，也就是说，作出裁判结果的诉讼程序本身是合法正当的。正如陈兴良教授所说的那样，这两种"正义"论并非对立的，二者更是一种相辅相成的关系。一般而言，实现实体正义，即追求案件的真相、使被追诉者罚当其罪，是刑事司法的终极目标。实现这一目标的前提是刑事诉讼程序的正常运作，也就是实现程序正义，程序正义是为实体正义服务

[1]陈兴良：《法官的护法使命》，载《人民法院报》，2000 年 4 月 15 日。

的。然而，实体正义的实现在很多情况下是非常困难的：刑事司法处理的是已经发生过的犯罪事实，但是时间的流逝既可能模糊甚至湮灭人们的记忆，还可能隐藏甚至毁灭证明事实的证据，因此刑事司法重塑真相的能力是有限的，在这种情况下，刑事司法只能追求无限地接近真相，很难准确无误地还原真相。因此，实现实体正义的终极目标是不现实的。但同时，程序正义却可以弥补实体正义的缺陷，正当地操作诉讼程序不仅能够增加实现实体正义的可能性，还可以从权利保障的角度增强公正的价值。如果程序失去了正义的价值，那么不仅实体正义无法实现，被追诉人在诉讼程序中还可能受到非法侵害，司法的权威性和公信力也会被削弱。总之，一方面，程序正义先于实体正义，实体正义的实现离不开程序正义的落实；另一方面，程序正义本身也具有独立的价值，它是公民权利和司法威信的重要保障。

正因程序正义具有如此重要的价值，我们在分析司法案例的时候，不应该仅仅从朴素的"真相大白"的视角出发，更应该着眼于诉讼程序本身的正当性。今天，我们就来换个视角看错案，从"程序正义"的角度来追根溯源，探讨念斌投毒案到底"错"在哪里。

（一）立案程序之"错"

立案程序是启动刑事诉讼程序的第一个环节。根据我国刑事诉讼法的规定，公安机关或者人民检察院发现犯罪事实或者犯罪嫌疑人，应当按照管辖范围，立案侦查。可见，公安机关作出立案决定是需要满足一定的条件的：一是有犯罪事实。这是启动立案程序的首要条件。这个立案条件包含着两层含义，首先，发生了刑法所规定的危害社会、依照法律应该被依法判处刑罚处罚的行为。其次，必须有一定的证据证明犯罪事实确实已经发生和存在。二是需要追究刑事责任。也就是说，行为人的行为已经构成犯罪，根据刑法的有关规定，该人需要承担一定的刑事责任，并可能被判处刑罚。据此，即使发生了危害社会的行为，如果不存在需要对这一行为负责的人，如果行为人的行为没有达到承担刑事责任的水平，那么启动立案程序便是不合法的。

不过，我国刑事诉讼法所规定的立案条件较高，在很多情况下，当公安机关、人民检察院接到报案、举报和控告，或者通过其他渠道发现案件时，往往无法符合这两个立案条件。此时，公安机关和人民检察院可以先对案件进行初查。初查被规定在我国相关的刑事司法解释中。初查是指公安机关和检察机关对案件线索进行审查之后，认为可能存在犯罪事实的，由相关侦查部门对案件进行初步侦查，以确认是否符合立案条件；当初查认定有犯罪事实需要追究刑事责任时，应当制作初查报告，提请批准立案。也就是说，初查是立案程序之前的一种初步侦查程序。这种侦查程序不同于正式的侦查程序，只能采取询问、查询、勘验、检查、鉴定、调取证据材料等不限制初查对象人身、财产权利的措施，不得对初查对象采取强制措施，不得查封、扣押、冻结初查对象的财产，不得采取技术侦查措施。

在本案中，中毒事件发生在 2006 年 7 月 27 日晚上。28 日凌晨 2 点 50 分和 5 点 20 分，两名中毒的小孩俞攀和俞悦就相继去世。而其他同样食物中毒的人，包括丁云虾、丁云虾的小儿子俞涵、房东陈炎娇和女儿念福珠也出现了中毒症状。此时，可以认为已经发生了危害社会的行为，但是这种行为是否属于犯罪行为，还需要确认，公安机关需要证明该危害社会的行为是否人为，作出这一行为的人根据法律规定是否可能需要承担一定的刑事责任。只有在这种情况下，启动立案程序才是有效的。而此时可以确认的是仅仅是发生了食物中毒事件，并且导致了严重的后果。但是该食物中毒事件是有人刻意而为，此人的动机是什么还不清楚。也就是说，此时尚不能确认是否存在犯罪事实，更不用说是否需要追究刑事责任了。由于不符合立案程序的条件，公安机关不能立刻作出立案的决定，而应该根据现有的线索对案件进行初查。例如，询问被害人、证人，进行现场勘验，进行人身检查，对获取的物证进行鉴定，等等。

但是，在这一案件中，我们看到的是，公安机关在 7 月 28 日当天即决定立案。此时，公安机关虽然已经收集了一定的与案件相关的物证，但是由于这些物证尚未经过检验，到底其中究竟隐含着什么样的犯罪信息尚不可知。此时，虽然已经有两名儿童因为食物中毒而身亡，但到底食物中毒的原因是什么，是人为投毒，还是不可抗力，或者其他原因所导致的，这些都尚未查清。在这种情况下，贸然确认该案件属于人为所致，并迅速进行立案，是不符合法律规定的。这也影响了公安机关后来的侦查方向。在整个侦查过程中，平潭警方都朝着"投毒杀人"的方向进行调查，一方面着眼于弄清死者家庭可能要面临的社会矛盾，是否存在某些对死者家庭心怀不轨的人，另一方面，也着力查找毒源，特别是农村家庭中比较容易获得的毒物来源。公安机关匆忙立案也影响了其调查案件所采取的措施。比如，在尚未查清到底念斌是否有犯罪嫌疑的情况下，就对念斌采取了强制措施，念斌在 8 月 7 日当天就被留置盘问，并再也没有走出公安机关的大门。

公安机关的这种做法并不符合法律关于立案程序的规定。立案在我国刑事诉讼程序中具有十分重要的意义，它既能对案件信息进行分流，保障司法机关及时、准确地同犯罪行为作斗争，又能避免那些不构成犯罪或者无须承担刑事责任的公民受到不应有的刑事追究，从而保障公民的合法权益不受非法侵害。而念斌案中，公安机关当年的做法已经完全规避掉了立案程序的上述作用，为后续程序的开展开了一个坏头。随后，在"命案必破"的政策压力下，公安机关在证据存在重大瑕疵的情况下迅速宣布侦破案件，从而为冤假错案的发生埋下了伏笔。

（二）侦查程序之"错"

1."命案必破"之错

侦查程序首先"错"在指导理念上。在破获念斌投毒案的 20 世纪初，"命案必破"是公安系统重点提倡的工作理念之一。"命案必破"这一概念最早提出于 2004 年。当时，虽然经过了"严打"时期，社会治安有所好转，但是种种数据表明，我国仍然面临着严峻的犯罪形势，故意杀人、爆炸、投毒、纵火、绑架、抢劫、强奸杀人等侵犯人民群众生命安全的严重刑事犯罪案件的数量仍然居高不下，严重影响了人民群众的正常生活。与此同时，此类犯罪案件还出现作案方式多样化、犯罪嫌疑人跨区域流窜等趋势，大规模的恶性系列案件也屡屡发生。为了扭转治安形势，公安系统于 2004 年在南京召开全国侦破命案工作会议。会议提出，各级公安机关要以侦破命案为龙头，严厉打击各种刑事犯罪活动，切实加强领导、明确责任，大力加强推进刑侦队伍专业化建设，加强科技手段、推进刑侦工作信息化，建立健全考核奖惩机制，发挥整体作战合力，发挥社会各界的力量等六个方面上下功夫，坚持不懈，狠抓落实，努力实现2007 年底，全国命案发案数量下降、命案逃犯数下降、命案破案率上升的奋斗目标，不断提高公安机关驾驭社会治安局势的能力，确保社会稳定，确保人民群众的安全感不断增强。在这次会议之后,"命案必破"的侦查理念在全国的基层公安部门中全面铺开,公安机关以此为指导,着力打击可能威胁到人民生命安全的重点案件。

但是,"命案必破"真的符合侦查实践规律吗?对此,不同的实务人员、专家学者有着不同的看法。一方面,部分实务人员认为"命案必破"能有效地提升侦查效能,并不必然引发冤假错案。有关数据显示,在这一概念提出之后的开始几年内,我国刑事案件的破案率确实有了很大的提升。例如,在2005年,占命案总数近七成的杀人案破案率达到了87.2%,比开展"命案必破"之前的2003年杀人案破案率提高了九个百分点。2005年全部八类命案破案率达89.6%,其中江苏、河南、湖北、山东、吉林等14个省份命案破案率超过90%,超过了当时的英国(87%)、法国(81%)、加拿大(78%)、美国(63%)等国家的命案破案率。在命案侦破效果显著的同时,2006年,时任公安部刑事侦查局局长的何挺在5月16日的新闻发布会上表示,"命案必破"不会引发刑讯逼供等违法办案情况。他说,首先,公安机关的侦查活动要接受检察机关的监督。其次,公安机关内部有一整套完整的案件质量审核把关机制,例如要求办理命案实行"一长双责制",即"公安局长领导下的专案组长负责制和刑事技术部门负责人负责制",市县两级公安局长对本地侦破命案工作负领导责任。再次,越来越多的地方公安机关对命案犯罪嫌疑人的讯问实行了全程录音录像,使得公安机关在执法办案方面越来越公开透明。除此之外,公安部还建立了全国杀人案件信息系统,各地发生每一起命案都要上网,公安部实时进行网上监控;公安部每年还公布命案全破和没发生命案的县市区公安局名单,让人民群众监督,一旦发生弄虚作假的情况,则通报批评,并严肃处理负责人。①

另一方面,随着时间的推移,"命案必破"所暴露出来的问题也引起了专家们的议论,质疑"命案必破"的声音逐渐涌现出来。有学者认为,命案必破违反了正常的侦查规律。从全世界范围的侦查实践中,我们可以看出,无论侦

①文中数据参见2006年5月16日公安部新闻发布会现场实录,前公安部刑事侦查局局长何挺的现场发言内容。

查技术如何发达，侦破所有的命案都是不可能实现的。即使在侦查技术无比先进的美国，每年也有大量案件成为未解之谜，例如著名的辛普森案件。而在我国，虽然提出"命案必破"概念之后，各地方公安机关将侦破案件作为首要任务，不断提高命案破案率，但就算是破案率再高的地方，也没有能够达到破案率100%的情况。"命案"不可能"必破"是我们不得不承认的现实。提出这一概念不禁让人联想到"大跃进"时期的"人有多大胆，地有多大产"的标语，这种违反正常规律的说法，都将使人们迷失方向，并给社会带来危害。还有学者认为，"命案必破"与公安机关考核压力结合在一起，足以引发冤假错案的发生。在这一概念提出之后，下级公安机关为了配合上级的破案指示，除了不断想方设法提高破案能力以外，当所面临的破案任务无法完成时，极有可能适用非法侦查行为，甚至制造冤假错案。例如，为了获得犯罪嫌疑人的口供以迅速侦破案件，侦查人员可能对犯罪嫌疑人进行刑讯逼供或者采取其他非法讯问手段，促使犯罪嫌疑人作出有罪供述。这样作出的有罪供述无疑错误率是极高的。再如，在没有足够的证据证明案件事实以结束侦查的情况下，侦查机关更可能通过人为的手段制造虚假证据，修改证据特征等，来满足案件侦破的需要。总之，在"命案必破"这一不切实际的理念指导下，当上级的破案压力迎面逼来时，冤假错案的发生概率也就直线上升了。[①]

在念斌投毒案发生的2006年，正是"命案必破"概念提出的第三年，此时以这一政策为指导的公安系统正在如火如荼地进行着各式各样的破案活动。各级地方公安机关为了配合这一政策的贯彻落实，不断提高破案率标准，要求各侦查部门以尽可能快的速度破获各种威胁到人民生命安全的命案。为了实现"命案必破"的目标，福州市公安系统建立了命案侦破的"八大机制"，要求落实各级领导侦破命案责任，市公安局决定对所有现行杀人和持枪伤害致死案件实行挂牌督办，建立网上量化考核和评比表彰机制，将考评名次抄报当地党委政府。而当时造成二死四伤严重后果的念斌投毒案显然引起了公安部门的高度重视。就在两名儿童死亡的当天，平潭公安局迅速介入，平潭县公安局局长林捷亲自指挥现场勘查，福州市公安局副局长带领

[①] 魏明、周顺忠：《对我国"命案必破"的检思》，载《山东警察学院学报》，2013年第5期。

的技术侦查人员与平潭县技术侦查人员组成专案组对案件进行调查，福州市公安局局长还多次过问此事。公安机关对这一重大案件的重视并无不妥。只不过，过度的重视和来自社会的压力，与"命案必破"理念形成合力，使得公安机关为了尽快破获案件采取了很多不妥的侦查行为。例如，对犯罪嫌疑人念斌进行刑讯逼供，对不利于证明案件事实的证据进行篡改和伪造，等等。并且，公安机关在证据尚未收集完整、案件事实尚未完全查清的情况下，便匆忙于2006年8月8日宣布侦破案件，并将这一消息向社会公布，此时距离案件发生才十二天的时间。

在十二天内破获了重大投毒杀人案，公安机关又添一枚"命案必破"的勋章。当时，这起案件在当地电视台连续多天滚动播报，还被列为福建省2006年十大刑事案件之一。同年8月，平潭县委、县政府对这起特大刑事案件的有功人员进行通报表彰并颁发了奖金，这次表彰被称为平潭公安史上的首次。①就在公安机关侦查人员享受着由破案所带来的荣誉时，他们没有意识到，由于自己的草率和玩忽职守，犯罪嫌疑人念斌及其家人开始了暗无天日、水深火热的诉讼之路，他们的生活发生了重大的转折，一切都被蒙上了一层"犯罪"的阴影。

2.非法讯问之"错"

在"命案必破"理念的指导下，公安机关对念斌投毒案进行了疾风骤雨式的侦查，在十二天之内就宣布破获了这起案件。但实际上，公安机关是如何办到这一切的呢？在当时相对简陋的侦查条件下，这其中又存在着哪些违法违规的行为呢？

在我国，侦查程序是公安机关、检察机关的侦查人员针对已经立案的刑事案件，收集、调取犯罪嫌疑人有罪或者无罪、罪轻或者最终的证据材料，以证明案件事实的行为。在侦查程序中，包括公安在内的侦查人员为了达到目的，可以采取多种侦查措施。例如，讯问犯罪嫌疑人，询问证人、被害人，勘验检查，搜查、查封扣押物证书证，鉴定，采取技术侦查措施，等等。并且根

---

①马世鹏:《命案必破:福建警方12天破物证不足念斌投毒案》，澎湃网:http://www.thepaper.cn/newsDetail_forward_1252710,2015年4月1日访问。

据我国刑事诉讼法的规定，侦查人员在实施这些措施时，应该符合一定的法律规定，不得为了获得破获案件而作出有损犯罪嫌疑人、被告人合法人身和财产权利的行为。

一般而言，最容易发生侵权行为的侦查阶段就是讯问。讯问是侦查人员针对案件情况对犯罪嫌疑人进行提问，以获取有用的线索和证据。在我国过去的很长一段时间内，犯罪嫌疑人的口供都被认为是"证据之王"。之所以将口供置于如此重要的地位，是因为犯罪嫌疑人可能是案件的亲历者，他们应该最了解案件发生的过程，他们作出的供述中可能包含着最多的案件线索信息。获得了犯罪嫌疑人的口供，侦查人员不仅可以初步了解案件的发生过程，而且还可以以此为依据，有的放矢地进行下一步的证据收集。为了获得如此重要的口供，侦查人员在讯问中就极有可能采取某些非法的讯问行为。典型的如人们经常提到的刑讯逼供行为，即以物理暴力的方式折磨犯罪嫌疑人，使犯罪嫌疑人受到肉体上的痛苦，以逼取犯罪嫌疑人的供述。除此之外，侦查人员在讯问过程中还可能采取其他的非法措施，如威胁、引诱、欺骗等，从而套取犯罪嫌疑人的供述。这些非法讯问行为最直接的后果是侵犯了犯罪嫌疑人的人身权利。犯罪嫌疑人为了尽快摆脱这些来自肉体上和精神上的痛苦，就会选择与警察合作，作出符合侦查人员心意的供述。而在被逼迫的情况下作出的供述往往可能就是错误的。将这样的犯罪嫌疑人供述作为进一步侦查的依据，甚至作为庭审证据，只能导致冤假错案的发生，这是非法讯问行为的间接后果。正是因为认识到非法讯问行为的恶劣影响，我国早在1979年第一部《中华人民共和国刑事诉讼法》中就明确规定："严禁刑讯逼供和以威胁、引诱、欺骗以及其他非法的方法收集证据。"这一规定也被后来的1996年和2012年的新刑事诉讼法典所继承。

然而，在实践中，非法讯问行为仍然屡禁不止，"屈打成招"也并不鲜见，在近期发现的多起著名错案中，基本上都存在着刑讯逼供的情况。在2015年平反的呼格吉勒图案件中，也存在着刑讯逼供的情况。呼格吉勒图曾经在审查起

①冯明文、吴海浪：《内蒙古"呼格吉勒图奸杀案"18年后进入再审程序》，新华网：http://news.youth.cn/gn/201411/t20141120_6087049.htm,2015年4月1日访问。

诉时对检察官说，警察在讯问时不允许他睡觉，不给他水喝，不给他饭吃，不让他上厕所等。[1]呼格吉勒图也是在这种情况下从一个发现案件的举报人生生地被逼成承认罪行的被告人。事后证明，通过这种手段做出来的供述确实都是错误的，冤假错案也由此而生。类似的例子比比皆是。非法讯问行为是侦查程序的毒瘤，有它的存在，侦查程序也很难实现公平正义，案件的事实真相也难以被查清。

在念斌投毒案中，同样也存在着非法讯问的情况。据念斌自己说，自己被抓之后，破案心切、立功心切的办案人员对念斌进行了刑讯逼供。侦查人员翁其锋等人将他双手吊起来，脚尖勉强点地，用书垫在他的肋骨上，再用锤子敲打，打到念斌五脏六腑痛不欲生，身上还不留任何痕迹。侦查人员还欺骗诱导念斌说，只要他承认投毒杀人的话，那么法院最多也就判个三年。除此之外，侦查人员还威胁他，要将其妻子一起抓起来。念斌想到自己的父母年事已高，母亲刚刚得了胃癌，两个哥哥去世留下两个孩子，自己的孩子也才四岁，需要人照顾，如果把老婆也抓进来，那么这个家留下老弱病残没人照顾，就真的全完了。为了免受侦查人员进一步的折磨，也为了保全自己的家庭，念斌被迫招供承认自己在邻居丁云虾家投毒。上文提及，通过刑讯逼供的方式所产生的犯罪嫌疑人供述其真实性是无法保证的，念斌的认罪供述自然也不例外。念斌曾经在法庭上多次表示自己是受到刑讯逼供才作出这样的有罪供述，但是这一意见并没有受到法院的重视。念斌的有罪供述仍然成了对其进行定罪量刑的重要依据。也就是说，念斌案讯问程序的非正义性导致了最终案件裁判结果的不公正。

针对非法讯问行为的高发问题，我国于2012年刑事诉讼法典修改时新增了非法证据排除规则。采用刑讯逼供等非法方法收集的犯罪嫌疑人、被告人供述等言词证据将被依法排除。并且在审判过程中，人民检察院还应当对证据收集的合法性加以证明，即非法证据排除的证明责任在控诉方身上。这么一来，侦查人员即便通过非法手段获取了犯罪嫌疑人的认罪供述，只要辩护方提供相关线索和证据证明存在非法讯问行为，而检察机关无法证明非法讯问行为的不存在，那么这一认罪供述便是无效了。这一制度铲除了侦查人员运用非法讯问手段获取证据的动机，有助于保障侦查程序的正义性以及案件裁判结果的可靠性。

---

[1] 冯明文、吴海浪：《内蒙古"呼格吉勒图奸杀案"18年后进入再审程序》，新华网：http://www.ln.xinhuanet.com/newscenter/2014-11/20/c113329628.htm，2015年4月1日访问。

但是，在念斌投毒案发生的年代，我国仍然实行的是 1996 年颁布的《中华人民共和国刑事诉讼法》。该部法典虽然沿袭了"严禁刑讯逼供和以威胁、引诱、欺骗以及其他非法方法收集证据"的法条，但却没有对采取非法讯问行为所获得的证据应该采取什么样的态度作出规定。也就是说，在当时的情况下，即便公安侦查人员是以非法手段取得证据，这一证据也有可能被采纳为证明被告人有罪的庭审证据，非法讯问行为并不会影响这一证据的证据能力。在这种情况下，侦查人员运用刑讯逼供等非法手段获取证据便有恃无恐了。总之，念斌投毒案之所以被认定为错案，与侦查程序中的运用非法讯问行为这一"错误"有着不可分割的关系。

3.物证鉴定之"错"

念斌投毒案的侦查程序中，另一个"惊呆小伙伴"的重大错误来自于物证鉴定。鉴定是侦查程序中处理物证的一个重要程序，它指的是公安机关、人民检察院为了查明案情，指派或者聘请具有专门知识的人对案件中的某些专门性问题进行鉴别和判断的一种侦查行为。鉴定最重要的特征即具有较强的技术性。在侦查活动中，侦查机关经常会遇到这样那样的问题，这些问题是普通人根据常识无法作出准确判断的，例如犯罪嫌疑人的精神状态、与案件有关的物品文件等的真伪性及具体内容、痕迹所代表的信息、人身或尸体的状况等。当遇到这些问题时，侦查人员需要聘请具有专业技术的人员，运用特定的科学知识来分析、解决问题。这样的鉴定活动一般包括法医鉴定、司法精神病鉴定、刑事科学技术鉴定、司法会计鉴定、化学鉴定等。

鉴定程序具有十分重要的地位，它可能直接或者间接地决定了侦查活动的走向以及未来司法裁判的结果。我们在前文曾经提及，对侦查人员来说，犯罪嫌疑人的口供是非常重要的。但是，犯罪嫌疑人的口供受到多种因素的影响，例如讯问策略、犯罪嫌疑人自身的记忆、犯罪嫌疑人脱罪的意图等，其真实性和稳定性是无法保证的。这时候，就需要其他与案件相关的物理性证据予以佐证。物理性证据不像言词证据一样，不容易发生变化，因此这种证据所体现出来的信息往往是相对可靠的。但是，物理性证据不能直接地反映出案情，而必须通过特定的手段分析之后，才能将之与言词证据的内容相联系，从而产生证明效果。鉴定程序就是发现物理性证据所蕴含的信息的主要途径之一。正因为鉴定具有如此重大的意义，在刑事司法实践中，鉴定应该以客观、公正的方式作出。为了达到这一目的，我国刑事诉讼法及相关司法解释对鉴定人的资质、鉴定程序以及鉴定意见的撰写等都进行了严格的规定。鉴定人进行鉴定应该严格遵守法律的规定，只能根据科学检验的结果作出结论，不得随意篡改甚至伪造鉴定结论。然而，在念斌投毒案中，公安机关所提交的鉴定结果却存在着巨大的漏洞。

为了给念斌进行辩护，辩护律师张燕生曾经邀请香港资深毒理专家莫景权对念斌投毒案所涉及的鉴定报告进行检查。莫景权是皇家澳洲化学学会的院士，在 1995 年到 2006 年长达十年的时间里，他一直是整个亚太地区毒物化验最为权威的机构——香港政府化验所的高级化学师，主管毒理学组。莫景权在查阅了念斌投毒案中的物证检验报告之后，惊讶地表示："这还是我第一次参与内地案件的分析，很震惊……（检测结果）此生，我从未见过。"为什么莫景权会表示得如此震惊，那是因为念斌投毒案的鉴定证据中存在着如下几个重大的问题：第一，被害人俞攀的"心血"和"呕吐物"样本来自同一份质谱图。鉴定报告中的"俞攀的心血"和"俞攀的呕吐物"两张质谱图中所呈现的各个图谱峰值、特征以及检验时间等信息，都是一模一样、丝毫不差的。唯一的区别就是一张写着"俞攀的心血"，另一张写着"俞攀的呕吐物"。很明显，这两张图谱来自同一来源，它们中至少有一张是伪造的。第二，"俞悦尿液"和"标样"两张质谱图也源自同一样本，只是在不同的滞留时间做取样而已。从这两张质谱图上，可以清晰地看到，检验的时间分秒不差，都是 2006 年 7 月 29 日 10 点 55 分，检测的时间长度都是 8.99 分钟，唯一不同的是"俞悦的尿液"是在仪器检测行至 7.521 分钟时截取的，而"标样"是在仪器检测进至 7.536 分钟时截取的。也就是说，这份质谱图原本是实验室毒物的样本图，但却被拷贝成为死者检验物的检测图。这就相当于将同一个牌号挂在不同的两辆车上，其中肯定有一辆车是套牌。第三，俞悦的尿液中检测出了氟乙酸盐，但是在两名死者的胃里和胃内容中都没有检测出氟乙酸盐。如果毒物是通过食物吃到肚子里导致中毒的话，那么毒物首先会大量存在胃里，然后通过消化道进入肝脏、肾脏等系统进行循环，最后通过尿排出体外。如果胃里、胃内容里和肝脏里都没有检出氟乙酸盐，那么足以说明死者根本没有食入氟乙酸盐。而公安机关所出具的检验报告中却神奇地在死者的尿液中检出氟乙酸盐，而且浓度相当高，那么极有可能这些氟乙酸盐并非死者排出，而是有人事后污染了检测样本。这几个问题充分说明了，公安机关于 2006 年 8 月 7 日所出具的榕公刑技法化字（2006）第 499 号《福州市公安局理化检验报告》和榕公刑技法化字（2006）第 567 号《福州市公安局理化检验报告》所显示的结果都可能存在造假的嫌疑，鉴定程序存在重大瑕疵，鉴定报告根本就不能作为证明被告人念斌有罪的证据。[①]

毒物鉴定报告是念斌投毒案最关键的证据之一，毒物的性质甚至决定了谁才是真正的犯罪嫌疑人这一侦查方向。公安机关通过篡改、伪造的方式所制定的检测报告根本不具有证明案件事实的能力。而这些报告在当年却一次次地将念斌的命运推向深渊，鉴定程序之不正义令人哀叹。

（三）审判程序之"错"

念斌投毒案最具传奇色彩的地方就在于，这一案件历经了八年的漫长诉讼过程，其间案件来回多次辗转于福州市中级人民法院和福州市高级人民法院之间，四次被这两个法院判处死刑。但最后的终审结果却显示，念斌案是一个不折不扣的错案。为什么历经了这么多道程序，经过了这么长的时间，念斌投毒案仍然会出现这样的错误呢？除了上文所述的立案程序和侦查程序中存在的明显错误之外，审判程序也具有一定的问题。

我国的刑事审判制度分为一审程序、二审程序和再审程序。一审程序是人民法院初次审理刑事案件所适用的程序。具体而言，人民法院组成合议庭，对人民检察院提起公诉、自诉人提起自诉的案件在控辩双方的共同参与下，针对案件所涉及的证据进行法庭调查和法庭辩论，在此基础上作出判决。在法庭调查和法庭辩论已经结束，被告人也作出最后陈述之后，合议庭进行评议，并根据已经查明的事实、证据和有关的法律规定，分别作出以下判决：案件事实清楚，证据确实、充分，依据法律认定被告人有罪的，应当作出有罪判决；依据法律认定被告人无罪的，应当作出无罪判决；证据不足，不能认定被告人有罪

①刘长：《念斌案鉴定惊呆香港专家》，新浪博客：http://blog.sina.cn/dpool/blog/s/blog_52f113450101cyai.html,2015 年 4 月 1 日访问。张燕生：《念斌案——令人震惊的"假鉴定"》，新浪博客：http://blog.sina.com.cn/s/blog_52f113450101c843.html,2015 年 4 月 1 日访问。

的，应当作出证据不足、指控的犯罪不能成立的无罪判决。由此可知，法庭作出有罪判决的标准是事实清楚，证据确实、充分。只有符合了这一标准，法庭所作出的有罪判决才是合法有效的，这也是对作为控诉方的人民检察院的要求。如果人民检察院证明被告人有罪没有达到这一水平，案情仍然存在着某些疑惑之处，或者证据的收集不足以构成证据锁链，又或者被告方所提出的质疑没有得到合理回应，那么人民法院就不应该对案件作出有罪判决，转而应该认定被告人无罪。同样的道理也适用于二审程序和再审程序中。这是我国历来奉行的"疑罪从无"原则的要求。

"疑罪从无"是指在刑事司法中出现既不能完全排除犯罪嫌疑，现有的证据又不足以证明被告人有罪的情况下，从法律上推定被告人无罪的一种处理方式。它是人权保障在司法裁判中的体现，不能以牺牲公民的自由权利为代价来换取暂时的打击犯罪效果。"疑罪从无"也是程序正义的必然选择。实行这一制度最坏的结果就是放纵个别犯罪分子，但如果"宁枉勿纵"，那么将使整个刑事司法陷入无序状态，程序正义也无从谈起。然而，在我国过去很长一段时间内，"疑罪从无"原则并没有得到很好地贯彻落实。①司法实践中经常出现"有罪推定"的倾向以及"疑罪从挂"、"疑罪从轻"的做法。"有罪推定"是在司法裁判还未作出最终定论之前，对处于刑事诉讼程序中的被追诉人推定为实施了犯罪行为。实行这一制度之后，一个人一旦被纳入到刑事诉讼程序中去，便要背负着来自社会各界的骂名等精神压力，公安司法机关也将逼迫此人承认自己的罪行，这么一来，公民的合法权利在诉讼程序中也就得不到有效维护，案件也很难真相大白。"有罪推定"是对程序正义的否定，这种观念和制度已经被历史抛弃了。"疑罪从挂"、"疑罪从轻"是指当遇到疑难案件，现有的证据不足以认定被追诉人有罪，也无法证明被追诉人的彻底清白时，司法机关拖延对案件的处理，或者对被追诉人判处较轻的刑罚。这是相对"权宜"的做法，但是"权宜"的做法就是正确的做法吗？一个被追诉人只能有有罪和无罪之分，不应该存在这样的灰色地带。如果被追诉人实际上是有罪的，那么"疑罪从轻"、"疑罪从挂"就是对我国刑法所要求的"罪责刑相适应"原则的违背，有

---

① 沈德咏：《论疑罪从无》，载《中国法学》，2013 年第 5 期。

罪的人没有承担应有的刑事责任，受到应有的刑事处罚，那么法律的威慑作用将大大减弱。如果被追诉人实际上是无罪的，那么"疑罪从挂"、"疑罪从轻"便使这些无辜的人受到了不应有的惩罚，直接侵犯了他们的人身财产权利，是社会不公的典型代表。总之，这种"权宜"的做法也是不应该提倡的。在面对存疑的案件时，司法机关的正确做法只能是"疑罪从无"，应该作出被告人无罪的裁判。

念斌投毒案之所以会在经历了如此曲折漫长的诉讼程序之后，仍然出现错案的结果，与人民法院没有奉行"疑罪从无"原则具有不可分割的关系。2007年3月，福州市中级人民法院依法对念斌投毒案进行一审开庭审判。在法庭上，念斌当庭翻供，他说："我是冤枉的，公安把我吊起来打，我讲的都是公安教的。"但是，这样的翻供并没有引起法院的重视。法庭上也并没有澄清念斌的有罪供述究竟是根据个人真实意愿作出的，还是在公安机关的暴力威胁下被迫违心作出的，念斌的认罪供述仍然被采纳成证明案件的证据。2008年2月，福州市中级人民法院一审仍然以投放危险物质罪判处念斌死刑。幸运的是，同年12月，福建省高级人民法院以事实不清、证据不足为由，裁定撤销一审判决，发回福州市中级人民法院重审。然而，2009年6月，福州市中级人民法院面对同样的事实和证据，不顾案件中所存在的疑点，再次判处念斌死刑。就这样，念斌案在福州市中级人民法院和福建省高级人民法院之间来回辗转。在历次开庭审理中，公诉机关并没有提交新的证据，而辩护方却发现越来越多的疑点和证据上的瑕疵，并指出侦查机关涉嫌刑讯逼供。在这种情况下，法院却仍然不依不饶地将念斌置于死地。[①]可见，在念斌案的前后多次审判中，人民法院并没有切实贯彻"疑罪从无"的原则，对事实不清、证据不足的案件不仅没有根据刑事诉讼法的规定作出无罪判决，相反却固执地坚持有罪判决，从而导致冤假错案的发生。

三、案件的评论及后续：程序纠错的"非典型"与"典型"

念斌投毒案的终审判决已经作出念斌无罪的判决，但是网上的争议却在

---

① 韩雨婷：《念斌案背后的拉锯战》，载《南都周刊》，2013年第28期。

继续，仍有不少网友在纠结于事实的真相。诚然，发现案件的事实作为实体正义的重要内涵，确实是刑事诉讼程序追求的终极目标。但是我们不要忘了，在实体正义之前，还有一种正义叫作"程序正义"，只有当最终裁判的作出是经过了正当合法的程序时，这种裁判结果才应该被认为是正义的。而且，只有实现了程序上的正义，诉讼结果才能无限接近于案件事实，实体正义才能得以落实。虽然时至今日，究竟八年前是谁将罪恶的黑手伸向丁云虾一家的真相尚未完全查清，但是从念斌案本身出发，程序上的问题已经足以推翻念斌的有罪裁判，法院最终作出的无罪裁判应该被认为是正义的。不同于传统的只强调案件事实的错案纠正模式，念斌投毒案更侧重的是程序上的问题，以实现程序上的正义为出发点，因此我们将念斌投毒案看作是"非典型性错案"。

然而，程序上的纠错只能是错案纠正的"例外"吗？这并不尽然。随着我国刑事司法改革的不断深入、刑事诉讼程序的健全完善、程序正义理念的日益深入人心，在未来的错案纠正中，程序问题将受到越来越广泛的关注。尊重程序、树立程序权威也将成为我国当下法治建设的重中之重。在将来，以程序问题作为纠错关键必将为常态，念斌投毒案不再是一个"非典型"的错案，而应该逐渐转变为一个"典型"的错案，指引未来错案纠正的方向。

如今，念斌在经历了八年曲折痛苦的牢狱之灾之后终于重返家庭。但是，经过这件事之后，念斌原先生活的一切已经完全不同了。念斌的父亲早已离开人世，念斌的母亲也有些精神失常。念斌当年四岁的孩子是眼看着自己的父亲在饭桌上被警察带走的，这种童年的阴影再也挥之不去。而念斌自己，作为死囚犯，常年身戴死刑枷锁，只能佝偻着腰，浑身关节变得僵硬，疼痛不止，虽然才是三十几岁的人，头发却已花白。

然而，事情似乎仍未完结，正当念斌及其家人为国家赔偿一事继续奔走之时，一个意外的事件又一次刺痛了他们的心脏。2014 年 11 月 14 日，就在无罪释放的三个月后，念斌及其姐姐念建兰前往福州市出入境服务大厅办理护照，经过系列的拍照、填表、采集指纹等程序之后，念斌却被告知，他的身份信息在出入境管理系统中显示为"犯罪嫌疑人"，不符合护照办理条件。念斌对此甚为不解：为何法院已经对他作出了无罪宣判，但自己仍然无法行使一个普通公民办理护照的基本权利，公安机关在没有新证据的情况下仍然可以再次将其确认为"犯罪嫌疑人"的身份？[①]这一问题至今未得到正面有力的解释。对于有关机关再次认定念斌为"犯罪嫌疑人"的做法是否合理合法这一问题，法律专家们也是各持己见。实际上，在我国当前的刑事司法中，类似这样悬而未决的程序问题比比皆是，程序法治的建设任重而道远。未来，在强调程序正义的同时，我们仍需要继续关心和解决具体的程序问题，使得各项诉讼制度的运行有法可依，有规律可循。只有这样，冤假错案才不会屡屡发生，社会的公平正义才能得到彻底的彰显。

（吕晓刚）

---

①马世鹏、杨海：《无罪获释后，念斌仍因"犯罪嫌疑人"身份被拒办护照》，澎湃网：http://www.thepaper.cn/newsDetail_forward_1278155,2015 年 4 月 1 日访问。

悲剧背后的反思
——林森浩投毒案

　　2013 年 4 月 15 日 22 时 13 分，复旦大学官方微博发布通报称，该校一医科在读研究生病重入院，4 月 16 日下午，复旦大学官微再次发布通报："我校 2010 级硕士研究生黄洋同学经抢救无效，于 4 月 16 日 15 时 23 分在附属中山医院去世。"警方很快介入此事件，并认定与黄洋同寝室的林森浩有重大的作案嫌疑。自此该案引起了社会各界的广泛关注，一方面是因为该案件涉及的犯罪嫌疑人和被害人均为名校的高才生，另一方面是因为该案的作案动机和原因存在不明之处。2014 年 2 月 18 日上午在上海市第二中级人民法院一审宣判，被告人林森浩犯故意杀人罪被判死刑，剥夺政治权利终身。林森浩不服原一审判决提起上诉，经过二审审理，2015 年 1 月 8 日上午，上海市高级人民法院将对被告人林森浩故意杀人上诉一案进行公开宣判。林森浩投毒案终审维持原判，因故意杀人罪被判死刑。复旦投毒案可以说是造成了两个家庭的悲剧，"欲盖弥彰反误卿卿性命，回头是岸何叹朝闻夕死。"黄洋家人的代理律师叶萍曾用这句话来表达了其对此案的看法，叶萍引用《论语·里仁》里"朝闻道，夕死可矣"这句话，并表示，这句话的关键就在于"闻道"。而天资聪明也很勤奋的林森浩，之所以会最终犯下此错，是因为他并未"闻道"。叶萍也表示，虽然二审结果对于黄家而言是欣慰的，但作为一场悲剧，这是个"两败俱伤的案子，没有赢家"。①当然，在对案件的当事人感到惋惜的同时，作为法律人我们必须要冷静

---

　　① 《复旦投毒案辩方律师：这是一个两败俱伤的案子》，http://news.sohu.com/20150109/n407659456.shtml，2015 年 3 月 29 日访问。

分析复旦投毒案给我们带来的法治思考。

一、案情回顾

3月31日中午，复旦大学2010级硕士研究生林森浩将其做实验后剩余并存放在实验室内的剧毒化合物N-二甲基亚硝胺带至寝室，注入饮水机槽。4月1日早上，黄洋喝下寝室内饮水机内的水，发现水的味道不对，认为水过期了，特意将过期的水倒掉，把桶刷干净。到十点多，黄洋开始有恶心、呕吐、发烧等症状，被导师和同学送到复旦大学附属中山医院。医院初步诊断认为是吃坏了东西，按照胃肠炎给予输液治疗。4月2日，因为症状没有好转，晚上9点黄洋在同学的陪同下去看急诊，化验结果表明其肝功能已经出现损伤。4月3日，黄洋病情加重，血小板数量减少，被转移进外科重症监护室。经过初步会诊，医生认为是由于中毒而造成的肝损伤，但因为毒素不明，难以判断及对症下药。4月5日左右，黄洋出现鼻孔出血。4月8日，黄洋陷入昏迷状态，但病因仍不清楚。4月9日，黄洋的师兄孙某从一个陌生的号码接到一条短信，短信内容是"提请注意一种化学药物，周围有人常在用"。孙某立刻将情况告知了黄洋的导师，并通过查阅资料发现接触N-二甲基亚硝胺的试验用小白鼠的症状与黄洋的症状类似。之后其向复旦大学保卫处、上海市公安局文保分局报案。4月11日，上海市公安局文化保卫分局接到复旦大学保卫处对黄洋中毒事件报案后，上海警方立即组织专案组开展侦查。经现场勘查和调查走访后通报，在黄洋宿舍的饮水机残留水中检测出有毒化合物，并锁定黄洋同寝室同学林某有重大作案嫌疑，当晚依法对林某实施刑事传唤。4月12日，医院发出了黄洋的《病危通知书》。4月13日下午，黄洋瞳孔放大。4月14日，黄洋脑电图消失，肺部因为纤维化而没办法自主呼吸。4月16日15时23分，复旦大学附属中山医院宣布黄洋去世。警方认定其寝室室友林某有作案嫌疑。4月19日下午，上海警方正式以涉嫌故意杀人罪，向检察机关提请逮捕复旦大学"4·1"案犯罪嫌疑人林某。

2014年4月25日，上海市黄浦区人民检察院以涉嫌故意杀人罪对复旦大学"4·1"案犯罪嫌疑人林某依法批准逮捕。5月5日，黄洋父母给时任复旦大学校长杨玉良写亲笔信，质疑学校推诿避责，官僚作风。6月26日，上海市公安局文化保卫分局出具《上海市公安局鉴定意见通知书》，诊断称林森浩无精神异常。10月30日，上海市第二中级人民法院披露，上海市人民检察院第二分院对犯罪嫌疑人林森浩提起的公诉已被二中院正式受理，公诉方指控犯罪嫌疑人林森浩以投毒方式故意杀人。11月27日上午9时30分"林森浩投毒案"在上海市第二中级人民法院C101法庭公开开庭审理。上海市人民检察院第二分院认为，被告人林森浩因琐事与被害人黄洋不和，竟采用投毒方法故意杀害黄洋，并致黄洋死亡，手段残忍，社会危害极大，其行为已构成故意杀人罪，提请对林森浩依法予以严惩。诉讼代理人认为，被告人林森浩犯故意杀人罪的事实清楚，证据确实、充分；林森浩到案后回避主观动机，没有悔罪表现，建议对林森浩依法予以严惩。法庭审理中，林森浩当庭供认了起诉书指控其采用投毒的方法致黄洋死亡的事实，但对作案动机、目的等进行了辩解。被告人林森浩辩称，其只是出于"愚人节"作弄黄洋的动机而实施投毒，没有杀害黄洋的故意。辩护人对起诉书指控被告人林森浩犯故意杀人罪不持异议，但提出林森浩系间接故意杀人；林森浩到案后能如实供述罪行，有认罪悔罪表现，建议对林森浩依法从轻处罚。法庭就林森浩的犯罪动机、目的、作案手段、被害人的死亡原因等展开了调查，并充分听取了庭审过程公诉人、诉讼代理人、被告人、辩护人的意见，对证据进行了质证。被告人林森浩为泄愤采用投放毒物的方法故意杀人，致被害人黄洋死亡，其行为已构成故意杀人罪，依法应予惩处。公诉机关指控的罪名成立。被告人林森浩系医学专业的研究生，又曾参与用二甲基亚硝胺进行有关的动物实验和研究，明知二甲基亚硝胺系剧毒物品，仍故意将明显超过致死量的该毒物投入饮水机中，致使黄洋饮用后中毒。在黄洋就医期间，林森浩又故意隐瞒黄洋的病因，最终导致黄洋因二甲基亚硝胺中毒而死亡。上述事实，足以证明林森浩主观上具有希望被害人黄洋死亡结果发生的故意。林森浩关于其系出于作弄黄洋的动机，没有杀害黄洋故意的辩解及辩护人关于林森浩属间接故意杀人的辩护意见，与查明的事实不符，均不予采纳。被告人林森浩因琐事而采用投毒方法故意杀人，手段残忍，后果严重，社会危害极大，罪行极其严重。林森浩到案后虽能如实供述罪行，尚不足以从轻处罚。辩护人建议对林森浩从轻处罚的意见，亦不予采纳。为保障公民的人身权利不受侵犯，依照《中华人民共和国刑法》第二百三十二条、第五十七条第一款之规定，判决被告人林森浩犯故意杀人罪，判处死刑，剥夺政治权利终身。

2014 年 2 月 25 日林森浩的二审代理律师唐志坚正式受林森浩委托向法院提起上诉。林森浩一审被判死刑后上诉，2014 年 12 月 8 日，该案二审在上海市高院第五法庭开庭审理。总的来说，本案在二审审理中主要有三大焦点：

其一，二审辩护律师认为，一审认定被害人黄洋的死因系二甲基亚硝胺中毒致急性肝坏死引起急性肝功能衰竭，继发多器官功能衰竭死亡的事实认定不清，其所依据的鉴定意见存疑，鉴定程序违反相关的规定。其理由是：根据相关法律及司法解释规定，"公安尸检意见"、"司法鉴定中心尸检意见"、上海市公安局物证鉴定中心的毒物检测报告，均违反了法定程序，此类鉴定意见不能作为证据使用；"公安 0587 号毒物检测报告"在黄洋的尿液样本中检验到二甲基亚硝胺的检验结果缺少质谱图来佐证，且与"司鉴所 111 号检验报告"相矛盾，据此认定黄洋系二甲基亚硝胺中毒死亡的缺乏直接的依据，并据此申请调取相关检验报告的质谱图；认定林森浩所投毒物为"二甲基亚硝胺"证据不足，不能认定所投的毒物就是二甲基亚硝胺；鉴定人陈忆九出庭的证言没有作出排他的死因认定，不能作为定罪的证据使用。

上海市高级人民法院经过审查认定，林森浩 2011 年进行动物实验时使用了二甲基亚硝胺。其中的证据包括：证人孙某的证言证实，其作为天津市化学试剂研究所课题组组长，按《现代化学试剂手册》研发生产了 100 毫升装的二甲基亚硝胺，经检测含量大于 99%；证人吕某证言证实，其于 2011 年 3 月向天津市化学试剂研究所购买了一瓶 100 毫升装的二甲基亚硝胺，用于与林森浩等进行大鼠肝纤维化实验；且多名证人证言均证实，林森浩、吕某等人于 2011 年使用二甲基亚硝胺进行大鼠肝纤维化实验；林森浩对此亦供认不讳。林森浩案发前从 204 实验室取得了二甲基亚硝胺。证人吕某证实，实验结束后，剩余的约 75 毫升二甲基亚硝胺等存放于 204 实验室一柜子里，林森浩知道试剂存放的位置；另一证人证言证实，2013 年 3 月 31 日下午，林森浩两次到 204 实验室，第二次去时，林还向吕要了一只黄色的医疗废弃物袋；证人盛某的证言和相关监控录像等证实，林森浩于 2013 年 3 月 31 日 17 时 41 分至 47 分，持一只黄色医疗废弃物袋与盛某返回宿舍楼。林森浩向 421 室饮水机内投入二甲基亚硝胺。

多位证人的证言分别证实，因怀疑黄洋中毒，他们于 2013 年 4 月 4 日、4 月 7
日，先后将黄洋喝过的水、使用过的杯子以及黄洋的尿液、血液等物送去检测；
司法鉴定科学技术研究所司法鉴定中心《检测报告书》证实，所送饮用水中检
出二甲基亚硝胺成分；上海市公安局文化保卫分局刑事侦查大队《情况说明》
及上海市公安局物证鉴定中心《检验报告》证实，送检的饮用水、421 室的饮水
机和相关饮水桶出水口封装盖上均检出二甲基亚硝胺成分。林森浩供称，其将
上述取回的二甲基亚硝胺全部倒入 421 室的饮水机内，林的供述得到上海市公
安局文化保卫分局《侦查实验笔录》及相关录像、照片的印证。上海市高院认
为，现有证据足以证实上诉人林森浩将其与他人进行动物实验后剩余的二甲基
亚硝胺投入 421 室饮水机的事实。辩护人关于认定涉案毒物系二甲基亚硝胺证
据不足的意见，不能成立；辩护人申请调取相关检验报告质谱图的意见，不予
支持。

其二，辩方法医证人胡志强在出庭作证时表示，黄洋死于爆发性乙型病
毒性肝炎。"现有证据没有支持黄洋是二甲基亚硝胺中毒致死。"胡志强还认
为，法医鉴定程序存在问题，应委托公安部或司法部的鉴定中心进行二次鉴
定。因此，林森浩的辩护律师认定被害人黄洋系死于二甲基亚硝胺中毒的证
据不足，相关鉴定意见的鉴定程序不合法，申请对黄洋的死亡原因进行重新
鉴定。

上海市高级人民法院经过审查认定，黄洋饮用 421 室饮水机内的水后即
发病并导致死亡。黄洋的医师规范化培训体检材料证实，黄洋于 2013 年 2
月 21 日进行医师规范化培训体检时身体健康；证人孙某、王某的证言均证
实，黄洋在案发前晚未饮酒；黄洋的病历资料及多位证人的证言分别证实，
黄洋于 2013 年 4 月 1 日上午饮用了 421 室饮水机内的水后发病，后经抢救无
效于同年 4 月 16 日死亡；林森浩亦供称，黄洋于 2013 年 4 月 1 日上午饮用了
饮水机内被其投入二甲基亚硝胺的水。黄洋体内检出二甲基亚硝胺。证人葛
某、孙某的证言证实，2013 年 4 月 8 日深夜，葛某根据黄洋系急性肝损伤，林
森浩曾使用二甲基亚硝胺做过动物肝纤维化实验等情况，提示孙某针对二甲基
亚硝胺进行鉴定；证人向某证言证实，在前述送检的饮用水样本中检出二甲基
亚硝胺，后向某将相关检测样本交给了公安机关；上海市公安局物证鉴定中心

《检验报告》证实，送检黄洋尿液和黄洋使用过的饮水杯中均检出二甲基亚硝胺成分。

黄洋系二甲基亚硝胺中毒死亡。上海市公安局物证鉴定中心《法医学尸体检验鉴定书》、上海市司法鉴定中心《法医病理司法鉴定意见书》以及鉴定人陈忆九当庭证言证实，黄洋符合二甲基亚硝胺中毒致急性肝坏死引起急性肝功能衰竭，继发多器官功能衰竭死亡。另查明，相关鉴定机构及鉴定人均有鉴定资质，其鉴定程序规范、合法，鉴定依据的材料客观，检验方法、检验过程、分析说明和鉴定结论不存在矛盾之处，且能够相互印证，均应予采信。

综上，现有证据足以证实，被害人黄洋系二甲基亚硝胺中毒致急性肝坏死引起急性肝功能衰竭，继发多器官功能衰竭死亡。北京云智科鉴咨询服务中心《法医学书证审查意见书》和有专门知识的人胡志强当庭表示的"黄洋系爆发性乙型病毒性肝炎致急性肝坏死，最终因多器官功能衰竭死亡"的意见，与查明的事实不符，不予采信。辩护人关于认定被害人黄洋系死于二甲基亚硝胺中毒证据不足、相关鉴定意见鉴定程序不合法的意见，不予采信；申请对黄洋死亡原因进行重新鉴定，不予准许。

其三，林森浩上诉提出其主观上没有杀人故意，在陈述上诉理由时，坚持"愚人节开玩笑"的下毒理由，辩称自己没有杀人动机和杀人故意，自己对投毒后的饮水机中液体进行了稀释。二审辩护律师认为，结合一审法院认定林森浩故意杀人的动机没有给出依据，只有通过公诉机关指控的立论基础来揭开林森浩所谓的"杀人动机"。辩护人认为，现有证据不能证明被告人具有故意杀人的动机和故意，事实不清，证据不足，其理由是：被告人林森浩没有对黄洋有怀恨之心，而是同寝室关系不错但"不很铁"的室友，没有其他矛盾，只有生活中常见的小的过节，但不至于为生活中小的过节而要去故意杀人，没有杀人的主观故意基础；公诉机关指控，林森浩因读博找导师被婉言拒绝、因对跨专业读博不如意、因家庭经济问题放弃读博而就业、因黄洋考博成绩非常突出、因被实习单位博导公开批评等，主观臆断地得出被告人具有杀人的动机和心理，其结论是非常荒谬的；林森浩对黄洋投毒时没有要置黄洋于死地的心理。首先，林森浩对于多少二甲基亚硝胺原液能致人死亡没有概念的。其次，大鼠注射稀释后的二甲基亚硝胺后，死亡率不高。再次，林森浩认为黄洋肝部受损后期待能够恢复，肝纤维化是可逆的；林森浩在投毒后上网查询二甲基亚硝胺的心态显然不是希望或者是放任的心态。从其心态看，不是为了如何要希望或者是放任致黄洋死亡结果的发生，而是没有勇气说出来自己投毒的行为；从林森浩投毒后其他行为的表现看，没有故意隐瞒黄洋的病因，也没有出现希望或者放任黄洋死亡的心态。

上海市高级人民法院经过审查认定，多位证人证言和林森浩的硕士毕业论文、林森浩等人发表的《实时组织弹性成像定量评价大鼠肝纤维化》等论文及林森浩的供述等证据证实，林森浩于2011年与他人用二甲基亚硝胺做过大鼠肝纤维化实验，二甲基亚硝胺是肝毒性物质，会造成大鼠急性肝功能衰竭死亡；林森浩到案后直至二审庭审均稳定供述，其向饮水机中投入的二甲基亚硝胺已超过致死量。

据此，林森浩具备医学专业知识，明知二甲基亚硝胺系剧毒物品会造成人和动物肝脏损伤并可导致死亡，仍故意将明显超过致死量的该毒物投入饮水机中，致使黄洋饮用后中毒死亡，依法应以故意杀人罪追究其刑事责任。林森浩关于投毒后将饮水机内水进行稀释的辩解，仅有其本人供述，缺乏相关证据证实，不予采信。林森浩关于其没有杀人故意的上诉理由及其辩护人关于林森浩构成故意伤害罪及过失致人死亡罪的意见，均缺乏事实和法律依据，不予成立。

此前，一审宣判一个月后，复旦学生曾将一份关于不要判林森浩同学死刑请求信，递交上海市高院，随后又寄出学生签名的声明书。而面对复旦同学的求情，黄洋父亲黄国强表示不能接受。去年3月14日，林森浩曾手写道歉信，希望通过代理律师转交给黄洋的父母，但得到的却是黄洋父亲的拒绝，黄洋父亲说："信里面还是不真诚，还是说是开玩笑的，一直在为他的罪行狡辩，我不接受他的道歉。"

2015年1月8日上午，备受关注的"复旦投毒案"在上海市高级人民法院二审宣判。上诉人林森浩在法警的押送下走进法庭，在核对了身份、户籍等情况后，法官开始宣读刑事裁定书，裁决驳回上诉，维持原判。上海市高级人民法院认为，上诉人林森浩为泄愤采用投放毒物的方法故意杀人，致一人死亡，其行为已构成故意杀人罪，依法应予惩处。林森浩的犯罪手段残忍，犯罪后果严重，社会危害极大。林森浩到案后，虽能如实供述自己的罪行，但其所犯罪行极其严重，不足以对其从轻处罚。原判认定被告人林森浩故意杀人的犯罪事实清楚，证据确实、充分，适用法律正确，量刑适当，审判程序合法。林森浩的上诉理由不能成立。辩护人的辩护意见，本院不予采纳。上海市人民检察院建议驳回上诉，维持原判的意见，应予支持。①接下来，对林森浩的死刑判决将依法报请最高人民法院核准。

二、对本案的法理分析

（一）死刑存废问题

这起中国瞩目的大案之所以吸引人们注意，不仅因为被贴上了"沪上名校"、"高学历仇杀"等醒目标签，更因早早卷入了死刑存废之争的舆论漩涡。因此，伴随着"复旦投毒案"二审，关于死刑存废的争论再一次引起了社会的关注，有的人认为林森浩的行为十分残忍，应该被判处死刑，这也符合"杀人偿命"的观念，而有的人则认为林森浩的投毒行为虽然恶劣，但是还不至于被判死刑，死刑的适用应该十分谨慎，甚至应该废除死刑，那么死刑到底该不该废除呢？

讨论死刑是否应该被废除，首先要对死刑做一下简单的了解。死刑是指剥夺犯罪分子生命的刑罚方法。死刑，作为世界上最古老的刑罚之一，也是我国刑罚体系中最严厉的惩罚手段，至今已存续了数千年。随着我国综合国力的提高以及国家法制建设的推进，关于我国死刑存废的问题进一步引发了很多学者的思考，大部分学者都倾向于废除死刑的观点。在全世界范围内，多数国家已完全废除了死刑，有的国家甚至都没有执行过死刑，世界人权组织在尊重各国主权的前提下，也积极呼吁在全世界取消死刑。在我国，死刑分为死刑立即执行和死刑缓期两年执行两种死刑判决。刑法分则规定的四百多个罪名，将死刑作为选择刑的，除了危害国家安全罪、军人违反职责罪外，普通刑事犯罪主要是针对那些对国家、社会和人民利益危害特别严重、情节特别恶劣的犯罪行为。

---

①《复旦投毒案》，http://baike.baidu.com/link? url=ODGXODhRlpjL4yb-khE_NrEQFFWlXsbRT8W_--OPpreeTntajp63DAvK6xJmmulIEAaeeUMsqp-4oOcCqgaAza，2015 年 3 月 29 日访问；《复旦投毒案二审维持原判三大辩护意见均未被采纳》，http://news.sohu.com/20150108/n407651342.shtml，2015 年 3 月 29 日访问；《复旦投毒案律师公开辩护词》，http://news.m4.cn/2014-12/1256887.shtml，2015 年 3 月 31 日访问。

需要强调的是，即使犯罪行为人触犯的是上述罪行，也不是都要一概判处死刑，刑法要求不仅罪行应当"极其严重"，而且死刑不得适用于不满十八周岁的人和审判时怀孕的妇女。①2011年2月25日，《刑法修正案（八）》取消近年来较少适用或基本未适用过的13个经济性非暴力犯罪的死刑，更增设了"审判的时候已满七十五周岁的人，不适用死刑，但以特别残忍手段致人死亡的除外"的内容，同时"限制对被判处死刑缓期执行犯罪分子的减刑"；2014年11月4日，全国人大常委会公布的《刑法修正案（九）草案》拟取消9个死刑罪名，还进一步提高对死缓罪犯执行死刑的门槛。这些修改足见我国刑法对死刑适用的严格，即使我国立法对死刑的适用控制得非常严格，但是关于是否应该废除死刑的争论却从未停止过。

关于死刑存废问题的讨论不仅仅在此案中有所反映，2011年3月云南李昌奎案，2011年5月的药家鑫案，也都引起了死刑存废的激烈讨论。死刑废除论者认为，死刑并不比终身监禁具有更大的威慑力。事实已经证明，存在死刑的国家，与废除死刑而以无期徒刑为最高刑的国家，死刑与无期徒刑对于犯罪的威慑力是相等的，而且死刑断绝了犯罪人悔过自新的道路。死刑以消灭肉体的方式来消除人内心的恶，这无疑是将生命作为刑罚目的实现的手段，而改造犯罪人的观念却被悬置起来。此外死刑是远古野蛮时代血腥复仇的遗留。报应论的公平原则虽然是合理的，但有些情况下，执法者不可能也不应该以相同的方式对罪犯施以惩罚。死刑还涉及对生命权的保护，社会应该为犯罪行为承担必要的代价。从经济或者功利的观点看，一般来说，处决罪犯的确比长期关押罪犯更省钱。但是，生命的价值是无法用金钱来衡量的。死刑保留论者认为，有的犯罪人是不可矫治者，其存在不可避免地危及社会生存。对于此类危险性特大的犯罪人，只有动用死刑彻底剥夺其再犯罪的能力，才足以实现社会防卫的目的。②

那么，死刑在我国真的能够得到废除吗？在当前国情下显然是不乐观的。

①《教授谈复旦投毒案：死刑适用应当慎重》，http://news.sina.com.cn/c/2014-02-27/142929579497.shtml，2015年3月30日访问。
②《论死刑的利弊及其存废之争》，http://www.chinalawedu.com/new/21605a9300aa2011/2011113caoxin102536.shtml，2015年3月30日访问。

在我国传统的"以牙还牙，杀人偿命"的观念根深蒂固的情况下，如果一味强调废除死刑，那么公众的情绪如何得到安抚呢？众所周知，失去民意支持的决定或者政策是难以得到真正实行的。此外，更重要的，被害人已经受到犯罪行为的伤害，一旦废除了死刑，那么将更加加剧被害人内心的不平，这样显然是不利于社会稳定的。因此，就本案而言，虽然林森浩平时品行端正，能力强，但是，他确实是通过一定的行为结束了另一个人的生命，这是不争的事实，在这样的情况下，如果真的不存在死刑，那么黄洋的家人会接受法院的裁判吗？死刑的废除是历史的必然趋势，在未来的某一天世界上将不会有死刑的存在。在日益讲究人权的今天，死刑作为侵犯人身权利最严重的一种刑罚必将被替代。然而，废除死刑必须依靠一定的精神和物质基础。目前尚不能完全达到，同时，死刑在打击犯罪、预防犯罪等方面的作用也是值得肯定的。因此，在死刑存废的问题上，应坚持继续保留死刑，同时进行必要的改革，使死刑发挥更大的作用。最后，在社会条件允许的情况下，再一步一步废除死刑。

以李昌奎案为例，从一审的死刑立即执行，到二审的死刑缓期执行，再到再审的死刑立即执行，无疑都引发了社会各界对死刑相关问题的讨论。一些学者针对本案也都发表了自己的观点，如高铭暄教授认为李昌奎强奸并杀害一名女青年，残杀一名3岁无辜儿童，犯罪情节特别恶劣、手段特别残忍、后果特别严重，属于罪行极其严重的犯罪分子，按照刑法规定应当判处死刑立即执行。云南高院再审改判李昌奎死刑，较好地把握了法律、政策和民意，充分体现刑法的罪刑相适应原则，实现了法律效果和社会效果的统一；并指出我国实行保留死刑，严格控制、慎重适用死刑的政策。保留死刑符合现阶段中国国情，适应社会治安形势的需要，但应当严格控制，慎重适用，确保死刑只适用于极少数罪行极其严重的犯罪分子。最高法统一行使死刑案件核准权以来，最高法颁布司法解释和有关司法文件，完善死刑案件二审开庭程序和死刑复核程序，统一死刑适用标准，依法严格、慎重、公正地复核死刑案件。法院对故意杀人、抢劫、强奸等严重危害社会治安的犯罪分子，依法严厉惩处，符合死刑适用标准的坚决判处死刑；对于因恋爱、婚姻、家庭、邻里纠纷等民间矛盾引发的命案，被告人事后积极赔偿，取得被害人家属谅解，以及被告人具有法定从轻情节的，依法从宽处理，尽量不判处死刑立即执行。经过几年努力，死刑案件质量有了充分保证，适用标准趋于统一，死刑案件数量也有所下降；同时，社会治安形势总体稳定，严重暴力犯罪特别是命案稳中有降，取得了较好的社会效果。事实证明，保留死刑，严格控制、慎重适用死刑的政策是完全正确的。①

（二）专家辅助人制度

社会各界对于本案的事实认定似乎没有什么争议，对于二审裁判的结果似乎也并不感到意外，但对产生实体结果的程序期待却未能得到满足，这也是程序的地位越来越重要的一个表现，显然，这也正体现了缺乏程序上的公正，那么实体公正也会大打折扣的。那么，从本案来看，违反程序公正的表现是什么呢？显然是证据问题。本案二审的开庭审理，出现了不少逆袭之处，最引人注目的是，检方鉴定人员表示，黄洋的尸体鉴定报告是5位专业鉴定人的一致意见，都是二甲基亚硝胺中毒导致肝肾多器官损伤衰竭而死亡。辩方法医证人胡志强称："黄洋是爆发性乙型病毒性肝炎致急性肝坏死，多器官衰竭死亡，而不是死于二甲基亚硝胺中毒。"此专家意见引起了舆论的广泛关注。

新《刑事诉讼法》第一百九十二条第二款规定："公诉人、当事人和辩护人、诉讼代理人可以申请法庭通知有专门知识的人出庭，就鉴定人作出的鉴定意见提出意见。"从而以基本法律的高度第一次确立了"有专门知识的人"参加刑事庭审的制度。根据该条的规定，专家辅助人指的是，在审判程序中，经控辩双方申请、法庭决定而出庭，对鉴定意见提出评价意见的具有专门知识的人。其目的在于利用专门知识辅助控辩双方对鉴定意见进行分析评论，辅助法官查清案件事实。该制度有利于实现控辩平等对抗，保障法官更好地审查、判断鉴定意见，有利于促使鉴定人依法鉴定，保证鉴定质量。

由具有专门知识的人参加诉讼程序是世界上主要法治国家的通行做法。在英美法系国家，具有专门知识的人被称为专家证人，指的是"具有专家资格，并被允许帮助陪审团理解某些普通人难以理解的复杂的专业性问题的证人。专家证人提供的意见称为专家证言"。在大陆法系国家，具有专门知识的人被称为鉴定人，指的是受司法机关的指派或者聘请，对与案件相关的专门性问题提出

---

① 《高铭暄和陈光中教授谈李昌奎案》，http://www.dffyw.com/faxuejieti/xuezhe/201108/24922.html，2015年3月30日访问。

分析意见的人。鉴定人提出的意见称为鉴定意见。大陆法系国家普遍对鉴定意见非常重视，认为"鉴定意见作为一种'不可估量'的外在力量在诉讼解决纠纷和平息争端中具有重要的作用，司法鉴定也成为现代诉讼发现真实不可缺少的重要保障"。

新《刑事诉讼法》第一百九十二条中规定的"有专门知识的人"与上述有专门知识的人均不同。首先，"有专门知识的人"不是专家证人。前文已述，专家证人是英美法系国家适用的对案件专门问题提出专门性证言的人。其与大陆法系国家适用的鉴定人制度一样，针对的是案件涉及的专门性事实。而专家辅助人是针对鉴定意见提出意见，其对象是鉴定意见而非直接针对案件事实。其次，"有专门知识的人"不是鉴定人。鉴定人针对案件事实，而"有专门知识的人"针对鉴定意见。"有专门知识的人"参加诉讼需要以鉴定意见的存在为前提，如果案件中没有鉴定意见，自然就没有"有专门知识的人"参与庭审的空间。最后，"有专门知识的人"也不是我国《民事诉讼法》和《行政诉讼法》的相关司法解释中谈到的有专门知识的人及专业人员。因为他们是针对案件中涉及的"专门性问题"进行说明。"专门性问题"的表述很模糊，既可以是鉴定意见，也可以是其他专业性的案件事实。而新《刑事诉讼法》中规定的"有专门知识的人"仅针对鉴定意见提出意见。"有专门知识的人"的特点在于具有某一领域、学科或者专业的过于常人的专门性知识，即专家；"有专门知识的人"的作用在于协助控辩双方对鉴定意见提出意见，即辅助作用，因此，可以将这个"有专门知识的人"称为专家辅助人。由专家辅助人对鉴定意见作出的意见可以称为专家辅助人意见。①

在本案中，"有专门知识的人"针对黄洋的死因给出了不同的结论，但是遗憾的是这个结论并没有得到法官的重视。"有专门知识的人"的声音在本案中最终被淹没了，这就不禁引起我们的思考，既然2012年《刑事诉讼法》明确规定了有专门知识的人可以就鉴定专家的鉴定意见提出意见，那么实践中为什么法官却忽视呢？笔者认为，主要因为我国对于"有专门知识的人"的定位还存在一定的模糊，此外，"有专门知识的人"的作用也没有得到重视，那么，

①左宁：《我国刑事专家辅助人制度基本问题略论》，载《法学杂志》，2012年第12期。

"有专门知识的人"的设置到底具有怎样的意义呢？

其一，弥补现有鉴定体制的不足。我国现行的鉴定制度，有如下两大特点：一方面，鉴定的启动具有浓厚的职权主义色彩。具体说来，在刑事诉讼中，鉴定被视为侦查机关的重要侦查手段之一，公诉案件中如涉及专门性问题，是否鉴定、委托哪个机构鉴定，均由侦查机关决定，犯罪嫌疑人、被告人只能消极等待被告知鉴定意见，至多只能在被告知具体鉴定意见后，提出补充鉴定或重新鉴定的申请。同时，即使当事人未申请鉴定，只要法院认为某专门性问题需要鉴定，鉴定也被启动。另一方面，国家对从事司法鉴定业务的鉴定机构和鉴定人实行登记管理制度，即鉴定机构只有经过相关的行政管理部门审查，获得批准后才能开展鉴定业务，鉴定人只有经过资质审核才拥有对专门性问题的鉴定权。但是，社会分工的精细化，相关技术、理论等的复杂化、多样化，以及这些复杂、多样的技术、理论、知识、经验在诉讼中衍生出的专门性问题的多态化，导致这种"事前许可"式的鉴定管理制度难以"一网打尽"所有可能需要鉴定的鉴定事项。真正能由既定鉴定机构、鉴定人通过鉴定来解决的专门性问题，往往仅限于"法医类鉴定"、"物证类鉴定"和"声像资料类鉴定"这三大类。显然，这三类鉴定事项的鉴定人，不可能解决诉讼中涉及的种类繁多的专业性问题。在诉讼中时有需求，但我国却没有相关的鉴定机构及符合规定、具有鉴定资质的鉴定人，其结果必然是，众多诉讼可能会因专门性问题无法鉴定从而影响定案。①

因此，当前的鉴定体制使得处于劣势地位的被告人及其辩护律师的处境更加不利，而专家辅助人制度的存在，使得因鉴定申请被法院驳回的诉讼当事人，或者无法用现行法律框架下的鉴定机构、鉴定人来解决专门性问题的诉讼当事人提供了另一解决问题的渠道，即申请法院通知专家辅助人出庭，就涉案专门性问题进行阐释说明，给出专家意见，以支持己方主张，履行举证责任。

其二，实现庭审的实质化。众所周知，当前我国庭审存在的一个问题就是庭审虚化。党的十八届三中全会和十八届四中全会都强调要实现"审判中心主

① 李学军、朱梦妮：《专家辅助人制度研析》，载《法学家》，2015年第1期。

义"和"庭审中心主义"，即实现审判的中心地位，发挥庭审的实质作用，而当前我国实现庭审实质化的关键之一在于实现质证的实质化。质证是诉讼证明的基本环节，是各种证据转化为定案根据的必经程序，但是从目前来看，质证存在着虚化的迹象。在司法实践中，鉴定意见是法官认定相关事实的关键证据，在我国当前的鉴定体制下，鉴定意见的真实性有待质疑，但是由于这些鉴定意见或其他专家意见涉及五花八门的专门知识，专业的难度给围绕其展开的质证活动设置了重重难以逾越的屏障。此外，鉴定人和其他具有专门知识的人，基于对自己名誉声望和事业前途等的顾虑，通常避免表示与作出鉴定意见或其他专家意见时所依托的基本原理、科学技术和逻辑论证等相反的背景知识，同时，由于对专门性问题所涉及的专门知识的不了解，甚至是完全无知，当事人及其诉讼代理人、辩护人往往在质证时只能针对这些鉴定意见或其他专家意见问几个不痛不痒的问题。这种"隔靴搔痒"般的提问，"聊胜于无"地作答，根本触及不到鉴定意见或其他专家意见的形成依据、科学原理、技术方法，以及具体的可能左右最终专家意见的操作环节或处理过程等实质性问题，所谓的质证也就在所难免地虚化了。①

其三，平衡控辩双方的力量。在刑事诉讼程序中，被告人面对强大的国家权力显然是处于弱势地位，虽然被告人可以委托辩护律师为其辩护，或者对于符合指定辩护条件的，法官为其指定辩护律师，虽然 2012 年《刑事诉讼法》修改后对律师辩护权的保障更加完善，但是审前律师辩护权的行使状况还是不尽如人意的。虽然立法提前了指定辩护的适用阶段，扩大了指定辩护的适用范围，但是在我国律师水平参差不齐的情况下，指定辩护律师到底能否很好地履行职责还是一个有待质疑的问题，因此，从整体上看，我国当前的控辩关系仍然处于严重失衡的状态。因此，对律师辩护权的充分行使只能寄希望于审判程序，但是律师能够提供专业帮助，是基于其占有法律知识，是因为当事人欠缺甚至没有法律知识。无疑，律师占有的法律知识也属于专门知识。对不占有此专门知识的当事人或其他人士而言，法律知识如同自然科学知识一样深奥复杂。同理，就诉讼中的专门性问题而言，当事人很

---

① 李学军、朱梦妮：《专家辅助人制度研析》，载《法学家》，2015 年第 1 期。

难人人均拥有以科学为基础的专门知识，很难理解、更别说假借相关的科学原理、设备和技术手段去为自己的诉讼活动服务。因此，鉴定人和专家辅助人的出现，无疑如同律师在历史上的诞生一样，也是为了弥补诉讼当事人在知识储备上的缺憾。如果缺少具有专门知识的人帮助，无法从科学原理、技术方法、仪器设备等专业层面挑战对方的鉴定意见，当事人的诉讼力量自然相对弱小。①众所周知，美国辛普森杀妻案中，由于李昌钰等"有专门知识的人"出庭，将警方的证据驳倒，致使案情发生大扭转。辛普森后被裁定无罪，一大功劳应归于"有专门知识的人"。

因此，专家辅助人制度的建立将对于实现质证的实质化，平衡控辩双方的力量，进而实现庭审的实质化具有十分重要的作用。胡志强曾为"常林锋杀妻案"改判提供了关键证据。常林锋被检方指控掐死妻子后焚尸，一审因故意杀人罪被判处死刑。当事人聘请胡志强担任法医提供鉴定意见后，案情出现了转折。2013年3月20日，北京市一中院判决常林锋无罪，并当庭释放，"胡志强的法医鉴定对此案的改判起到了至关重要的作用"。"有专门知识的人"出庭见证着法治进步，这也是新刑诉法一大亮点。刑事诉讼法被誉为"保障人权的小宪法"，新刑诉法更加注重人权保障，强化证据意识、程序意识和监督意识。胡志强在庭上称，黄洋死亡原因是爆发性乙型病毒性肝炎致急性肝坏死，多器官衰竭死亡。他根据目前检测报告，认定黄洋中毒致死缺乏依据，确定死者死亡性质是中毒并且是特定二甲基亚硝胺中毒，是"不客观不科学的"。但是，遗憾的是，作为"有专门知识的人"的胡志强的意见并没有得到应有的重视。

在法治时代，哪怕林森浩十恶不赦，他也有权利请律师为自己辩护，聘请"有专门知识的人"提供有利于自己的证据。这才是法治社会的基本正义。有了"有专门知识的人"出庭，复旦大学投毒案确实增添了不确定因素。认可法治精神的理性人，即便再愤恨林森浩，也应该明白他的权利必须捍卫。"有专门知识的人"的出庭，如果能够使该案更经得起推敲，那么将是一大进步。②复旦投

---

① 李学军、朱梦妮:《专家辅助人制度研析》，载《法学家》，2015年第1期。
② 王石川:《即使再恨林森浩　他的权利也应得到捍卫》，载《中国青年报》，2014年12月10日。

毒案似乎并没有使"有专门知识的人"发挥应有的作用，也体现了我国当前的程序意识仍存在着薄弱之处。当然，笔者相信，随着我国法治水平的提高，人们的权利意识和程序意识也会逐渐增强，"有专门知识的人"也终将会在刑事诉讼程序中释放其光芒。

三、本案的反思与启示

"家长失去爱子，学校失去宝贵学生"，这一事件毁灭的是两个风华正茂的高学历人才，以及他们背后原本满怀期待的父母家人。已有的材料显示，黄洋与林森浩，都是各自专业中颇为优秀的佼佼者，作为名校医科研究生，五年本科、三年研究生，加上十余载基础教育，不论是国家、家庭，还是他们本人，都付出不小代价，将成才而遽失，世间从此又多两个失独家庭，一念及此，谁能不痛心！复旦投毒案引发了社会各界的关注，这个案件带给我们法治思考的同时，也带给我们更多的其他问题的思考。

（一）认真对待辩护律师的辩护意见

众所周知，律师辩护意见采纳难是我国当前刑事辩护遇到的一大难题，虽然我国越来越强调控辩平等对抗，但是法官对于控辩双方的意见却没有给予同样的重视。司法实践中，法官往往对于辩护律师提出的辩护意见置之不理，对辩护意见回应的唯一方式是在判决书中点出辩护律师的意见不予采纳，而没有不采纳的原因论证。当然，对于辩护律师意见的不重视往往是受多种因素影响，有观念层面的原因、体制方面的原因等，但是，不管造成这种局面的原因是什么，不可忽视的是这种局面将不仅仅使得辩护方的辩护权难以得到落实，违背程序正义的基本要求，而且使得实体正义也大打折扣，同时也降低了司法的权威性，这显然是与我国提出的司法改革的目标是背道而驰的。

"驳回上诉，维持原判"，"复旦投毒案"的这样一个二审判决结果，并不让人感到意外，也不令人费解。不过，虽然如此，上述"驳回上诉，维持原判"的二审判决，仍有让人不免感到遗憾之处，那就是，在此前二审庭审过程中控辩双方已进行过激烈辩论的背景下，之所以选择"驳回上诉，维持原判"，此次二审判决似乎还欠缺一个足够充分透彻的辨析、说理环节，没有对此前辩方提出的许多观点和意见，给予充分的回应和解析。比如，二审判决具体究竟何以选择接受控方的意见，而未认可采纳辩方提出的辩护意见，相应的法理、事实依据是什么？对于此前二审庭审时辩方所提出的各种观点、质疑，如此前辩方律师提出的"林森浩应是故意伤害致死罪"，以及辩方"有专门知识"法医证人提出的，"黄洋死于爆发性乙型病毒性肝炎，现有证据没有支持黄洋是二甲基亚硝胺中毒致死"辩护意见，二审法院究竟如何看待、评判？从判决书中似乎难以找到答案，那么这样的判决如何具有说服力呢？

"以事实为依据，以法律为准绳"，早已是我们十分熟悉的司法审判原则。但是，在现实的司法案件中，法院法官具体究竟是如何"以事实为依据"——确凿客观地辨析认定事实，"以法律为准绳"——精准合理地适用把握法律，并将"事实"与"法律"有机地结合起来，无疑又离不开一个充分透彻、鞭辟入里、缜密严谨的逻辑说理过程。

（二）重视专家辅助人制度

专家辅助人的出现必将成为确立司法鉴定公信力的至关重要一步，也能在一定程度上解决重复鉴定的问题。根据我国现有的对专家辅助人的规定，诉讼各方当事人都有权聘请自己的专家辅助人，这就意味着诉讼各方都有了对鉴定意见专业性进行审查判断的武器。通过专家辅助人出庭对于鉴定意见的质疑和质证，使诉讼各方当事人对于鉴定意见有一个更加直观的认识和理解。这种认识和理解是帮助其确立对于鉴定意见信任的基础，也只有这样，才能在制度源头杜绝重复鉴定。

对于我国司法鉴定制度建设而言，专家辅助人制度的确立，丰富并完善了刑事司法鉴定程序规则的内容，大幅度提升了我国刑事司法鉴定制度的规范化水平。我国的刑事司法鉴定程序规则历经多年发展已初具规模，大量的法律、法规、行政规章构建出了我国刑事司法鉴定程序规则的基本法治背景。但是，在这数量众多的法律法规中，仍然缺乏对于刑事司法鉴定意见进行有效合理质证的手段与措施，也没有形成相应的制度。这是我国刑事司法鉴定程序规则构建中的立法缺失，也造成了我国刑事司法鉴定程序规则中的"木桶效应"。随着专家辅助人制度的出现与不断完善，将补齐刑事司法鉴定意见的短板，大大提升我国刑事司法鉴定程序规则构建的水平。[①]

因此，当务之急，我国应该重视专家辅助人制度，并将其运用到司法实践中，此外，我国 2012 年《刑事诉讼法》规定了鉴定人的出庭作证制度，即一百八十七条第三款规定："公诉人、当事人或者辩护人、诉讼代理人对鉴定意见有异议，人民法院认为鉴定人有必要出庭的，鉴定人应当出庭作证。经人民法院通知，鉴定人拒不出庭作证的，鉴定意见不得作为定案的根据。"鉴定人出庭制度的建立在很大程度上是为了保障辩护方的质证权，但是因为鉴定意见往往涉及一些专业知识，如果仅仅由被告人或者其辩护律师进行质证的话，那么显然是难以真正落实鉴定人出庭作证的目标的，因此，为了实现对鉴定人的有效交叉询问，有必要重视专家辅助人制度的运用，正如学者指出的那样，专家辅助人是由诉讼各方的聘请基于帮助诉讼各方质证、使用鉴定意见的目的介入刑事诉讼，其站在各自诉讼立场对于鉴定意见的质疑和质证是刑事司法证明的常态。并且诉讼各方的专家辅助人对同一鉴定意见的不同的带有倾向性的质疑和质询，反而能起到"理愈辩愈明"的效果。从而在鉴定意见的质证和采信上形成类似于交叉询问的机制，能有效改变鉴定意见的质证流于形式的现状。正如有的学者所言，对鉴定意见的审查判断不能仅仅通过当庭宣读书面意见的方式来进行，而应建立针对鉴定人的交叉询问程序，并借此来审查鉴定意见的证明力和证据能力。[②]

因此，"有专门知识的人"的出现等于是为法官正确裁判增加了一定的砝码，通过质疑鉴定意见，可以使得法官从不同的角度看待问题，从而得出正确的裁判，最终实现所谓的司法公正。

（三）加强对大学生的心理健康教育

从 1995 年清华大学、1997 年北京大学两起铊盐投毒事件，到 2004 年马加爵案、扬州大学秋水仙碱投毒事件，再到 2007 年中国矿业大学铊盐投毒案。那一颗颗漠视生命的心，一颗颗扭曲的心灵，震惊社会。这些骇人听闻的悲剧，因心理问题导致的校园投毒案屡屡上演，人们急切呼唤：我们的校园心理"牧

---

①张玮：《从复旦投毒案看刑事专家辅助人诉讼属性》，载《人民论坛》，2015 年第 5 期。
②陈瑞华：《鉴定意见的审查判断问题》，载《中国司法鉴定》，2011 年第 5 期。

羊人"在哪里？

虽然，类似极端事件仍属于个案，但是，中国心理卫生协会大学生心理咨询专委会曾经做过一项调查，不容轻视。调查表明，近40%的大学新生和50%以上的毕业生存有不同的心理问题，其中"人际交往、学习压力、就业压力、情感困境"是最为突出的四大"心病"。如今，各种竞争压力更大，如果不能及时关心、疏导排解这些心病，任由恶性生长，就可能出现又一个"马加爵"。

一出现校园恶性案件，大学生的心理问题就会成为关注热点。但在数据上看，一次次的关注没有显著改善大学生的心理健康。北京社会心理研究所和北京高校学生心理素质研究中心在2002年的一次大规模调查中的数据表明有16.51%的大学生存在中度以上的心理健康问题。而十年后，据《2010-2011年度中国大学生心理健康调查报告》显示，分别有27%、66%的大学生认为自己经常或偶尔有心理方面的困扰，近九成学生心理出现困扰。两个调查的统计口径不一，但数据表明大学生心理问题确实是持续和普遍存在的。①

从本案来看，虽然，林森浩的作案动机还存在着一定的疑问，但是不论投毒者杀人动机如何，是"故意"还是"误伤"抑或其他，是对被害人的优秀羡慕嫉妒恨也好，或是心理扭曲导致的极端行为也罢，单是其对寝室内饮水机投毒这一行为，就令人唏嘘不已，究竟是什么样的怨怼，使得投毒者的内心燃烧起如此仇恨的火焰，猛烈到必须以毁灭他人的生命来平复？心理健康问题可能是主要的原因，心理的扭曲使得林森浩对于黄洋产生了怨恨，最终选择违法的

---

① 《要成才先成人》,http://edu.gmw.cn/2013-04/17/content_7343458.htm,2015年3月31日访问；《复旦投毒案的悲剧为何发生》,http://edu.gmw.cn/2013-04/17/content_7345614.htm,2015年3月31日访问；《教育究竟该培养怎样的人》,http://edu.gmw.cn/2013-04/18/content_7357300.htm,2015年3月31日访问；《复旦投毒案的"痛"与"惑"》,http://edu.gmw.cn/2013-04/17/content_7345738.htm,2015年3月31日访问；《复旦投毒案：相煎何太急》,http://guancha.gmw.cn/2013-04/17/content_7349844.htm,2015年3月31日访问。《复旦研究生投毒案引发人伦再思考》,http://edu.gmw.cn/2013-04/17/content_7345648.htm,2015年3月31日访问；《复旦投毒案震惊社会》,http://edu.gmw.cn/2013-04/17/content_7345514.htm,2015年3月31日访问；《复旦投毒案背后扭曲的心灵》,http://edu.gmw.cn/2013-04/17/content_7345709.htm,2015年3月31日访问；《复旦投毒案：万分沉痛一声哀》,http://edu.gmw.cn/2013-04/17/content_7345575.htm,2015年3月31日访问；《复旦投毒案：因琐事杀人带来什么反思》,http://view.news.qq.com/zt2013/fudanpoison/index.htm,2015年3月30日访问。

手段来宣泄自己内心的怨恨，因此，为了使得大学生形成健全的人格，成为对社会有用的人才，同时避免类似悲剧事件的出现，亟须加强对大学生心理健康的教育。具体言之，可以从以下几个方面着手：

其一，开设心理学课程和心理讲座，普及心理健康知识。在高校开设心理学课程和心理讲座，有利于大学生更好、更全面、更广泛地了解心理学的知识，让大学生了解自己心理发展的特点和趋势，在遇到困惑时能够从容应对，而不是盲目从众或者无端猜疑，这对大学生心理健康的维护和促进十分有益。

其二，建立咨询机构。自从20世纪80年代以来，我国的部分高校开展了高校心理咨询活动，为心理健康教育打下了良好的基础。这些咨询机构主要负责心理健康教育的宣传、心理素质培养计划的实施，开展大学生心理健康的诊断和咨询，还担负着向全校的教师普及心理知识的任务。

其三，组织学生参加社会实践活动，更好地适应社会的发展。应该在客观条件允许的情况之下，让学生们能尽可能地参加社会实践活动，多接触社会、了解社会，从而来调整自己的行为、态度和自我意识，提高适应社会的能力。

其四，营造良好的校园气氛。校园气氛是校园文化建设的重要内容，也是影响大学生心理健康的重要方面，良好的校园气氛可以净化人的心灵，使人与人之间保持着和谐的人际关系，有利于同学之间的良好沟通，互相帮助。

其五，将心理健康教育渗透到课堂中甚至是各科的课程中。实践表明，任何一门学科的教学过程都包含着心理健康教育的因素，因为教学过程是以社会历史积淀的文化知识、道德规范、思想价值观念为内容和主导的。教师在传授知识的过程中，只要注重考虑学生的心理需求，激发学生学习兴趣，并深入挖掘知识内在的教育意义，就能够把人类历史形成的知识、经验、技能转化为自己的精神财富，即内化为学生的思想观点、人生价值和良好的心理素质，并在他们身上持久扎根，实现以课堂教学促进心理健康教育的作用。

其六，建立大学生心理档案。建立大学生的心理档案，既是大学生心理健康教育的依据，也是学生接受个别心理辅导的必要记录；建立大学生心理档案，有利于教师能更好、更及时地掌握大学生的心理特点与倾向性，有助于教师的因材施教、取得更好的教学效果；建立大学生心理档案也有利于学生的自我认识和自我了解，能够相应地采取积极应对措施。

其七，培养大学生自我教育的能力。自我教育，简言之，就是自己教育自己，它的基本结构是正确认识自我、积极悦纳自我和主动调控自我三个部分，自我教育能力是大学生心理健康水平发展的源泉和动力。要成才，先成人，一个心智健全、人格高尚的人，其之于社会的作用，恐怕是大于那些学富五车、却不惜为了自己而损害他人利益的人。从这个角度上而言，我们恐怕不能因高校投毒案的极端性，而忽视了对社会、对教育应有的反思。[①]

结语

复旦投毒案以两个家庭的悲剧收尾，我们为这样的结局感到痛心的同时，更应该总结这个事件本身给我们带来的教训，并积极采取相应的防范措施，避免类似悲剧的发生。此外，我们还应该反思我国当前一些刑事诉讼制度在实施方面存在的不足，找到相应的措施对其进行完善，让程序公正的理念真正能够得到贯彻，提高司法的公信力。

（亢晶晶）

[①] 姚本先、陆璐：《我国大学生心理健康教育研究的现状与展望》，载《心理科学》，2007 年第 2 期。

互联网"净化"行动进行时

——"快播"涉嫌传播淫秽物品牟利案

2014年在互联网上闹得沸沸扬扬的"快播案"，终于在快播公司法人代表王欣的归案而暂告一段落。互联网"净化"的这一记重拳，对于规范网络秩序具有重要意义。

一、"快播"案件回顾

在全国掀起的创业大军中，有这么一个人，他叫王欣，于2007年在深圳的第二次创业中成立了深圳市快播科技有限公司（以下简称快播公司），以视频软件的开发为创业的发展方向，最后开发了一款名叫"快播"的视频播放软件。快播，又叫Qvod或者Q播，是一款基于准视频点播内核的多功能、个性化的视频播放软件。①快播软件凭借着自身具有的占用资源低、操作便捷等特点，2011年后一举成了国内最受欢迎的播放"神器"，有人甚至将"快播"称为"万能播放器"。2012年9月，快播这款播放软件的总安装量已经超过了3亿，而当时中国的网民数量仅为5.38亿②，数量之庞大，让人惊异。然而，在"快播"辉煌的时刻，"快播"也深陷泥潭难以自拔。2013年初始，腾讯多次要求"快播"停止侵权。2013年11月，国内多家正

---

① 百度百科：http://baike.baidu.com/link? url=_j_seCGGUhPwZyzHT8yTpH4avImIkuiP-C3OSx6yfaMjb3FuWLajTvfFoD5j1N9GMH6pbLWP3I4HjUZt96U-5K,2015年4月1日访问。

② 中国平安网：《"流氓快播"野蛮发展史：盗版色情是两宗原罪》,http://www.zgpaw.com.cn/yw/2014-09/09/c_126965561.htm,:2015年4月1日访问。

版视频网站和版权方对"快播"提起了法律诉讼。2013 年 12 月,国家版权局认定"快播"构成盗版事实,对快播公司予以 25 万元罚款,并责令其停止侵权行为。同时,由国家版权局、公安部、工业和信息化部联合发起的"剑网行动"新闻发布会上,"快播"公司也遭点名。2014 年是十二生肖中的马年,这一年中生意人都希望自己创业发展路上马到成功,一马平川,"快播"创始人王欣也不例外。马年春节,他选择了高空跳伞的方式来表达自己的新年理想——"要离天堂近一些"。但是,让他万万没有想到的是,4500 米的这一跳,却拉近了"快播"和"地狱"的距离。2014 年 4 月 16 日晚,快播公司好像预感到什么大事要发生似的,在其官网发布了一封《公告》①和一封《我们磐涅在即》②的致用户公开信:

公告

亲爱的快播用户:

　　自 2014 年 3 月以来,快播已启动商业模式全面转型,从技术转型原创正版内容。目前主要在做三方面的准备,第一是购买了影视类域名,第二是把云帆搜索和快播娱乐风向标中的涉盗版内容全部技术屏蔽,第三是未来一年投资不低于 1 亿元购买版权、不低于 3000 万投入支持国内微剧创新。

　　快播愿意与同行共同推动视频行业正版化的发展,也欢迎社会各界的监督。

深圳市快播科技有限公司

2014 年 4 月 16 日

---

　　①快播科技新浪微博:http://weibo.com/p/1001603700096482046534,2015 年 4 月 1 日访问。
　　②快播科技腾讯微博:http://p.t.qq.com/longweibo/page.php? lid=14866295681395641850,2015 年 4 月 1 日访问。

致快播用户书：我们涅槃在即

当千万个你的观影过程被快播"惯坏"成三步：搜索电影、点开网站、快速播放，"神器"成就传奇。但这一切都将过去，下面三点宣告快播的涅槃刷新在即：

1.虽然我们曾自认为是技术的创新者和颠覆者，但低俗内容和版权问题一直是我们背负的原罪。虽然我们始终在和盗版与不良内容做坚决的斗争，但草根发展阶段的力所不及还是让快播穿上了盗版"帮凶"的外衣。我们唯有壮士断腕，对自己革命，与过去告别，于是我们决定做出商业模式上的重大变革。

2.首先全面清理快播视频搜索工具和娱乐风向标中的涉盗版和不良的内容。从2012年初开始，我们已逐渐在完善从技术屏蔽和平台举报两方面，形成对低俗内容和版权内容的处理机制。

3.其次全力维护版权，未来一年投入1亿元用于建设正版内容；投入3000万元支持国内微电影的创新。这一切，只是想说，快播乐意加入维护版权生态阵营，我们经过了深思熟虑，不是作秀。

4.第三，为了彻底清除利用快播技术的盗版和低俗内容，我们决定关闭Qvod服务器，停止基于快播技术的视频点播和下载。从此刻起，以前的"快播模式"全面终结。但我们不会抛弃用户，新的快播会继续努力。

对于曾经与行业的"一个向左一个向右"的生存模式，现在我们终于明白，它不是避风港而是乌托邦，唯有决心至此，才能共同前进，至于结果如何，请行业和用户监督。

快播科技

2014年4月16日夜

2014年4月23日，深圳市公安局公开证实，根据相关群众举报，深圳市快播科技有限公司涉嫌传播淫秽信息，已于2014年4月22日对深圳快播公司进行调查，对该公司的电脑进行了封存。快播高级市场经理黄某在接受记者采访时表示，CEO王欣当时由于出差并未在公司。2014年5月15日，全国"打黄扫非"办公室通报，快播公司存在传播色情内容的行为且情节严重，根据相关规定，广东省通信管理局拟对其处以吊销增值电信业务经营许可证的行政处罚。

另外，快播公司传播淫秽色情信息，其行为涉嫌构成犯罪，公安机关已经立案，刑拘了多名犯罪嫌疑人。全国"扫黄打非"办相关负责人表示，快播公司利用开发的播放器和管理的服务器提供视频播放服务，迅速地拥有了大量使用者。然而，快播公司在提供服务时不履行内容安全管理责任，罔顾社会公德，突破法律底线，大肆为淫秽色情等违法有害信息传播提供平台和渠道，严重危害未成年人身心健康，影响极为恶劣，必须予以严惩。该负责人还表示，下一步，全国"扫黄打非"办将继续加大打击力度和查办案件力度。①2014年8月8日，快播公司法人王欣，在逃往境外110天后被抓捕归案，经国际司法合作渠道由相关国家移交中国警方。2015年2月6日，海淀区人民检察院在微博上宣布："2014年7月28日，深圳快播科技有限公司（以下简称快播公司）王欣、吴铭等人因涉嫌传播淫秽物品牟利罪被移送北京市海淀区人民检察院审查起诉。本院经依法审查后查明：被告单位快播公司自成立以来，该公司主管人员被告人王欣、吴铭、张克东、牛文举以牟利为目的，在明知其公司免费上传到国际互联网的Qvod媒体服务器安装程序及快播播放器被网络用户用于发布、搜索、下载、播放淫秽视频的情况下仍予以放任，导致大量淫秽视频在国际互联网上传播。综上，北京市海淀区人民检察院认为，快播公司及其主管人员王欣、吴铭、牛文举、张克东的行为均已触犯了《中华人民共和国刑法》第三百六十三条、第三百六十六条、第三十条、第三十一条之规定，构成传播淫秽物品牟利罪，并于2015年2月6日向北京市海淀区人民法院提起公诉。"②2015年2月10日，北京市海淀区人民法院已对被告单位快播公司及其主管被告人王欣、吴铭、张克东、牛文举涉嫌传播淫秽物品牟利案审查完毕，决定依法受理。而后，等待他们的就是漫长的诉讼过程。可以想象，该案处理将在争议中进行。

二、"快播"发家史

王欣，毕业于南京邮电大学。1999年年底，他加入了深圳市龙脉信息股份

①南方周末：《快播"涉黄"拟吊销业务许可证多人被刑拘》，http://www.infzm.com/content/100792，2015年4月1日访问。
②腾讯微博：《快播CEO王欣被提起公诉涉嫌传播淫秽物品》，http://tech.qq.com/a/20150206/056372.htm，2015年4月1日访问。

有限公司，任副总经理，负责技术研发。2002 年王欣成立深圳市点石软件有限公司，开始第一次创业。但很不幸，这家公司在 2005 年倒闭了。但由于在创业期间结识了盛大公司领导人物陈天桥，于是王欣加入了盛大，主导"盛大盒子"的研发工作。但不到一年，盛大的这个项目被放弃了，王欣决定再次创业，他创业的主攻方向是视频软件的开发。2003 年美国在线（AOL）工作的 Justin Frankel 与另一名工程师 Tom Pepper，他们在互联网上公布了 P2P 架构的档案交换软件 Gnutella 的原始码源代码。关于 P2P，这里有必要说明一下。P2P 即 Peer to Peer 的简称，可以简单地定义成通过直接交换来共享计算机资源和服务，而对等计算模型应用层形成的网络通常称为对等网络。在 P2P 网络环境中，成千上万台彼此连接的计算机都处于对等的地位，整个网络一般来说不依赖专用的集中服务器。网络中的每一台计算机既能充当网络服务的请求者，又对其他计算机的请求作出响应，提供资源和服务。通常这些资源和服务包括：信息的共享和交换、计算资源（如 CPU 的共享）、存储共享（如缓存和磁盘空间的使用）等基于 P2P 技术。简单地表达，P2P 就是用户 A 可以直接连接到用户 B 或者更多用户的计算机，从而交换文件，而不像过去那样先连接服务器，再浏览下载。于是乎，基于 P2P 的技术，王欣的第二次创业便成立了快播公司，"快播"服务器软件和"快播"网页播放器也就随之产生。它们给快播公司带来了巨大的利益的同时，由于其本身涉嫌传播色情物品，也使"快播"在一夜之间成了"神器"。王欣在此前接受媒体采访时曾说过："技术狂人做出的产品多少带点'草根原罪'，'快播'也不例外。"由此可见，王欣将"快播"的发展现状归结于创业初期对生存的渴望，甚至将这一时期形容为"丛林阶段"。这意味着他并非不知道"快播"的野蛮发展路径，而是任由其这样发展。他甚至还表示，"也许我一辈子都只会做产品经理，只要有技术创新我就会研究，好玩就行"。这就是王欣在技术面纱的掩盖下，提倡的所谓"技术中立"。他坚信"快播"播放器只提供了一种视频播放的技术，认为"快播"播放器与浏览器等性质一样，用户打开涉黄网站也要用到浏览器。而浏览器没有涉黄一说，快播播放器就涉嫌传播淫秽物品，在他看来真是无稽之谈。因此，在这么多年以来，快播一直"秉承"着自己"只做技术，不问内容"的公司理念，借机野蛮地发展，游走于灰色地带，在法律的红线上蹦跳着，快乐地赚着非法利益。

三、"快播"传播淫秽物品的途径

"快播"为何能在短短几年时间就能在客户量和流量上超过迅雷和暴风影音两位大师，最主要的原因还是来源于其本身的诟病，即除了"快播"对 P2P 技术的大力推广和允许大量盗版视频的存在外，"快播"还成了淫秽视频的传播源。快播公司的法人代表王欣表示，"快播"只做技术，不问内容，快播公司对于淫秽视频公然采取了容忍、放任的态度，因此使得"快播"一夜之间成了宅男的"神器"。同时，"快播"也在技术上推波助澜——用户用快播软件下载淫秽视频后，所下载的淫秽视频会自动上传到服务器，然后用户和用户之间以成倍级的方式共同传播着淫秽信息。因此，客户安装量和流量在短时间内迅速攀升。这时的用户忘掉了快播播放器视频技术的流畅性，忘掉了"快播"盗版链接的大量存在，他们心照不宣，"宅男看片神器"已深深印入他们的脑海。用户只要下载、安装快播软件，就可以通过第三方网站链接观看在优酷、腾讯等国内大主流媒体上找不到的涉嫌色情的影视。就这样，"快播"迎合了众人的需求，却将自己定位在了传播淫秽信息的方向上，这也就为"快播"之死埋下了伏笔。那么，"快播"是如何传播淫秽物品的呢？据了解此技术的软件开发人员介绍，在"快播"这款手机版的安装软件中，除了具有常规的视频搜索功能外，还有一个很特别的选项，叫作"推推"。对于这个"推推"选项，只要用户按住按钮就可以进入一个叫作"推推房间"的聊天室。这个聊天室要求有一个文件夹和互联网上的其他"快播"用户一起分享，这个文件夹里除了少量的正常电影外，剩下的基本是网络用户共享的淫秽视频。另外，"快播"还有一个功能选项名为"雷达"。"雷达"，顾名思义，通过使用"快播"的这个软件选项，用户就可以以雷达式的方式搜索一定范围内的别的用户使用快播软件播放视频资源的列表，更为神奇的是此用户可以观看彼用户观看过的视频资源，甚至同时观看。

"推推"和"雷达"，二者初衷是为了实现视频资源的最大共享力度，但却由于技术支持方——快播公司的放任，使得大量的淫秽视频充斥着互联网，慢慢地吞噬着自控力不强的青少年。据中国青年网、中国青少年网络协会联合中国传媒大学发布的《网民安全上网研究报告》显示，18 岁以下的人群接触过相关色情信息的比例为 38%，约有 22% 的未成年人会主动搜索色情信息。①其实，就盗版一案来说，并不能使"快播"这么迅速地走向灭亡，真正扼杀"快播"的是涉黄一案。"快播"涉黄，污染了互联网的文化环境，毒害了青少年的身心，更是触动了国家"打黄扫非"办的逆鳞——因为此时正好赶上了东莞扫黄、全国范围内反腐败氛围中要求"政治正确"下的从快从严。

快播公司的法人代表王欣在归案后，他对明知快播公司服务器系统中存在有大量淫秽视频，为了牟利放任不管的犯罪事实供认不讳。但是，我们仔细想一想，难道王欣作为"快播"的法人代表，他自己就没有想过将这一点洗白吗？他想过。但此时的"快播"像藤蔓植物一样，野蛮地生长着，空间中充满了色情的同时也给快播公司带来了巨额的非法利益。当人们谈起"快播"的时候，不再认为它是一个高科技的产物，而是一个集色情、盗版于一身的堕落品。

四、何为"净网行动"

所谓"净网行动"，即是净化网络环境专项行动。"净网行动"是全国"扫黄打非"工作小组办公室、国家互联网信息办公室、工业化和信息化部、公安部为依法严厉打击利用互联网制作、传播淫秽色情信息行为的一次特别行动。根据中国"扫黄打非"网公布的信息，"近年来在利益驱动下，制黄传黄活动趋于多变、隐蔽，网络淫秽色情现象仍然较为严重。针对这一现象，全国'扫黄打非'办公室特部署开展此次专项行动，大力净化网络文化环境。此次行动要求，集中清理文学网站、游戏网站、视听节目网站以及移动智能终端应用程序平台、在线视频播放软件、网络资源下载工具、网络游戏推广广告中含有淫秽色情内容的各种信息。集中清理论坛、贴吧、博客、微博客、社交网站、搜索引擎、网络硬盘、即时通信群组中的淫秽色情信息，以及利用网络电视棒、网络存储器、手机存储卡等设备预装、复制、传播淫秽色情信息的电脑及手机销售商、维修店。同时，还将清理网络延伸覆盖至网下相关领域，大力清缴淫秽色情书刊、光盘等，特别是以未成年人为题材和传播对象的淫秽色情出版物。

---

① 新华网：《快播为何突然关闭服务器，涉黄现象早受诟病》，载 http://news.xinhuanet.com/legal/2014-04/17/c_1110292242.htm,2015 年 4 月 2 日访问。

全国'扫黄打非'办公室负责人表示，'净网'行动期间，将重点打击开办淫秽色情网站和传播网络淫秽色情信息的违法犯罪行为。对服务器设在境外、开办者藏匿在境内、经常变换域名和 IP 地址逃避打击的网站，坚决'落地查人'。对明知是淫秽色情网站而为其提供互联网接入、域名注册、广告投放、费用结算等环节服务的单位和个人，依法严厉查处。全国'扫黄打非'办公室将挂牌督办一批重点案件，并跟踪、通报各省区市查办案件的进展情况"①。因此，在 2013 年 3 月 5 日，全国"扫黄打非"办公室发出通知，部署从 3 月上旬至 5 月底在全国范围内开展网络淫秽色情信息专项治理"净网"行动，以整治网络文学、网络游戏、视听节目网站等为重点，抓源头、打基础、切断利益链，网上与网下治理相结合。截止到 2015 年 4 月 9 日，"净网"行动已经通报了多家门户网站、视频网站、搜索网站等，其中不乏国内知名的网站。因此，为了突出"净化"的力度，在"净网 2015"中，中国"扫黄打非"将严查"三类网站"和"两种行为"，即顶风制作传播淫秽色情信息的门户网站、视频网站、搜索网站等，利用"微领域"传播淫秽色情信息行为，利用弹窗、搜索引擎、云存储、移动智能终端、电视盒子等传播淫秽色情信息行为等。由此可见，只要有"黄毒"、盗版存在的一天，不管这"两毒"是以什么样的方式存在，中国的"净网"行动将持续清剿。

五、"快播"盗版之罪哪里去了

2015 年 2 月 6 日，北京市海淀区人民检察院在微博上宣布，对快播公司王欣、吴铭等人因涉嫌传播淫秽物品牟利罪一案向北京市海淀区人民法院提起公诉。这个宣布让人觉得有些奇怪，"快播"的盗版之罪哪里去了？被抹掉了吗？顿时让人充满了无限遐想。为何如此让人关注呢？其实最主要是因为"快播"之前因为侵犯腾讯信息网络传播权被深圳市市场监管局处以 2.6 亿元的行政罚单。根据《中华人民共和国著作权法》第四十八条规定，有下列侵权行为的，应当根据情况，承担停止侵害、消除影响、赔礼道歉、赔偿损失等民事责任；

---

①中国打黄扫非网：《"净网"行动正式启动》,http://www.shdf.gov.cn/shdf/contents/767/144160.html,2015 年 4 月 2 日访问。

同时，损害公共利益的，可以由著作权行政管理部门责令停止侵权行为，没收违法所得，没收、销毁侵权复制品，并可处以罚款；情节严重的，著作权行政管理部门还可以没收主要用于制作侵权复制品的材料、工具、设备等；构成犯罪的，依法追究刑事责任：

（1）未经著作权人许可，复制、发行、表演、放映、广播、汇编、通过信息网络向公众传播其作品的，本法另有规定的除外；

（2）出版他人享有专有出版权的图书的；

（3）未经表演者许可，复制、发行录有其表演的录音录像制品，或者通过信息网络向公众传播其表演的，本法另有规定的除外；

（4）未经录音录像制作者许可，复制、发行、通过信息网络向公众传播其制作的录音录像制品的，本法另有规定的除外；

（5）未经许可，播放或者复制广播、电视的，本法另有规定的除外；

（6）未经著作权人或者与著作权有关的权利人许可，故意避开或者破坏权利人为其作品、录音录像制品等采取的保护著作权或者与著作权有关的权利的技术措施的，法律、行政法规另有规定的除外；

（7）未经著作权人或者与著作权有关的权利人许可，故意删除或者改变作品、录音录像制品等的权利管理电子信息的，法律、行政法规另有规定的除外；

（8）制作、出售假冒他人署名的作品的。

另根据《中华人民共和国著作权实施条例》第三十六条规定，有著作权法第四十八条所列侵权行为，同时损害社会公共利益，非法经营额 5 万元以上的，著作权行政管理部门可处非法经营额 1 倍以上 5 倍以下的罚款。没有非法经营额或者非法经营额 5 万元以下的，著作权行政管理部门根据情节轻重，可处 25 万元以下的罚款。所以，快播公司被以"授权价"为基础的 3 倍计算非法经营额。可是快播公司不甘心，认为 2.6 亿元的处罚不适当、不合理，违反了相关法律法规政策规定，即深圳市市场监管局是按照"多部作品平均授权价合计为人民币 8671.6 万元"作为被告非法经营额的认定依据的，而相关司法解释对非法经营数额有明确规定，将授权价作为非法经营数额法律没有规定。快播公司还坚持认为在国家版权局对"快播"作出行政处罚一案中，国家版权局认为"快播"没有非法经营额或非法经营额较小，因而处以 25 万元的处罚。深圳市市场监管局对"快播"的 2.6 亿元行政处罚决定，则是将作为上级机关的国家版权局认定的事实于不顾，是脱离了事实的处罚，是莫须有的处罚。快播公司有这样的想法没错，因为在行政法领域关于"非法经营额"并没有一个明确的确定方法，快播公司能找到的估计就是此司法解释，即最高人民法院、最高人民检察院《关于办理侵犯知识产权刑事案件具体应用法律若干问题的解释》。其规定，"非法经营数额"是指行为人在实施侵犯知识产权行为过程中，制造、储存、运输、销售侵权产品的价值。已销售的侵权产品的价值，按照实际销售的价格计算。制造、储存、运输和未销售的侵权产品的价值，按照标价或者已经查清的侵权产品的实际销售平均价格计算。侵权产品没有标价或者无法查清其实际销售价格的，按照被侵权产品的市场中间价格计算。因此，根据这个司法解释，确实很难判断快播公司具有非法经营额，如何证明去认定快播公司的行为是制造、储存或者是传输、销售呢？快播公司一心想着盗版赚大钱这事不假，其受到了国家版权局的行政处罚后不思悔改而且还继续地大肆盗版，这样的行为确实该重罚。但是，国家机关的处罚得有确凿的依据。在行政处罚法规还处在模糊状态且没有规定如何判断"非法经营额"时，就这么罚 2.6 亿元的大手笔确实让人感到诧异。或许有些人会这么认为，最高人民法院、最高人民检察院《关于办理侵犯知识产权刑事案件具体应用法律若干问题的解释》中不是对"非法经营数额"的行为进行了很详细地规定吗？为什么不能适用？其实，刑法和行政法是不同的部门法，刑法应该是众多部门法的保障，只有当众多部门法对违法行为所不能掌控时，才需要刑法去规制，即在行政法规尚未明确规定的情况下，不应直接适用刑法关于著作权的相关规定，否则会扩大刑法的适用范围，增加刑法侵犯公民权利的危险，这也叫作刑法的谦抑性。所以，基于"快播"案是中央部门挂牌督办的案件，更是典型的传播淫秽物品牟利的案件，中央部门想依此案来告诉有此倾向的人或者单位，中央部门的逆鳞触碰不得，法律的底线更是不可逾越。

六、传播淫秽物品牟利罪的认定

(一) 淫秽物品的认定

根据《刑法》第三百六十七条规定："本法所称淫秽物品，是指具体描绘性行为或者露骨宣扬色情的诲淫性的书刊、影片、录像带、录音带、图片及其他淫秽物品。"因此，根据该条规定可以得出，淫秽物品具有三个特征：第一，与性有关；第二，具有挑逗、刺激人的不健康的性欲；第三，具有违法性。其中，违法性的特征可以从三个方面来界定：（1）只要具有具体描绘性行为和露骨宣扬色情的，即为违法。（2）列举淫秽物品额具体表现形式，包括淫秽印刷制品、淫秽音像制品以及其他淫秽物品。（3）区分淫秽物品与一些正当合法性物品的界限，即把淫秽物品同描写男女正当爱情生活的作品、宣传有关人体生理医学知识的科学著作，以及有艺术价值的带有色情内容的作品区分开来。①那么，淫秽物品的表现形式是什么呢？大致可以分为三种：印刷品、音像制品和其他淫秽物品。而在我国现阶段，其他淫秽物品可以包括淫秽光盘、淫秽实物。另外，根据最高人民法院、最高人民检察院《关于办理利用互联网、移动通讯终端、声讯台制作、复制、出版、贩卖、传播淫秽电子信息刑事案件具体应用法律若干问题的解释》（以下简称《淫秽电子信息解释》）规定，《刑法》第三百六十七条第一款规定的"其他淫秽物品"，包括具体描绘性行为或者露骨宣扬色情的诲淫性的视频文件、音频文件、电子刊物、图片、文章、短信息等互联网、移动通讯终端电子信息和声讯台语音信息。可是面对复杂的网络环境，如何区分淫秽物品与非淫秽物品的界限呢？首先，关于淫秽物品与人体生理、医学知识的科学著作的界限。我国《刑法》第三百六十七条第二款规定："有关人体生理、医学知识的科学著作不是淫秽物品。"这些著作对提高医学水平、普及生理卫生知识具有很重要的普及作用，同时对青少年的素质教育更是起着不容忽视的作用。其次，关于淫秽物品与夹杂有色情内容的有艺术价值的文学艺术作品的界限。根据《刑法》第三百六十七条第三款规定："包含有色情内容的有艺术价值的文学、艺术作品不视为淫秽物品。"这类的文学、艺术作品，由于其具有文学价值、艺术价值、历史文化价值，能给予人们美丽、纯净的艺术享受，且本身不具有社会危害性，所以不应列为淫秽物品。另外，关于淫秽物品与色情物品的界限。色情物品，按国家新闻出版署的解释，是指整体上不是淫秽物品，但其中存在部分淫秽内容，对普通人特别是青少年

①鲍遂献：《妨害风化犯罪》，293 页，北京，中国人民公安大学出版社，1999 年。

身心有毒害作用，缺乏科学价值或者艺术价值的物品。从广义上讲，淫秽物品包括色情物品。但有关法律法规已经明确淫秽物品与色情物品的界限，所以，色情物品不属于淫秽物品。

2013 年 4 月，在北京某安全网站上挂出一则招聘启事，"年薪 20 万、五险一金、多项福利补助，每天的工作就是面对电脑识别色情淫秽网站。"这就是现在一个很缺少但是又很流行的一个职业，名叫"鉴黄师"。或许鉴黄师这份工作是随着"净网行动"的开展而出现，其实背后更多的是互联网门户网站的一种自救、自保措施。互联网公司可以通过鉴黄师来识别淫秽信息，那么国家机关如何来认定淫秽物品呢？

司法实践中国家机关认定淫秽物品有两个标准：一般标准和具体标准。一般标准是指由法规、司法解释等明确淫秽物品的内涵和外延，揭示淫秽物品的本质的标准。具体标准，是指具体地列举出何种物品是淫秽物品，以便实践中"对号入座"的标准。具体实践时应把一般标准和具体标准有机结合，以一般标准为指导，依照具体标准，全面认定。淫秽物品的认定机构，根据 1988 年国家新闻出版署等四部门印发的《依法查处非法出版犯罪活动工作座谈会纪要》(以下称《纪要》) 以及国家新闻出版署《关于认定淫秽及色情出版物的暂行规定》指出，淫秽物品的鉴定机构应是国家新闻出版署和各省、自治区、直辖市的出版主管部门。另外，《纪要》中明确规定淫秽物品的认定程序，即淫秽出版物的认定，必须组织有三名以上经出版物主管部门指派、经司法机关聘请的人进行。鉴定后，应写出鉴定书。鉴定人、指派鉴定人的单位应在鉴定书上签字或者加盖章。同时，鉴定书应较具体地写明鉴定结论的依据。

(二)"以牟利为目的"的认定

"以牟利为目的"，要求行为人制作、复制、出版、贩卖、传播淫秽物品，主观上具有牟取非法利益的目的，换言之，判断行为人是否有牟利之心，要从行为人制作、复制、出版、贩卖淫秽物品的数量、向他人传播淫秽物品的人次与组织播放的次数、获利的数额等方面进行判断。需要强调的是，牟利不但表现为通过贩卖淫秽物品牟取非法利益，还包括通过在互联网上刊载淫秽电子信息以吸引网民、增加流量，赚取广告收入的行为。

（三）传播淫秽物品牟利罪犯罪情节的认定

1.传播淫秽物品牟利罪的一般犯罪情节

最高人民法院《关于审理非法出版物刑事案件具体应用法律若干问题的解释》（以下简称《非法出版物解释》）第八条第一款对传播淫秽物品牟利罪的一般情节作出了明确规定，以牟利为目的，实施《刑法》第三百六十三条第一款规定的行为，具有下列情形之一的，以制作、复制、出版、贩卖、传播淫秽物品牟利罪定罪处罚：

（1）制作、复制、出版淫秽影碟、软件、录像带50至100张（盒）以上，淫秽音碟、录音带100至200张（盒）以上，淫秽扑克、书刊、画册100至200副（册）以上，淫秽照片、画片500至1000张以上的；

（2）贩卖淫秽影碟、软件、录像带100至200张（盒）以上，淫秽音碟、录音带200至400张（盒）以上，淫秽扑克、书刊、画册200至400副（册）以上，淫秽照片、画片1000至2000张以上的；

（3）向他人传播淫秽物品达200至500人次以上，或者组织播放淫秽影、像达10至20场次以上的；

（4）制作、复制、出版、贩卖、传播淫秽物品，获利5000至10000元以上的。

《淫秽电子信息解释》第一条规定，以牟利为目的，利用互联网、移动通讯终端制作、复制、出版、贩卖、传播淫秽电子信息，具有下列情形之一的，依照《刑法》第三百六十三条第一款的规定，以制作、复制、出版、贩卖、传播淫秽物品牟利罪定罪处罚：

（1）制作、复制、出版、贩卖、传播淫秽电影、表演、动画等视频文件20个以上的；

（2）制作、复制、出版、贩卖、传播淫秽音频文件100个以上的；

（3）制作、复制、出版、贩卖、传播淫秽电子刊物、图片、文章、短信息等200件以上的；

（4）制作、复制、出版、贩卖、传播的淫秽电子信息，实际被点击数达到10000次以上的；

（5）以会员制方式出版、贩卖、传播淫秽电子信息，注册会员达200人以上的；

（6）利用淫秽电子信息收取广告费、会员注册费或者其他费用，违法所得10000元以上的；

（7）数量或者数额虽未达到第（1）项至第（6）项规定标准，但分别达到其中两项以上标准一半以上的；

（8）造成严重后果的。

利用聊天室、论坛、即时通信软件、电子邮件等方式，实施第一款规定行为的，依照《刑法》第三百六十三条第一款的规定，以制作、复制、出版、贩卖、传播淫秽物品牟利罪定罪处罚。第五条规定，以牟利为目的，通过声讯台传播淫秽语音信息，具有下列情形之一的，依照《刑法》第三百六十三条第一款的规定，对直接负责的主管人员和其他直接责任人员以传播淫秽物品牟利罪定罪处罚：

（1）向100人次以上传播的；

（2）违法所得10000元以上的；

（3）造成严重后果的。

《淫秽电子信息解释（二）》第一条第一款、第二款规定，以牟利为目的，利用互联网、移动通讯终端制作、复制、出版、贩卖、传播淫秽电子信息的，依照《最高人民法院、最高人民检察院关于办理利用互联网、移动通讯终端、声讯台制作、复制、出版、贩卖、传播淫秽电子信息刑事案件具体应用法律若干问题的解释》第一条、第二条的规定定罪处罚。

以牟利为目的，利用互联网、移动通讯终端制作、复制、出版、贩卖、传播内容含有不满十四周岁未成年人的淫秽电子信息，具有下列情形之一的，依照《刑法》第三百六十三条第一款的规定，以制作、复制、出版、贩卖、传播淫秽物品牟利罪定罪处罚：

（1）制作、复制、出版、贩卖、传播淫秽电影、表演、动画等视频文件10个以上的；

（2）制作、复制、出版、贩卖、传播淫秽音频文件50个以上的；

（3）制作、复制、出版、贩卖、传播淫秽电子刊物、图片、文章等100件以上的；

（4）制作、复制、出版、贩卖、传播的淫秽电子信息，实际被点击数达到

5000 次以上的；

(5) 以会员制方式出版、贩卖、传播淫秽电子信息，注册会员达 100 人以上的；

(6) 利用淫秽电子信息收取广告费、会员注册费或者其他费用，违法所得 5000 元以上的；

(7) 数量或者数额虽未达到第(1)项至第(6)项规定标准，但分别达到其中两项以上标准一半以上的；

(8) 造成严重后果的。

第四条规定，以牟利为目的，网站建立者、直接负责的管理者明知他人制作、复制、出版、贩卖、传播的是淫秽电子信息，允许或者放任他人在自己所有、管理的网站或者网页上发布，具有下列情形之一的，依照《刑法》第三百六十三条第一款的规定，以传播淫秽物品牟利罪定罪处罚：

(1) 数量或者数额达到第一条第二款第(1)项至第(6)项规定标准 5 倍以上的；

(2) 数量或者数额分别达到第一条第二款第(1)项至第(6)项两项以上标准 2 倍以上的；

(3) 造成严重后果的。

第六条规定，电信业务经营者、互联网信息服务提供者明知是淫秽网站，为其提供互联网接入、服务器托管、网络存储空间、通讯传输通道、代收费等服务，并收取服务费，具有下列情形之一的，对直接负责的主管人员和其他直接责任人员，依照《刑法》第三百六十三条第一款的规定，以传播淫秽物品牟利罪定罪处罚：

(1) 为 5 个以上淫秽网站提供上述服务的；

(2) 为淫秽网站提供互联网接入、服务器托管、网络存储空间、通讯传输通道等服务，收取服务费数额在 20000 元以上的；

(3) 为淫秽网站提供代收费服务，收取服务费数额在 50000 元以上的；

(4) 造成严重后果的。

2.传播淫秽物品牟利罪"情节严重"的认定

《非法出版物解释》第八条第二款对传播淫秽物品牟利罪作了明确规定，以牟利为目的，实施《刑法》第三百六十三条第一款规定的行为，具有下列情形之一的，以制作、复制、出版、贩卖、传播淫秽物品牟利罪定罪处罚：

（1）制作、复制、出版淫秽影碟、软件、录像带 50 至 100 张（盒）以上，淫秽音碟、录音带 100 至 200 张（盒）以上，淫秽扑克、书刊、画册 100 至 200 副（册）以上，淫秽照片、画片 500 至 1000 张以上的；

（2）贩卖淫秽影碟、软件、录像带 100 至 200 张（盒）以上，淫秽音碟、录音带 200 至 400 张（盒）以上，淫秽扑克、书刊、画册 200 至 400 副（册）以上，淫秽照片、画片 1000 至 2000 张以上的；

（3）向他人传播淫秽物品达 200 至 500 人次以上，或者组织播放淫秽影、像达 10 至 20 场次以上的；

（4）制作、复制、出版、贩卖、传播淫秽物品，获利 5000 至 10000 元以上的。

以牟利为目的，实施《刑法》第三百六十三条第一款规定的行为，具有下列情形之一的，应当认定为制作、复制、出版、贩卖、传播淫秽物品牟利罪"情节严重"：

（1）制作、复制、出版淫秽影碟、软件、录像带 250 至 500 张（盒）以上，淫秽音碟、录音带 500 至 1000 张（盒）以上，淫秽扑克、书刊、画册 500 至 1000 副（册）以上，淫秽照片、画片 2500 至 5000 张以上的；

（2）贩卖淫秽影碟、软件、录像带 500 至 1000 张（盒）以上，淫秽音碟、录音带 1000 至 2000 张（盒）以上，淫秽扑克、书刊、画册 1000 至 2000 副（册）以上，淫秽照片、画片 5000 至 10000 张以上的；

（3）向他人传播淫秽物品达 1000 至 2000 人次以上，或者组织播放淫秽影、像达 50 至 100 场次以上的；

（4）制作、复制、出版、贩卖、传播淫秽物品，获利 30000 至 50000 元以上的。

《淫秽电子信息解释》第二条规定，实施第一条规定的行为，数量或者数额达到第一条第一款第（1）项至第（6）项规定标准 5 倍以上的，应当认定为《刑法》第三百六十三条第一款规定的"情节严重"第五条规定，实施前款规定行为，数量或者数额达到前款第（1）项至第（2）项规定标准 5 倍以上的，应当认定为《刑法》第三百六十三条第一款规定的"情节严重"。

《淫秽电子信息解释（二）》第一条第三款规定，实施第二款规定的行为，数量或者数额达到第二款第（1）项至第（7）项规定标准 5 倍以上的，应当认定为《刑法》第三百六十三条第一款规定的"情节严重"。第四条第二款规定，施前款规定的行为，数量或者数额达到第一条第二款第（1）项至第（7）项规定标准 25 倍以上的，应当认定为《刑法》第三百六十三条第一款规定的"情节严重"。第六条第二款规定，实施前款规定的行为，数量或者数额达到前款第（1）项至第（3）项规定标准 5 倍以上的，应当认定为《刑法》第三百六十三条第一款规定的"情节严重"。

3.传播淫秽物品牟利罪"情节特别严重"的认定

《非法出版物解释》第八条第三款对传播淫秽物品牟利罪的特别严重情节作了明确规定，以牟利为目的，实施《刑法》第三百六十三条第一款规定的行为，其数量（数额）达到前款规定的数量（数额）5 倍以上的，应当认定为制作、复制、出版、贩卖、传播淫秽物品牟利罪"情节特别严重"。第十八条规定，各省、自治区、直辖市高级人民法院可以根据本地的情况和社会治安状况，在本解释第八条、第十条、第十二条、第十三条规定的有关数额、数量标准的幅度内，确定本地执行的具体标准，并报最高人民法院备案。这条规定体现了法律的灵活性，更加有利于各地打击传播淫秽物品牟利罪。

《淫秽电子信息解释》第二条规定，实施第一条规定的行为，数量或者数额达到第一条第一款第（1）项至第（6）项规定标准 25 倍以上的，应当认定为"情节特别严重"。第五条规定，实施前款规定行为，数量或者数额达到前款第（1）项至第（2）项规定标准 25 倍以上的，应当认定为"情节特别严重"。

《淫秽电子信息解释（二）》第一条第三款规定，实施第二款规定的行为，数量或者数额达到第二款第（1）项至第（7）项规定标准 25 倍以上的，应当认定为"情节特别严重"。第四条第二款规定，实施前款规定的行为，数量或者数额达到第一条第二款第（1）项至第（7）项规定标准 100 倍以上的，应当认定为"情节特别严重"。第六条第二款规定，实施前款规定的行为，数量或者数额达到前款第（1）项至第（3）项规定标准 25 倍以上的，应当认定为"情节特别严重"。

（四）"快播"的中立帮助行为是否可认定为"明知"

所谓中立帮助行为，一般说来，被认为是"从外表看通常属于无害的、与犯罪无关的、不追求非法目的的行为，客观上却又对他人的犯罪行为起到了促进作用的情形"。①通常情况下，这些行为并未被法律评价为合法行为或者违法行为，但是这些中立帮助行为却增加了法益侵害的危险或者是已然造成了一定程度的法益侵害的结果。快播公司曾对外表示，快播公司提供搜索服务，对于快播播放器是否涉嫌传播淫秽视频不知情，不存在有主观的过错。那如何评价快播的这种提供服务的行为呢？先看日本和我国台湾地区典型的中立帮助行为的案例：

1.Winny 软件案②

被告人将自己开发的具有保护档案资料共享者的匿名性功能的档案共享软件 Winny 软件的最新版挂到自己的主页上，Winny 这种软件可供档案资料共享者自由下载使用，下载的档案资料中包括未经著作权人授权的档案资料，因而利用该软件的人涉嫌侵犯著作权罪，已被日本京都地方法院宣判有罪，同时该判决认定被告人上传 Winny 软件的行为构成侵犯著作权罪的帮助犯。

2.我国台湾地区 Kuro 案

Kuro 网站由飞行网股份有限公司经营，为会员提供档案上传及下载的 P2P 服务。台北地方法院认为："被告飞行网公司所提供的 Kuro 软件固为一中性之科技，该科技之本身并无合法与否之问题，端视行为人如何运用之。惟当科技之提供者明知其所提供予他人使用之科技可能被用以作为犯罪之工具，侵害法律所保护之法益，但其为追求自己之商业利益，竟对外以该科技具有此一功能为主要诉求而推销之，诱使他人付费使用或购买。""讵其为大量招揽会员，收取会费以获取巨额利润，竟不违背其本意，未经取得上开著作权人之同意或授权，于 Yahoo、PChome、3cc 流行音乐网等网站上，刊登以'五十万首最新MP3，无限下载'……'复杂又缓慢的下载？快上 Kuro，抓萧亚轩、梁静茹、

---

①陈洪兵：《中立的帮助行为论》，载《中外法学》，2008 年第 6 期。

②陈洪兵：《网络中立行为的可罚性探究以 P2P 服务提供商的行为评价为中心》，载《东北大学学报（社会科学版）》，2009 年第 3 期。

阿杜、5566、五月天等哈烧流行专辑'等内容之广告不断刊登广告。"①最后，台北地方法院判定 Kuro 网站经营者提供 P2P 服务行为与其会员所实行的擅自重制行为成立著作权法第九十一条擅自重制罪、第九十二条擅自公开传输罪之共同正犯。

3.我国台湾地区 ezPeer 案②

台湾 ezPeer 网站由全球数码科技股份有限公司经营，为用户提供档案上传、下载的 P2P 服务。台湾士林地方法院首先将经营网站行为定性为中性业务行为，指出："查被告吴怡达提供会员搜寻档案之机制、在网站网页设计最新 MP3 排行榜、哈烧友设定等服务及简化会员搜寻及下载档案过程，固然对于上开会员犯上开著作权法上罪提供助力。惟被告吴怡达提供之 ezPeer 软体既有多种用途而非专供会员违法侵害他人著作权从事犯罪为目的，是本案在此涉及之争点乃'中性行为'（NeutraleVerhaltensweisen）帮助之问题。按所谓的中性帮助，系指提供助力者的行为虽然可以用来帮助他人实现构成要件，但是助力行为本身可以对任何人为之，相对于正犯行为人或正犯的行为有其独立性，并非专为法律上不法的目的而为之，例如贩卖斧头予行为人，行为人持斧以杀妻，或者律师、会计师提供专业意见，顾客以该专业意见逃漏税捐。而本案被告吴怡达不论提供上开主要服务（提供 ezPeer 软体），或是周边服务（简化下载程序），所提供的对象可以是任何会员，并非针对某特定会员，且其行为有其独立性，可以使会员借其提供的服务而下载、交换任何的档案，其提供之助力并非专为犯罪而为之，业如上述，而此等特点，正符合'中性帮助'之行为态样。""至于中性帮助行为是否构成刑法上帮助犯，其审查基准如何，实务及学说文献上尚未见进一步讨论，而德国学说上有借用客观归责理论审查行为是否'制造法所不容的风险'，或审查是否符合客观要件之'社会相当性'，而实务界则以主观要件审查，对于'刑法'第三十条帮助犯之'帮助故意'之认定标准有参考价值。""如果正犯的行为客观上显示正犯就是要从事犯罪的行为，而提供助力者也知悉

①陈洪兵：《网络中立行为的可罚性探究以 P2P 服务提供商的行为评价为中心》，载《东北大学学报（社会科学版）》，2009 年第 3 期。

②陈洪兵：《网络中立行为的可罚性探究以 P2P 服务提供商的行为评价为中心》，载《东北大学学报（社会科学版）》，2009 年第 3 期。

时，提供助力的行为才能评价为刑法规定之帮助行为；反之，相对地，如果提供助力者不知道正犯如何去运用其助力行为，或只是认为其助力行为有可能被用来作为犯罪时，则其助力行为仍然不能被评价为刑法规定之帮助犯。""以现存证据，并无法证明被告吴怡达基于侵害他人著作权之意图而提供 ezPeer 服务机制，也无从确认采取 P2P 传输方式的 ezPeer 机制只使用于著作权侵害的用途上或以此为主要用途，此外，复无证据足资证明被告吴怡达知悉各该会员所传输之档案，并能以之判断各该会员是否正欲或所欲从事之违反著作权法犯罪。"最终，台湾士林地方法院的结论是："被告吴怡达既不知道特定会员如何利用其提供 ezPeer 软体犯罪，或者仅知道有可能被用来犯罪，自无从被评价为帮助犯。综上，应认被告吴怡达提供 ezPeer 软体整体服务机制（包括主服务与周边服务）之行为，均不构成作为之帮助犯。"

这三个案例的争议点在于，提供下载软件的被告人应否承担侵犯著作权罪帮助犯的责任？而为何备受关注，则其原因在于 P2P 技术应用中，网络服务商的责任如何确定以及在网络科技飞速发展时如何衡量科技与法律之间的冲突。在 P2P 的案件中，法律考究的不是中立行为本身，而是网络经营者的主观态度。如果可以认定网络经营者的主观态度使中立行为制造了"法不允许的危险"，那么就应该肯定存在帮助行为；反之，那么就应该否定帮助行为。因此，在 P2P 的技术支持下，网络运营者的行为虽然具有正当的业务行为的一面，但不能将这种正当的业务行为完全地否定网络运营者成为帮助犯的可能性。因此，在快播公司发表"自己只提供平台和渠道的服务，对"快播"是否传播淫秽物品不知情，不存在主观过错"的中立行为的话语时，让世人顿感这些话语是这么的苍白与无力。其实，只要是个正常的人都可以理解，"快播"作为快播公司的一个揽金大项目，其公司的运营人员难道对"快播"中的淫秽物品肯定会有所察觉。即使主管人员没有察觉，"快播"总要有数据的更新，更新时就会发现问题。如果退到这一步还没有发现问题的所在，那么用户的举报应该存在。所以说，快播公司的狡辩毫无意义。快播公司的这种放任的行为，至少可以认定为是间接故意。认定间接故意，要求快播公司传播淫秽物品具有明知的主观心态。根据《淫秽电子信息解释（二）》规定，"明知"的认定标准有：第一项是指公安机关等行政主管机关，告知网站建立者、直接负责的管理者，他人在其所有、管理的网站或者网页上发布淫秽电子信息后，其仍然实施允许或者放任行为的，或者告知电信业务经营者、互联网信息服务提供者某一网站是淫秽网站后，其仍然提供服务的，应当认定为"明知"；第二项是指网站建立者、直接负责的管理者、电信业务经营者、互联网信息服务提供者，接到有关人员或者单位举报淫秽信息或者淫秽网站后，不履行《电信条例》、《互联网信息服务管理办法》规定的法定管理职责的，应当认定为"明知"；第三项是指电信业务经营者、互联网信息服务提供者、第三方支付平台等，为淫秽网站提供互联网接入、服务器托管、网络存储空间、通讯传输通道、代收费、费用结算等服务，如果收取服务费明显高于市场价格的，也应当认定为"明知"；第四项是指广告主、广告商投放广告，如果广告点击率明显异常的，也应当认定为"明知"，因为淫秽网站在设置广告链接后，往往以点击广告作为获取淫秽电子信息的前提条件，从而其点击率明显高于投放到普通网站的广告；第五项是兜底条款。①因此，快播公司的中立帮助的主观态度就是一种间接故意，为了贪图利益，制造了法所不允许的风险。

（五）传播淫秽物品牟利罪与传播淫秽物品罪的区分

这两个罪的相同之处在于客观上都采取了传播的方式，其主要的区别在于：1.犯罪客观方面不尽相同。二者在传播方式上有所不同，即传播淫秽物品牟利罪不包括赠送等非牟利性传播方式，而传播淫秽物品罪不包括出卖、出租等牟利性传播方式。2.犯罪情节要求不同。传播淫秽物品牟利罪不要求达到情节严重，而传播淫秽物品罪必须具备情节严重。3.犯罪主观方面不同。传播淫秽物品牟利罪在主观上表现为直接故意，而且具有牟利的目的，传播淫秽物品罪的主观上既可以是直接故意也可以是间接故意，而且行为人不具备牟利的目的。

七、互联网时代展望

（一）注重互联网精神

何为互联网精神？美国未来学家托勒夫认为，作为信息技术发展的浪潮，互联网信息技术应具有多样化、综合化、异步化、最优化和分散化的特征；而

---

① 王作富：《刑法分则实务研究》，5 版，北京，中国方正出版社，2013 年。

美国的数字化启蒙大师尼葛庞蒂则认为，互联网摆脱了集权化的生活观念，使其既可以为个人服务，也可以为群体服务；电子前沿基金会创始人之一米奇·卡波尔认为，信息高速公路将来会演变成为一种有效的开放性资源，具有自由、开放和多元化的精神。信息高速公路的快速发展，其本身理应存在着体现其特质的方式，所以，互联网精神在当今应体现为开放、平等、协作、分享。开放，使得互联网没有空间、时间、地域的限制；平等，使得互联网用户不再因为现实中的"有色"标签而自卑，每个人在互联网世界里都是一个没有差别的角色，都能在互联网世界中找到属于自己的一个空间位置；协作，使得我们懂得只有共同的维护，才能编织好这张大网；分享，是互联网发展的原动力，学会了分享，也会促进互联网的一次跨越性飞跃。

互联网精神是一种社会的共同责任，需要多方参与，积极地诠释他们的社会责任和道德良知。这其中公权力和私权力的相互协作很重要。虽然这是一个自上而下的互动过程，但是公权力不能全部掌控着互联网发展的脉络，以规范来扼杀互联网的创新发展，同时也不能以发展为重，从而放任互联网的违法行为。俗话说："无规矩不成方圆。"法律就像是一条准绳，衡量着每一个事实。因此，遵守法律，人人有责。任何人不能将个人的意志超乎于法律之上，网络运营者更是如此，更不能为了贪图利益，而将广大民众的利益置之度外。网络运营者应该有信法、守法的觉悟，钻法律的空子是不可取的。作为网络运营的守法人，应信仰法治、维护法治，只有这样才能捍卫网络世界的纯净，摒除低俗文化的侵扰，维护自身的利益。

（二）互联网"净化"现在将来时

2015年4月9日，全国"扫黄打非"办公室召开部分中央新闻网站及网易、百度、陌陌、淘宝、新浪、腾讯、搜狐等商业网站落实"净网2015"专项行动座谈会。会议指出，网上淫秽色情信息的传播，已经成为社会一大"公害"，严重危害未成年人身心健康。目前，网上淫秽色情信息问题在一些地区和企业还比较突出，有的死灰复燃。会议强调，要按照"治标治本一起抓、网上网下一起查、老虎苍蝇一起打"的方针，对网络淫秽色情信息依法依规坚决打、坚持打、狠狠打、毫不手软地打，做到频道不换、目标不变、决心不松、力度不减。要严查"三类网站"和"两种行为"，即顶风制作传播淫秽色情信息的门户网站、视频网站、搜索网站等，利用"微领域"传播淫秽色情信息行为，利用弹窗、搜索引擎、云存储、移动智能终端、电视盒子等传播淫秽色情信息行为等。同时，要求互联网企业切实履行主体责任，强化社会责任，正确处理新技术与管理之间的关系，新技术的推出必须要有配套管理措施，必须做到"装上刹车上路"。大网站、知名网站、门户网站等要发挥好带头作用，建立健全内容安全管理机制，在淫秽色情等有害信息的发现、处置方面作出表率。而在前一天，即 2015 年 4 月 8 日，全国"扫黄打非"办公室在新浪开设"'扫黄打非·护苗2015'专项行动"官方微博，并同步开展"随手拍，举报非法、有害少儿出版物"活动，号召网友用手机拍下自己看到的销售非法、有害少儿出版物的游商店档，通过"@专项行动"官方微博的形式举报，让社会公众监督出版物经营者依法经营。全国"扫黄打非"办公室将及时梳理相关案件线索，交由有关地方和部门严厉查处。举报经核查属实的，全国"扫黄打非"办公室将根据相关奖励办法对举报者予以奖励。

文末，想用王欣真诚忏悔的话语来表达："互联网公司或者企业如果没有起到监管的作用的话，影响到的不是一个人或者几个人，而是一代人，甚至几代人。"

（兰建）

"敲诈勒索政府罪"：18 年上访再陷囹圄

——景春申请国家赔偿"敲诈勒索"案

　　18 年前，一场微不足道的邻里纠纷，在县城封闭而又复杂的人际关系网中持续酝酿，以一场未经开庭审理便认定犯罪的司法擅断为结局。然而，一切才刚刚开始。吉林农民景春为了纠正这场错判，"避免留下污点，给孩子的政审带来麻烦"，在正常解决问题的程序没能发挥作用后，他踏上了漫漫上访路。谁知这一走，就是 18 年，从不惑之年到了年逾花甲。最初九年的上访路，景春取得了"成功"：2001 年，做出司法错判的磐石市人民法院以错捕为由赔偿 2559 元，之后又一次性给予 8 万元经济补偿；四年后，通过持续上访，当初枉法裁判的法官和法医分别以徇私枉法罪和玩忽职守罪接受了法律的惩罚；此时，景春认为他的"污点"依然没有得以洗刷，上访到了 2007年，这一年景春如愿以偿了，吉林市中级人民法院裁定将 11 年前发生的案件发回磐石市人民法院重新审理，景春获得了他期待的无罪判决。来之不易的"成功"付出了巨大代价——屡次搬迁、孩子辍学、生活困顿。景春将原因归结为磐石市法院没有及时纠正错误判决，此时"信访不信法"的观念已根植于他的脑海，坚信上访可以解决问题，于是他申请 106 万的国家赔偿并再次踏上信访之路，但这条道路却将他引入囹圄。吉林省磐石市人民法院于 2014 年 7月 10 日以敲诈勒索罪判决景春有期徒刑十年，景春不服提起上诉，吉林市中级人民法院于 2014 年 11 月 10 日二审裁定驳回上诉，维持原判。61 岁的景春再陷囹圄可能意味着他终身无法走出监狱。怎样把握上访行为罪与非罪的界限？"敲诈勒索政府罪"能否成立？景春申请国家赔偿敲诈勒索案值得我们运用"法眼"仔细解读。

一、案情回顾①

一切都源于1996年9月6日下午由两个小孩打架引发的邻里冲突。景春9岁的儿子与邻居吕峰7岁的儿子在玩闹中发生冲突，吕峰随后召集亲友去景春家上门理论，双方因言语不和爆发身体肢体冲突，最终双双挂彩。第二天，吕峰托人上门说和，但因分歧过大，纠纷没有得到解决。随后，吕峰因索要赔偿向磐石市人民法院提起刑事自诉。事发当日的医院CT检查结果显示，双方均只有局部的软组织挫伤，并未达到故意伤害罪所要求的伤情标准，因此景春一家开始并未在意。但是后来经过法医鉴定，吕峰的伤情却达到轻伤，符合构成故意伤害罪的标准。此后，景春几次收到法院传票，并在主审法官主持下进行了几次调解。法院在调解中要求景春向吕峰赔偿3000元并赔礼道歉，景春对此多次向法官说明，吕峰只是软组织挫伤，并未达到轻伤标准，并且有事发当日的医院检查记录可以作证，但法庭并未采纳。1997年5月28日，磐石市法院的法警在未出示逮捕证的情况下将景春逮捕。6月2日，景春收到"（1997）磐法刑初字第1号刑事附带民事判决书"，他因犯故意伤害罪被判处有期徒刑一年。这份判决记载的开庭日期是1997年5月4日，但这天景春已经搬家到了永吉县，根本没有出庭。因此，事实上法院从未开庭审理此案，只是组织过几次调解，那份判决首部白纸黑字所载"公开开庭进行了审理"从何而来？判决中认定吕峰的伤情为轻伤，为何与事发当日的医院CT检查结果大相径庭？带着这些疑问，景春向吉林市中级人民法院提起上诉。

在景春提起上诉的同时，他的妻子刘金艳也开始为丈夫的事情四处奔波。几经周折，她得到了吉林市中级人民法院某领导的接访并当面陈述案

---

①本部分内容全部来源于网络媒体。包括：（1）王甫律师个人网站：《王甫：吉林景春案提起申诉》，http://www.wobianhu.com/html/bczz_1223_1578.html；（2）王甫律师2014年8月21日微博：《吉林奇案》，http://www.weibo.com/wangfulawyer? is_search=1&key_word=%E6%99%AF%E6%98%A5%E5%88%A4%E5%86%B3#_0；（3）金宏伟律师的博客：《因上访被判刑十年，吉林农民向法官公开约辩》，http://blog.sina.com.cn/s/blog_4d86fbdb0102v38p.html；（4）潇湘晨报：《吉林农民上访16年背后的错案与新罪》，http://www.xxcb.cn/event/yaowen/2014-09-17/8935419.html；（5）京华时报：《农民因错判申请赔偿被判敲诈》，http://legal.people.com.cn/n/2014/1127/c188502-26101049.html。以上链接均为2015年3月28日访问。

情。她指出一审法院存在的重大程序瑕疵是未经开庭审理便判决景春因故意伤害致吕峰轻伤，被判处一年有期徒刑，理由是判决记载的开庭日期当日景春已经搬家到了永吉县，根本未曾出庭。随后，吉林市中级人民法院对案件进行重新核实，向判决记载的磐石市人民法院陪审员询问是否认识景春的代理人、他的妻子刘金艳，得到的回答是没有见过。吉林市中级人民法院对一审是否开庭审理调查核实后，审查移送的上诉案卷、证据，发现磐石市人民法院所作一审判决，是法官在没有组成合议庭开庭审理的前提下私自将调解笔录改为合议庭庭审笔录所作。关于吕峰的伤情，经吉林市中级人民法院和吉林省高级人民法院重新鉴定，吕锋为轻微伤而非一审中鉴定的轻伤，这意味着景春并不构成刑事犯罪。鉴于本案事实不清且案件审理违反法定程序，1997 年 8 月，吉林市中级人民法院裁定撤销原判，将该案发回磐石市人民法院重新审理。9 月，已经被羁押 104 天的景春被取保候审。在看守所羁押的这段时间，据景春本人讲述，几乎每天都要遭到同监人员的殴打，倍感屈辱下决心学法申冤，维护自己的尊严。在景春取保候审的 7 个月后，1998 年 4 月 14 日，吕锋向磐石市人民法院撤回刑事自诉，法院准予自诉人吕峰撤回对景春故意伤害罪的告诉。这点燃了景春的怒火，已经熟谙法条的他产生了重重疑问：为什么《刑事诉讼法》中仅规定了一审程序中，判决宣布前允许自诉人撤诉，而自己的案件却在一审判决作出的情况下仍然允许自诉人撤诉？为什么磐石市人民法院在未出示逮捕证的情况下将自己羁押达 104 天？又为什么法庭可以未经开庭审理便对他作出一年有期徒刑的判决？在看守所中已经下定决心通过法律维护尊严的景春，决定要把心中的疑惑弄个明白。自此，景春正式走上了长达 18 年的上访之路。

1998 年 5 月 8 日，景春以错误逮捕为由向磐石市人民法院申请国家赔偿。磐石市人民法院于 5 月 26 日作出（1998）磐赔字第 1 号赔偿决定书，决定赔偿景春人民币 2559.34 元。景春不服，向吉林市中级人民法院提出赔偿申请。1998 年 9 月 9 日经吉林市中级人民法院赔偿委员会决定，变更磐石市人民法院（1998）磐赔字第 1 号赔偿决定书，赔偿请求人景春被羁押期间的赔偿金为 2649.10 元，磐石市人民法院赔偿请求人景春医药费、住宿费等共计 205.9 元。2001 年 11 月，磐石市人民法院根据吉林市中级人民法院的赔偿决定，向景春支付错误羁押 104 天的国家赔偿金，同时考虑到景春生活困难等其他因素，另给予一次性经济补偿 8 万元。当日，景春在该赔偿和补偿决定书上签署了同意补偿决定的意见，并收取了相关费用。

在申请国家赔偿的同时，景春申冤的上访脚步并未停歇。上至全国人大、最高人民法院、最高人民检察院，下到当地基层法院、检察院、派出所、村干部，景春几乎全部接触过。景春的上访得到了吉林省政法机关的重视。经过专案组的复查，最终查明景春故意伤害案的涉案法医伪造鉴定意见，主审法官未依法组成合议庭审理，便私自将调解笔录改为合议庭庭审笔录，伪造合议庭评议笔录，作出枉法判决。2004 年 8 月 13 日，经最高人民法院批示，景春故意伤害案的原主审法官被刑事拘留，经审理查明，该法官徇私舞弊，故意枉法裁判，致使无罪的景春被追究刑事责任，已构成徇私枉法罪，判处有期徒刑三年，缓刑三年。2005 年 6 月，涉案法医也被提起公诉，审理查明其违反法定鉴定标准，故意将吕峰的轻微伤鉴定为轻伤，构成玩忽职守罪，判处有期徒刑两年，缓刑两年。涉案法官、法医依法被追究刑事责任并未使景春满意，因为他认为当初磐石市人民法院是错判而不是错捕，他想要得到无罪判决。景春再次踏上了上访之路并如愿以偿，2007 年吉林市中级人民法院裁定磐石市人民法院对 11 年前发生的案件重新审理，景春获得了他所期待的无罪判决。到这时，他已经完全相信信访的力量能够解决问题。因为多年上访，儿子辍学、一家人生活困顿不堪，景春夫妻认为是因当初磐石法院的判决未得到及时纠正，才给一家人带来了长久伤害。他分别于 2007 年 4 月 9 日、2008 年 2 月 19 日，以磐石市人民法院再审改判其无罪、错误逮捕为由，要求撤销相关国家赔偿决定书，并再次申请国家赔偿 106 万余元。这一次，景春的上访不再起作用。磐石市人民法院、吉林市中级人民法院先后作出赔偿决定书驳回景春的申请，吉林省高级人民法院亦于 2010 年 11 月 16 日作出复核意见，确认景春申请 106 万余元的信访请求为无理上访。就此，相信信访可以起作用的景春，按照上访解决问题的程序，他只能一次次去最高人民法院上访。在正常的上访渠道没能发挥作用后，他开始期望有国家领导人能够过问自己的案子，也就有了非正常渠道的上访。他因非正常上访，磐石市公安局向他三次下发告知书，告知其向非访地处所实施非正常上访所应承担的法律责任，北京市公安局也向他四次下发训诫书。

景春的上访牵涉到了地方政府的维稳，使得景春和地方官员扯到了一起，磐石市石嘴镇人民政府副镇长于金峰被任命为景春的信访包保责任人。根据[2014] 磐刑初字第 57 号景春申请国家赔偿敲诈勒索案的一审判决书记载，景春还在国家召开重要会议时，以到北京市非正常上访相要挟，以解决其所谓家庭生活困难名义，分 5 次从属地政府取得人民币 2.7 万元。其中，于金峰提供证人证言，称景春以非正常上访等威胁手段，给党政机关和涉事单位施压，在2014 年 3 月 4 日给钱那次，景春提出不能像以往给个三千元、五千元，怎么也得给他一万元，并对给钱的过程进行了录音。两天之后，也就是 3 月 6 日，因涉嫌犯有敲诈勒索罪，景春被磐石市公安局刑事拘留，3 月 20 日被逮捕。磐石市人民检察院于 2014 年 4 月 11 日向磐石市人民法院提起公诉，指控被告人景春犯敲诈勒索罪。磐石市人民法院于同日审查立案，并依法组成了合议庭，并于 6 月 10 日公开对该案开庭审理。7 月 10 日磐石市人民法院作出一审判决，认为景春以非法占有为目的，向相关单位索要财物，并且敲诈数额特别巨大，已经构成敲诈勒索罪。在敲诈数额认定问题上，法院指出，景春敲诈"数额特别巨大"，其中 106 万余元为敲诈未遂、2.7 万元为既遂。鉴于此，磐石市人民法院判决景春有期徒刑十年，剥夺政治权利两年，并处罚金十万元，同时追缴违法所得二万七千元。宣判后，景春不服判决提起上诉。二审中，景春坚称无罪，称其申请国家赔偿和领息访费都不违法，不构成敲诈勒索。其辩护人王甫指出，景春申请国赔，对象是磐石市法院，但法院不该既是敲诈（未遂）的受害者，又是审案者。其次，向景春支付 2.7 万元的是镇政府，但任何组织或机构都不具有人身权利，也不会在精神上被强制，从而产生恐惧感和压迫感，因此也不可能成为敲诈勒索的对象。2014 年 11 月 10 日，吉林市中级人民法院作出（2014）吉中刑终字第 125 号刑事裁定，裁定驳回上诉，维持原判。

18 年的上访之路将景春再次引入囹圄。景春一步步上访的经历，就像滚雪球一样，一路从邻里矛盾，转入地方法院枉法裁判，最终牵扯到地方政府维稳，越滚越大。景春申请国家赔偿敲诈勒索案的案情跨越 18 年，其中涉及刑事判决书三份、刑事裁定书四份、司法鉴定书四份、国家赔偿决定书五份，一份份的法律文书是对司法裁断终局性的一次次挑战，证明了该案无论是在实体上还是程序上都存在重大争议、值得仔细商榷。

二、权利不能承受之轻——敲诈勒索政府犯罪能否成立

每一公民都是不可替代的角色，每一生命都应当享有自由和尊严，每一个体都不应为社会所遗忘，更不应被时代所抛弃，其权利应当得到尊重和保障。正如德沃金在《认真对待权利》中所主张，政府必须认真对待权利。原因在于：其一，尊重个人权利源于人类的基本尊严；其二，尊重权利源于政治上的平等观念；其三，如果政府不认真对待权利，也就不能认真对待法律，从而也就不能换取人民对法律权威的尊重。①因此，认真对待权利，首先是政府必须认真对待人民的权利，尤其是平等地对待弱势群体的权利。这样才能处理好人民群众的内部矛盾，从而赢得人民群众的支持，法律的权威也就得到了尊重。作为社会组成个体的每一个公民也要认真对待权利，他们需要认真对待的是维护权利的方式。权利必须受到保护，正义理应得以伸张。但无论受到怎样不公正的待遇，权利的维护都应依据法律，在维权路上不要迷失初衷。我国《宪法》第51条规定："公民在行使权利的时候，不得损害国家的、集体的和其他公民的权利。"因此，作为权利主体的公民应认真对待维护权利的方式，不得以维护权利之名，行危害社会之实。如果公民在维护权利的路上触犯刑法，就应承担刑事责任，接受刑罚制裁。

依法上访是我国公民的一项基本权利。它不仅是国务院颁布的《信访条例》和地方性信访条例所确认的法定权利，也是我国公民反复行使的一项现实权利。《宪法》第四十一条规定"中华人民共和国公民对于任何国家机关和国家工作人员，有提出批评和建议的权利；对于任何国家机关和国家工作人员的违法失职行为，有向有关国家机关提出申诉、控告或者检举的权利，但是不得捏造或者歪曲事实进行诬告陷害"是其根本依据。行使上访权利是公民寻求公力救济的特殊方式，通常来说是寻求司法救济没有获得自己满意之结果后的"救命稻草"。从这个角度来说，"信访不仅是解决矛盾冲突的后端救济机制，也是预防矛盾进一步升级的前端调节机制。也只有在信访能够顾头又顾尾的情形

---

① [美]德沃金：《认真对待权利》，270页，北京，中国大百科全书出版社，1996年。

下，社会矛盾才能及时得以疏解，信访也才能够真正成为社会矛盾的减压阀"①。一方面由于受传统文化中"进京告御状"思想的影响，百姓质朴地相信"上边"可以为自己申冤。"权力比法大"、"法律再大不如领导说话"、"信大不信小，信上不信下，信访不信法"等观念深入人心。另一方面，正如景春故意伤害案中所反映的伪造法医鉴定、未经开庭审理便作判决等司法腐败已成为社会顽疾，司法公信力在某些地方的访民心中荡然无存。无奈之下，他们只好选择有中国特色的权利救济方式——进京上访。然而，中国作为拥有 13 亿人口的大国，不可能将矛盾都集中到北京去解决，中央最高权力也不可能直接受理具体案件。②此外，近年来因维权无果而在公共场所屡屡上演爆炸事件、纵火事件，他们并不畏惧死亡，将肇事地点选在大城市，以期得到更多的关注，以命相搏，甚至不惜鱼死网破。鉴于此，维稳成了地方政府的硬任务，"信访一票否决制"在当下政府部门的考核体系中被广泛应用。在"信访一票否决制"的高压态势下，如同景春的信访包保责任人——磐石市石嘴镇人民政府副镇长于金峰一样，主要领导、分管领导与上访户直接对接、责任到人，如果负责的上访户出现问题，信访包保责任人将在官员的考核体系中被一票否决。不可否认，"一票否决制"可以增强领导干部的责任意识，避免信访人被沿着时间、空间两个维度"踢皮球"，有利于提高工作效率。但是如果这种维稳职责超过必要限度，考核目标设定过于主观、脱离实际，在"零上访"、"一票否决"的压力下，花钱买稳定、千方百计截访就会成为一些地方政府的"非常之举"，从而背离了宪法、法律赋予公民信访权利的初衷。某些公民也没有认真对待维护权利的方式，他们利用地方政府巨大的维稳压力，以在重要会议、重要活动期间进京上访为要挟，趁机索要巨额钱财或提出不合理要求。在这种背景下，地方政府不堪其扰，其作为受害者的敲诈勒索案频频见诸报端。③依法上访本是我国公民的一项基本权利，但由于权利没有被认真对待，竟然嬗变成为刑事犯

---

① 魏杰、顾鲁晓：《让信访真正成为社会的减压阀》，中国法院网 http://www.chinacourt.org/article/detail/2013/11/id/1149088.shtml,2015 年 4 月 4 日访问。

② 杨于泽：《让矛盾化解的希望从北京回到归属地》，载《长江日报》，2013 年 7 月 26 日第 4 版。

③ 例如张某勒索拆迁补偿款案，李占领：《上访获利与敲诈勒索罪之间的距离》，江苏法院网，http://www.jsfy.gov.cn/llyj/gdjc/2010/11/30124125030.html,2015 年 4 月 4 日访问。

罪。信访在现阶段肩负着社会矛盾"减压阀"的重要使命，是预防矛盾进一步升级的前端调节机制，更是一项重要的宪法权利。因此，虽然存在"以访要挟"的敲诈勒索政府犯罪，但这种犯罪的认定标准应当客观明确、慎之又慎。

敲诈勒索罪规定在《刑法》第二百七十四条，但是条文未对敲诈勒索罪的构成要件作出明确规定。根据全国人大法工委的立法释义及学界通说，敲诈勒索罪是指以非法占有为目的，对公私财物的所有人、保管人使用威胁或者要挟的方法，勒索公私财物的行为。构成本罪的要素包括：（1）行为人是否具有"以非法占有为目的"的主观特征；（2）行为人在客观上是否主动实施了威胁、要挟、恐吓等行为。

（一）提出高额索赔要求是否具有非法占有目的

在提出高额索赔要求是否具有非法占有目的的认定上，最高人民法院以刑事审判指导案例的形式确认：只要有相应的法律与事实依据，即使索赔数额与实际损失过分悬殊也并不能够成为认定行为人构成敲诈勒索罪的依据。[1]但在刑法理论界这种观点并没有得到完全认同，有学者认为，即使行为人提出的高额索赔要求有一定依据，但如果行为人主观上至少明确知道自己所要的数额与实际损失是明显不成比例关系的，在这种情形下依然缺乏合理根据地向他人提出高额索赔，可以构成敲诈勒索罪。[2]在"上访敲诈勒索政府"类型的案件中，笔者认为应当结合上访理由、索赔方式等综合判断上访人的主观动机是否具有非法占有的目的。行为人走上上访道路的理由是认为法院审判不公，希望通过上访寻求救济，是正当行使信访权的行为。地方政府基于维稳的考虑，希望通过给予其物质帮助或满足其提出之要求的方式使其不再进京走访，此时行为人的主观动机可能从正当行使权利发展成为非法占有目的，趁机提出几十万甚至上百万的赔偿要求。上访人认为之所以提出数额如此巨大之赔偿要求，是为了弥补上访反映问题及维系家庭所花费之必要费用，而不是法院审判不公或执行不力而于法应得到的合法赔偿与合理补偿，这就超出了"具有相应的法律与事实依据"的范围。因此，单纯提出高额索赔要求本身并不能直接认定上访人具有

---

①中华人民共和国最高人民法院刑事审判第一、二、三、四、五庭：《中国刑事审判指导案例——危害国家安全罪、危害公共安全罪、侵犯财产罪、危害国防利益罪》，551页，北京，法律出版社，2009年。
②沈志民：《对过度维权行为的刑法评价》，载《北方法学》，2009年第6期。

非法占有的目的，还需要结合上访的理由，即行为人主观心态上是否认为"具有相应的法律与事实依据"而正当行使权利。这种对行为人主观心态的判断是一个过程，不能仅凭上访之初的行为作出推断，还应综合考察行为人在整个上访过程中的索赔方式是否超过必要限度具有威胁、胁迫的性质。

在景春申请国家赔偿敲诈勒索案中，根据本案一审判决书的记载，景春上访的依据是其以再审改判无罪、错误逮捕为由提起的106万元国家赔偿没有得到法院支持。虽然磐石市人民法院、吉林市中级人民法院均以已经对错误羁押给予国家赔偿与相关补偿为由驳回景春的赔偿申请，吉林省高级人民法院复核认定景春106万元的国家赔偿请求为无理访，但景春的索赔主张有菜地荒芜、房产贱卖、子女失学、多年申冤等事实依据，而且《国家赔偿法》也没有禁止公民提出二次赔偿，让赔偿义务机关增加赔偿或者说第二次要求国家赔偿，只要存在赔偿的事实与理由，最起码主张的权利不应该被剥夺。从景春最初上访的目的出发，这与漫天要价、无事生非等典型的非法占有他人财物的主观故意不同。本案关于敲诈勒索的认定存在的最大瑕疵在于对非法占有数额的认定，其中2.7万元被认定为既遂，106万余元被认定为未遂。这两笔款项的性质具有根本不同：前者是镇政府为了维持稳定避免景春进京上访而给予的息访费，姑且不论这笔费用是景春主动索取，还是地方政府以生活补助形式发放以达到安抚景春之目的。将这2.7万元认定为敲诈勒索的既遂数额之逻辑在于：景春以进京上访为要挟，地方政府基于维稳的重压而被迫交付2.7万元，也就是说地方政府作为被害人在息访维稳的压力下被迫交付钱款。再来看被认定为未遂的106万元，这笔费用是景春向法院提出的国家赔偿金，给与不给应由当地基层人民法院和其上级中级人民法院赔偿委员会决定，所适用的程序是国家赔偿程序。将这106万元认定为敲诈勒索的未遂数额之逻辑在于：法院作为被害人，基于景春的胁迫而被要求交付钱款。问题的关键在于如果说地方政府是基于息访维稳的压力而在景春进京上访之要挟下被胁迫，那法院又是因为什么要挟而被胁迫的呢？要知道"信访一票否决制"并不是法院的内部考核指标，法院并不存在息访维稳的重压，认为法院为景春上访的要挟所胁迫实难成立。基于本案，景春索赔金额按照国家赔偿法的标准属于畸高，超出了国家法律规定的标准，正确的处理方式采取对超出的部分不予保护，不能把主张超出的部分认定为非法占有性质。①

（二）以上访为由使地方政府承压是否具有威胁的性质

在"上访敲诈勒索政府"类型的案件中，上访是否构成罪需要认定维权索赔方式是否符合敲诈勒索罪的行为方式。敲诈勒索罪的行为方式是指为了获取对方财物，而对对方所实施的没有达到抑制对方反抗程度的暴力、胁迫行为。通常表现为，告知对方某种不利后果，使其产生心理上的恐惧，但没有达到抑制对方反抗的程度。②虽然信访权本身是公民的合法权利，这一寻求公力救济的方式本身是合法的，然而如果不当行使也可以具有敲诈勒索罪中要挟的性质。具体来说，如果上访者利用不正当的上访请求压制政府有关部门，采取极端的方式扰乱政府正常的行政秩序，那么就可以考虑上访是否可以作为威胁的手段。此时，合法上访就变成了恶意上访，上访这一公民权利不再是解决政府与公民之间纠纷的方式，而是以进京上访为要挟方式，从而使政府妥协，索赔的性质在于要挟对方而不是行使权利。不可否认，信访人到上级机关进行信访，下级官员一定会产生压力，认定向上级机关上访是否构成敲诈勒索下级机关的关键在于，行为人是否故意利用这种压力而趁机向下级机关提出非法索取财物的要求。这种认定应当是谨慎的，而且要综合考虑行为人的上访目的、索赔方式。否则，信访引来下级官员的紧张，下级官员就说自己受到了威胁，然后借司法之刀禁锢公民的人身自由，就会使信访权这一公民的合法权利变为一纸空文。

在景春申请国家赔偿敲诈勒索案中，根据本案一审判决书的记载，景春在近几年国家召开重要会议期间，电话通知其要去北京上访，迫使镇政府以困难补助形式给予人民币2.7万元。关于这部分认定，根据景春二审辩护律师的记载，景春曾作出不同表述，是镇政府主动要求景春在进京之前事前通知镇政府，当景春按照镇政府的要求作出事前通知之后，又是镇政府主动提出向景春提供困难补助，景春并没有实施威胁行为。即便认定景春以进京上访为要挟实施了威胁行为，那这种威胁是否达到了使被害人产生恐惧的程度呢？这种威胁是景春进京上访所带来的吗？磐石市石嘴镇人民政府作为景春的直接管理者，没有权

---

① 王建胜：《对一起敲诈勒索政府案的质疑》，法宝引证码：CLI. A. 088468。
② 徐光华：《从典型案件的"同案异判"看过度维权与敲诈勒索罪》，载《法学杂志》，2013年第4期。

利答复景春索要国家赔偿的上访请求，因为其不是国家赔偿义务机关，不存在受威胁或受要挟的可能性。因此这种恐惧来自上级政府机关的考核，来自上级部门可能追究具体责任人的不力行为、担心影响自己的仕途，而不是由景春进京上访的威胁所带来。此外，被认定为敲诈勒索未遂的106万元是景春向磐石市人民法院提出的国家赔偿请求，与石嘴镇人民政府并无关系，而且磐石市人民法院并未受到上述威胁，无论是来自景春进京上访的胁迫，还是上级机关的考核压力。因此，至少从这未遂的106万敲诈勒索的数额来说，并不存在受威胁的被害者。

三、程序不应承受之重——程序正义为何屡遭践踏

程序正义是刑事诉讼的基本理念。为什么刑事诉讼要坚守程序正义？季卫东教授曾做过精辟论述：任何程序所作出的决定都不可能实现皆大欢喜的效果，因而需要吸收部分甚至全体当事人的不满，程序要件的满足可以使决定变得容易为失望者所接受；程序要件不充分的决定，即使其目的是正当的，也容易引起争论，从而造成贯彻执行上的阻碍；如果要强行实施之，那么就会给社会以一种被放大了的压抑感；而如果试图解释说服，那么就只能是事倍功半。①这种程序要件的满足实质上就是实现程序正义。概括而言，刑事诉讼中坚守程序正义是为了加强司法机构以及法院裁决的权威性。程序正义的构成有五个要素，分别是：法官中立、参与和尊重、平等武装、程序理性、及时性原则。②纵观景春申请国家赔偿敲诈勒索案，从中至少可以分析出对程序理性与法官中立两个要素的公然违反。

（一）依上访启动再审违反程序理性

程序理性要求法官在审判过程中必须做到仔细地收集证据，并对各项论点进行考虑，公正而无偏私地解决问题，并以事实为依据、以法律为准绳，从而为判决与裁定提供充足的理由。具体到刑事诉讼来说，刑事诉讼程序的推进应由当事人申请或人民法院依据职权，由法官按照《刑事诉讼法》的规定对有关程序是否符合相应的构成要件进行裁断，进而启动、变更、终结有关程序，推进刑事诉讼的进程。法官在这个过程中拥有自由裁量权，但这种自由裁量必须

---

①季卫东：《程序比较论》，载《比较法研究》，1993年第1期。
②易延友：《刑事诉讼法——规则、原理与应用》，64-65页，北京，法律出版社，2013年。

严格依照《刑事诉讼法》的规定，而不是依据上级领导的批示，更不是由于上访者四处上访带来的压力。

在景春申请国家赔偿敲诈勒索案中，根据本案一审判决书的记载，磐石市人民法院（2008）磐法赔字第 1 号赔偿决定书证明了磐石市人民法院曾于 2007年 4 月 4 日启动再审程序判决景春无罪。再审程序，理论上称之为"审判监督程序"，依据《刑事诉讼法》第二百四十一条的规定，该程序是指人民法院、人民检察院对已经发生法律效力的判决、裁定在特定情形下对案件进行重新审理的程序，因此，也被称为"生效裁判再审程序"。①顾名思义，该程序的处理对象应该是已经发生法律效力的判决或者裁定。而 1997 年 6 月 2 日磐石市人民法院曾以"（1997）磐法刑初字第 1 号刑事附带民事判决书"判决景春因故意伤害罪有期徒刑 1 年，该一审判决因为景春上诉并未发生法律效力。此后吉林市中级人民法院发现磐石市人民法院所作一审判决，是法官在没有组成合议庭开庭审理的前提下私自将调解笔录改为合议庭庭审笔录所做，而且被害人吕峰的伤情鉴定也与一审时的"轻伤"不同，仅"轻微伤"，并不能认定景春因故意伤害承担刑事责任。鉴于本案事实不清，且案件审理违反法定程序，1997 年 8 月，吉林市中级人民法院裁定撤销原判，将该案发回磐石市人民法院重新审理。1998 年 4 月 14 日，吕锋向磐石市人民法院撤回刑事自诉，法院裁定准予自诉人吕峰撤回对景春故意伤害罪的告诉。就景春故意伤害案而言，该案中一审判决被撤销，重新审理的过程中因被害人撤回刑事自诉而宣告诉讼终结，未有发生法律效力的判决、裁定。因此，磐石市人民法院于 2007 年 4 月 4 日启动的宣告景春无罪之再审程序于法无据，单纯是为了应对景春持续上访所带来的压力。2005 年当初枉发裁判的法官与法医分别以徇私枉法罪和玩忽职守罪获刑后，景春仍然执意上访，因为他认为当初磐石市人民法院的一审判决，是错判而非错捕，必须改为无罪判决，否则会留下污点给孩子以后政审带来麻烦。持续的上访压力使得景春如愿以偿，吉林市中级人民法院裁定磐石市人民法院启动审判监督程序，又对 11 年前发生的案件重新审理，景春获得了他所期待的无罪判决，只是该审判监督程序却并没有"监督"的对象。

---

① 易延友：《刑事诉讼法——规则、原理与应用》，423 页，北京，法律出版社，2013 年。

（二）磐石市人民法院审理该案违反法官中立

法官中立指的是法官作为裁判者应当不偏不倚，必须不受偏见、利益等的影响。具体到刑事诉讼中来说，法官中立是为了确保案件得到公正审判，要求裁判者在控辩双方之间保持中立态度，不得与案件或案件的当事人存在足以影响公正审判的利害关系或其他特殊社会关系，也不得偏袒一方而歧视另一方。[①]法官中立的要求凝结在一句著名的法彦中，即"任何人均不得担任自己案件的法官"。如果裁判者是自己所裁判案件的一方当事人或与案件有其他利害关系，他就不应当具备参与该案件裁判的资格，而应当通过法定程序退出对该案件的审理。否则，已经进行的审判活动及裁判结论因不具备程序正义的基本要素而应被宣告无效。为什么裁判者中立对于保障审判公正极为重要？这一问题可以从以下两个方面得到解释：首先，裁判者只有在双方当事人之间保持不偏不倚的地位，才可以使审判活动与裁判结论为当事人所接受，进而得到社会公众的普遍信任与尊重，也就是说具有了公信力。虽然裁判者的不中立并不必然导致审理程序偏向一方而歧视另一方，也不必然导致裁判结论因违反实体法而欠缺公正，但这种偏私却导致当事人丧失了对裁判者的信赖。无论裁决结果为何，对裁判者丧失信赖的当事人都会认为裁判者是戴着"有色眼镜"对自己进行裁判，因而其对法官作出的司法裁决难以接受并进行强烈的质疑，司法公信力在这类案件中也就荡然无存了。其次，裁判者的中立性可以为双方当事人提供平等对抗的司法环境。与案件或案件的当事人具有利害关系的裁判者在案件审理过程中，受人类趋利避害本性的影响，几乎难以避免地更愿意接受一方当事人提出的证据与主张，而排斥另一方的证据与主张，双方当事人对抗环境的不平等可能导致裁判者滥用自由裁量权，从而背离事实依据、法律准绳，使得发现案件真实成为一纸空谈。因此，裁判者的中立不仅是程序正义的要素，更是基石。《刑事诉讼法》以回避、管辖两种制度设计，保障法官在控辩双方之间保持不偏不倚的中立地位，从而维护法院的公正审判。

在景春申请国家赔偿敲诈勒索案中，根据本案一审判决书的记载，"被告人景春以非法占有为目的，采取非正常上访要挟手段，向相关单位索要财物，

---

①陈瑞华：《刑事诉讼中的问题与主义》，159 页，北京，中国人民大学出版社，2013 年。

数额特别巨大，其中未遂 106 万元"。这 106 万元是景春于 2007 年 4 月获得无罪
判决后向磐石市人民法院请求的国家赔偿之数额，磐石市人民法院将其认定为
敲诈勒索的未遂数额，照此逻辑判断，景春敲诈勒索的对象是磐石市人民法院，
也就是说，磐石市人民法院是景春申请国家赔偿敲诈勒索一案中的被害人。于
是违反程序正义的一幕便上演了：磐石市人民法院既是被敲诈勒索的被害人，
又作为裁判者判处敲诈勒索者景春有期徒刑十年。当然，这种探讨是基于法理
学上程序正义的应有之义，无论是现行刑事诉讼法，还是有关司法解释，都没
有建立起"法院整体回避"的那种针对管辖异议问题之程序性裁判制度。因为
根据《刑事诉讼法》第二十八条和第三十一条，对回避适用对象的规定是以
"适用人员"的形式，制度设计没有为当事人申请某法院整体回避预留入口。此
外，《刑事诉讼法》也没有像《民事诉讼法》那样赋予当事人提起管辖权异议的
权利，当事人提起管辖权异议既没有应遵循的程序，又缺乏相应的救济手段。
因此，当事人一旦以某一法院的所有法官都无法确保公正审判为由提出"法院
回避"，通常会被法院以"没有法律规定"为由加以拒绝。①这导致的直接结果
是回避制度只能适用于具体的裁判者，而无法与审判管辖的变更产生有机联系。
虽然现行《刑事诉讼法》和有关司法解释都没有建立起"法院整体回避"制度，
但为了解决上述问题，《最高人民法院关于适用〈中华人民共和国刑事诉讼法〉
的解释》以第十六条"有管辖权的人民法院因案件涉及本院院长需要回避等原
因，不宜行使管辖权的，可以请求移送上一级人民法院管辖。上一级人民法院
可以管辖，也可以指定与提出请求的人民法院同级的其他人民法院管辖"规定
了法院不宜行使审判权时的移送管辖。根据景春申请国家赔偿敲诈勒索案二审
辩护律师的记载，磐石市人民法院接到被告人景春及其辩护人的回避申请，于
2014 年 6 月 13 日将本案移送至吉林市中级人民法院，但该案一审判决书中没有
记载吉林市人民法院针对该移送案件的后续处理。

---

①2000 年，《南方周末》报道的陕西省西安市中级人民法院审理的法官谋杀院长案，本案中的被告
人及其辩护人向法院提出有关合议庭组成人员的回避和西安市中级人民法院的"整体回避"，被法院以
"没有法律规定"拒绝。这是法院"整体回避"首次走入公共视野。此后陆续发生的重庆李庄案被告人及
其辩护人在向法院提出针对该院所有法官的回避申请被拒绝后，对该院所有法官逐一提出回避申请，
以及贵阳市黎庆洪涉嫌黑社会性质组织犯罪案中辩护人提出小河区人民法院没有管辖权的问题，使得
法院"整体回避"再次引起广发讨论。

四、司法何以可信：从信"访"到信"法"

景春申请国家赔偿敲诈勒索案以景春构成敲诈勒索罪锒铛入狱为结局。景春的辩护律师王甫在申诉书中对景春案作了总结："体制沉疴催生一轮轮畸形维权的怪象。18 年前的那场司法擅断，使申诉人身陷囹圄，申诉人通过持续十数年的信访，一次次撬动维稳磨盘的转动，而转动的磨盘在磨碎司法独立精神的同时又带动并催生了申诉人对于维权未必合理的预期，然后，磨盘又一次磨碎申诉人的自由。"政治社会学的奠基人托克维尔曾言："在美国，所有问题都会转化为法律问题。"这句话对我们重新审视景春案有重要的启示意义。法律的问题终归应当由法律来解决。信访的预设功能本身就是"中转站"以及"减压阀"，它没有也不应当由对上访事件进行实体处理的权力。既然确认法治为我国"推进国家治理体系和治理能力现代化的重要举措"，司法则应该成为这一选择的切入口。这是因为司法公信力建设是司法职能圆满实现的基本前提。[1]习近平总书记在中共中央政治局 2015 年 3 月 24 日下午进行的第二十一次集体学习上强调深化司法体制改革、保证司法公正应坚持以提高司法公信力为根本尺度。提高司法公信力首先要明确何为司法公信力。根据张志铭教授的论述，司法公信力存在于公众与司法的关系之中，可以从公众和司法两个角度进行递进式的因果界定，即公众对司法的信任度，以及司法基于此种信任对公众的影响力。前为因，后为果。由于后者自然发生，司法公信力建设着重要关注的是前者。[2]那这种公众对司法的信任从何而来呢？是源于司法者对于所作出司法承诺之履行，这种司法承诺即以事实为依据，以法律为准绳，独立公正地对案件作出裁判。

基于以上对司法公信力的认识，如何提高司法公信力应着眼于如何提高公众对司法裁决的信任度。从司法者内部来说，司法者要加强职业素养建设。职业素养建设包括两层含义：一是对于司法知识与技能的掌握，二是对于司法者职业伦理的培养。就前者来说，是为了解决因"无能"而导致的无信问题。通过设定科学明确的法官职业准入门槛，确保裁判者具有相应的法学理论水平与

---

[1]张志铭：《司法何以可信》，载《法制日报》，2013 年 8 月 21 日第 11 版。
[2]《湖南严查衡阳破坏选举案——56 名省人大代表当选无效》，载《人民日报·海外版》，2013 年 12 月 30 日第 4 版。

足够的审判经验，使法官队伍实现专业化的要求。在本轮司法改革中，最高人民法院发布的《人民法院第四个五年改革纲要（2014–2018）》明确提出"建立法官员额制，对法官在编制限额内实行员额管理"是对法官遴选制度改革的重要探索。对于司法者职业伦理的培养来说，是为了解决因"无德"而导致的无信问题。根据《法官法》以及最高人民法院于2010年发布的《法官职业道德基本准则》，法官职业道德的核心是公正、廉洁、为民，基本要求是忠诚司法事业、保证司法公正、确保司法廉洁、坚持司法为民、维护司法形象。法官职业伦理培养可以从理论与实践两方面展开，即通过组织职业伦理专题讲座等理论学习模式，提高法官对职业道德和职业伦理的认知水平；整理选取典型个案，切实开展职业伦理的规范实践。从内在加强司法者职业素养建设的同时，也要从外部为司法者独立公正办案提供系统的、细致的制度保障。在这一点上，当务之急是在思想观念以及制度配套上坚持法律至上，权力自觉服从于法律。2015年3月30日，中共中央办公厅、国务院办公厅印发了《领导干部干预司法活动、插手具体案件处理的记录、通报和责任追究规定》（以下简称《规定》），要求各级领导干部应当带头遵守宪法法律，维护司法权威，支持司法机关依法独立公正行使职权，任何领导干部都不得要求司法机关违反法定职责或法定程序处理案件，都不得要求司法机关做有碍司法公正的事情。如果领导干部有干预司法活动、插手具体案件处理情况的行为，司法人员应如实记录，与此同时，司法机关在每季度对领导干部干预司法活动、插手具体案件处理情况进行汇总分析，报送同级党委政法委和上级司法机关。对于领导干部有违法干预司法活动造成后果或者恶劣影响的，依照《中国共产党纪律处分条例》、《行政机关公务员处分条例》等有关规定给予纪律处分；造成冤假错案或者其他严重后果，构成犯罪的，依法追究刑事责任。《规定》的颁布通过中央顶层制度设计，构建了防止司法干预的"防火墙"和"隔离带"，从而为司法机关依法独立公正行使职权提供了强有力的外部制度保障。[1]由于当前我国司法行政化还较大程度存在，许多外部干预都是通过司法机关内部行政化起作用的，因此正如陈卫东教

---

[1]周斌：《干预司法成领导干部弄权腐败重要方式　法学专家称：过问司法记录内部阻力远超外部》，载《法制日报》，2015年4月1日第5版。

授所言，领导干部过问司法记录制度面临的内部阻力甚至超过外部阻力。为了克服内部阻力，中央政法委近日印发《司法机关内部人员过问案件的记录和责任追究规定》，明确司法机关内部领导干部违法干预司法活动，造成后果或者恶劣影响的，给予纪律处分；造成冤假错案或者其他严重后果，构成犯罪的，依法追究刑事责任。领导干部对司法人员进行打击报复的，给予纪律处分；构成犯罪的，依法追究刑事责任。上述规定从内部与外部两方面确立法律至上，对权力干预法律进行管控，从而为司法机关依法独立公正行使职权提供制度保障与应有环境。

法律的问题终归应当由法律来解决。18年前的那场司法擅断彻底改变了景春的人生轨迹，从不惑之年到年逾花甲的持续上访，为他洗刷了冤屈却也将他再次引入囹圄，景春对于司法的信任已经丧失殆尽。回头沉思，司法公信力的重要已经跃然纸上，如果18年前那场刑事自诉的主审法官能信守以事实为依据、以法律为准绳，独立公正地对案件作出裁判之司法承诺，是不是一切本可避免？

（刘在航）

反腐无禁区：中国反腐向制度化迈进

——2014 年腐败案件述评

腐败特指掌握公共权力者在行使公共权力的过程中，背离公共权力的授权目标，违反公共权力的使用规范，牺牲公共利益谋取少数人利益的行为，其性质为公共权力的异化，是人民授予的为社会服务的权力在腐败分子手中异化为少数人谋取利益的工具。官场腐败是历史上长期存在的一种社会现象，自从文明社会诞生以来就一直困扰着人类，是一个无法回避且根深蒂固的社会难题。腐败具有严重的社会危害性，《联合国反腐败公约》指出，腐败对社会稳定与安全所造成的问题和构成的威胁具有严重性，它破坏民主体制和价值观、道德观和正义，并危害着可持续发展和法治。鉴于腐败具有极强的传染性、腐蚀性，如果不严加惩治，势必如瘟疫一般迅速传播。我国素来十分重视反腐败斗争，倡导为政清廉，惩治贪污腐败成为历朝历代治理国家、管理社会的重要内容，而中国共产党人更是将廉政建设和反腐败斗争提到关系党和国家生死存亡的高度，党的十八大报告强调："反对腐败、建设廉洁政治，是党一贯坚持的鲜明政治立场，是人民关注的重大政治问题。这个问题解决不好，就会对党造成致命伤害，甚至亡党亡国。反腐倡廉必须常抓不懈，拒腐防变必须警钟长鸣。"

党的十八大以来，以习近平同志为总书记的党中央高度重视反腐倡廉建设，深入开展反腐败斗争，对腐败采取高压态势，反腐力度明显加大，在以坚决态度查处惩治腐败、减少腐败存量的同时，科学研判当前反腐败斗争的严峻形势，不断创新反腐败斗争思想理论和制度安排。在深刻把握我国国情和反腐倡廉经验和规律，充分认识党风廉政建设和反腐败斗争的长期性、复杂性和艰巨性的基础上，对以往坚持标本兼治，侧重强调治理腐败要从根源入手的治本思想的反腐战略进行调整，提出"坚持标本兼治，当前要以治标为主，为治本赢得时间"的反腐新思维，将"干部清正、政府清廉、政治清明"确立为反腐新目标，明确"党委负主体责任、纪委负监督责任"的反腐新体制。改进和优化巡视制度，发挥巡视的"利剑"作用，不断提升巡视强度力度，把纠正"四风"作为反腐倡廉的突破口，坚持有腐必惩、有贪必肃，坚持"老虎"、"苍蝇"一起打。透明反腐、责任反腐、节日反腐、治奢反腐、法治反腐、网络反腐、国际追逃等一系列举措成为反腐新常态，腐败蔓延的势头得到有效遏制，民心为之一振、风气为之一新。

一、2014 年反腐战果总览

在共和国廉政建设史上，2014 年注定是惊心动魄、扣人心弦的一年！面对依然严峻复杂的反腐形势，党中央保持惩治腐败的高压态势，以强烈的历史责任感、深沉的使命忧患感、顽强的意志品质扎实推进反腐败斗争，反腐行动在规模、密集程度、深入性以及制度探索方面，均呈现出前所未有的高强态势。在 2014 年反腐败工作的具体实践中，坚决执行中央惩治和预防腐败体系的工作规划，主动适应全面推进依法治国的新要求，始终秉持"治国必先治党，治党务必从严"的政治理念，坚守"有腐必反、有贪必肃"的既定立场，坚持"无禁区、全覆盖、零容忍"的鲜明态度，"打虎"、"拍蝇"、"猎狐"多管齐下，不断加大治本力度，着力建构不敢腐、不能腐、不想腐的有效机制。

统计数据显示，2014 年全年，全国各级纪检监察机关共查处违规违纪问题 5.3 万起，处理党员干部 7.1 万人，其中给予党纪政纪处分 2.3 万人。中央纪委分 7 次对 33 起违反中央八项规定精神典型问题进行通报曝光。各级纪检监察机关共接受信访举报 272 万件（次），立案 22.6 万件，结案 21.8 万件，给予党纪政纪处分 23.2 万人，涉嫌犯罪被移送司法机关处理 1.2 万人。①人民检察院严肃查办各类职务犯罪案件41487件55101人，人数同比上升7.4%，查办贪污、贿赂、挪用公款100万以上的案件3664件，同比上升42%。查办县处级以上国家工作人员4040人，同比上升40.7%，其中厅局级以上干部589人。②人民法院坚持铁腕反腐，依法惩处刘铁男、李达球等一批腐败犯罪分子。各级法院审结贪污贿赂等犯罪案件3.1万件4.4万人，同比分别上升6.7%和5.2%。其中被告人原为厅局级以上的99人，原为县处级的871人。③在严厉惩治国内腐败分子的同时，也加大反腐败国际追逃追赃力度，所开展的"猎狐2014"海外追赃追逃行动从58个国家和地区缉捕追逃500多人、追赃30多亿元。这一串串数据向世人昭示：2014年反腐败斗争成绩斐然，效果显著！

在查处的众多腐败分子中，既有北戴河供水总公司总经理马超群等"小官巨腐"，也有包括周永康、徐才厚、苏荣、令计划在内的42名落马"大老虎"（详见下表"2014年中纪委'打虎榜'"），其中"军老虎"徐才厚颇为引人瞩目。这一方面是因为，徐才厚作为新中国成立以来首位因为腐败问题而被组织调查的"副国级"官员④，创下了人民解放军自建军以来高级将领贪腐级别之最，写下了人民军队中买官卖官的空前纪录。其所处级别之高、涉案金额之巨、所犯情节之恶劣、造成后果之严重，令人触目惊心，案件本身具有高度的政治意义和法律意义，备受世人关注；另一方面则是，军队虽然作为相对独立封闭的系统，但却非容忍腐败的"特区"，反腐败斗争也不容有"法外之地"。查办曾经担任中央军委副主席的徐才厚，展现中央铁腕反腐、整饬军纪的力度与决心，直接开启军队反腐新篇章，也标志着声势浩大的反腐风暴已经实现党政军系统的全覆盖、零容忍，再次雄辩地证明反腐无死角，打虎无禁区。

---

①王岐山：《依法治国依规治党　坚定不移推进党风廉政建设和反腐败斗争——在中国共产党第十八届中央纪律检查委员会第五次全体会议上的工作报告》，载《人民日报》，2015年1月30日第3版。

②曹建明2015年3月12日在第十二届全国人民代表大会第三次会议上所作的《最高人民检察院工作报告》，载《检察日报》，2015年3月21日第1版。

③周强2015年3月12日在第十二届全国人民代表大会第三次会议上所作的《最高人民法院工作报告》，载《人民法院报》，2015年3月21日第1版。

④尽管中央首次公布徐才厚严重违纪是在2014年6月30日，而中央纪委监察部网站在2014年6月14日即已公布苏荣接受组织调查的消息，但徐才厚严重违纪被组织调查的时间是2014年3月15日，早于苏荣案的2014年6月14日，因此准确地说，徐才厚才是新中国成立以来首位因腐败而被组织调查的"副国级"官员，特此说明。

2014 年中纪委"打虎榜"

序号	姓名	原职位	违法违纪事实	序号	姓名	原职位	违法违纪事实
1	冀文林	海南省副省长	受贿；与人通奸	16	杜善学	山西省委常委、副省长	受贿；行贿；与人通奸等
2	祝作利*	陕西省政协副主席	受贿	17	令政策	山西省政协副主席	尚未正式公布
3	金道铭	山西省人大常委会副主任	受贿；与人通奸等	18	万庆良	广东省委常委、广州市委书记	受贿等
4	沈培平	云南省副省长	受贿；与人通奸	19	谭力	海南省委常委、副省长	受贿；与他人通奸
5	谷俊山	解放军总后勤部副部长	贪污；受贿；挪用公款等	20	韩先聪	安徽省政协副主席	受贿；滥用职权等
6	徐才厚*	中央军委原副主席	受贿	21	张田欣	云南省委常委、昆明市委书记	利用职务上的便利谋取私利等
7	姚木根*	江西省副省长	受贿	22	武长顺	天津市政协副主席、市公安局局长	贪污；受贿等
8	申维辰	中国科协党委书记	受贿；与人通奸等	23	陈铁新	辽宁省政协副主席	受贿；与人通奸等
9	宋林	华润集团董事长	尚未正式公布	24	周永康*	中央政治局委员、常委	受贿；滥用职权等
10	毛小兵	青海省委常委、西宁市委书记	受贿；与人通奸	25	陈川平*	山西省委常委、太原市委书记	受贿；滥用职权等
11	谭栖伟*	重庆人大常委会副主任	受贿	26	聂春玉	山西省委常委、秘书长	受贿；通奸等
12	王帅廷	香港中旅集团总经理	尚未正式公布	27	白云	山西省委常委、统战部长	受贿；收受礼金
13	阳宝华	湖南省政协副主席	受贿；与人通奸	28	白恩培	全国人大环资委副主任	受贿
14	赵智勇	江西省委常委、秘书长	利用职务上的便利谋取私利等	29	任润厚	山西省副省长	尚未正式公布
15	苏荣*	全国政协副主席	受贿；滥用职权等	30	孙兆学	中国铝业公司总经理	受贿；与人通奸

续表

序号	姓名	原职位	违法违纪事实	序号	姓名	原职位	违法违纪事实
31	潘逸阳	内蒙古区委常委、副主席	尚未正式公布	37	隋凤富	黑龙江人大常委会副主任	受贿；收受礼金等
32	秦玉海	河南省人大常委会副主任	受贿；与人通奸等	38	朱明国	广东省政协主席	受贿等
33	何家成	国家行政学院副院长	尚未正式公布	39	王敏	山东省委常委、济南市委书记	受贿等
34	赵少麟	江苏省原常委、原秘书长	尚未正式公布	40	韩学键	黑龙江省委常委、大庆市委书记	尚未正式公布
35	杨金山	成都军区副司令员	尚未正式公布	41	令计划	全国政协副主席、中央统战部部长	尚未正式公布
36	梁滨＊	河北省委常委、组织部长	受贿；与人通奸等	42	孙鸿志	国家工商总局副局长	尚未正式公布

信息来源：中纪委监察部网站①；以接受组织调查时间先后为序；带"＊"指有家属参与受贿。

二、腐败案件法理透视

在反腐败斗争不断深入过程中，中央严肃查办一批"老虎"、"苍蝇"，受到了民众的高度赞誉，案件所涉及的各项法律问题也引发了世人的广泛关注。总体而言，徐才厚涉嫌受贿犯罪案所呈现出的大多数法律问题都为高官腐败案所共有，但其中也不乏特殊之处，以下是本书对高官腐败案件中较为集中的几个问题展开法理分析。

（一）对"法律面前人人平等"原则的生动写照

现代民主法治社会所强调的"平等"并不是（或者主要不是）事实上的完全平等，而是法律上的平等对待，即"在法律面前人人平等"（亦称"平

---

①中纪委监察部网站:http://www.ccdi.gov.cn,2015 年 3 月 26 日访问。

等原则"），其要求"凡为法律视为相同的人，都应当以法律所确定的方式来对待。"[1]法律面前人人平等原则在我国法律中得到了明确规定，是一项最为基本的法律原则。《宪法》第三十三条规定："中华人民共和国公民在法律面前一律平等。"《刑法》第四条规定："对任何人犯罪，在适用法律上一律平等。不允许任何人有超越法律的特权。"《刑事诉讼法》第六条也规定："对一切公民，在适用法律上一律平等，在法律面前，不允许有任何特权。"根据这些规定，坚持法律面前人人平等，不仅要重视享有权利的平等，反对任何形式的歧视，还要强调追究责任的不例外，反对任何形式的特权。

法律面前人人平等是法律调整机制内在要求的外在表述，是推行法治的首要前提。法律是针对一般人设计，并且平等地适用于每一个人的一般性规则，而"一项一般性规则在根据其内容而应当得到适用的所有场合都予以严格的适用。"[2]即只要法律所规定的事实构成得以满足，相应的法律效果就无例外地随之产生。法律所具有的规范性、抽象性属性必然要求，在法治状况下，人人皆是法律的子民，任何人都不得高于法律。"法律作为共同生活的规则，不能听任于每个人的不同意见，它必须是一个凌驾于所有人之上的规则。"[3]任何处在法律规范之下的规范接受者都应无例外、无差别地受到法律的约束，平等地享有法律赋予的权利、平等地受到法律的保护、平等地履行法律施加的义务，并且在违反法律规定时，平等地承担法律责任，既不法外用刑，也不法外施恩。

法律面前没有违法不受处罚的特殊公民，党纪面前也没有违纪不受追究的特殊党员。纵然上述原因尚属客观，也不足以成为放弃追查其腐败行为正当且充分的理由，不足以成为法律平等适用的例外。国法党纪之前无特权可言，对腐败的放纵意味着对人民的犯罪！中央以雷霆之势严肃查办腐败案件，恰是对

---

①[美]E.博登海默：《法理学：法律哲学与法律方法》，308 页，邓正来译，北京，中国政法大学出版社，2004 年。

②[美]E.博登海默：《法理学：法律哲学与法律方法》，284 页，邓正来译，北京，中国政法大学出版社，2004 年。

③[德]古斯塔夫·拉德布鲁赫：《法哲学》，81 页，王朴译，北京，法律出版社，2013 年。

法律面前人人平等这一基本法律原则的坚定贯彻和真实写照，以实际行动彰显将反腐败斗争进行到底的坚强决心和鲜明态度，向全党全社会证实"打虎上无禁区、拍蝇下无死角"，"不论什么人，不论其职务多高，只要触犯了党纪国法都要受到严肃追究和严厉惩罚，决不是一句空话"①。

法律面前人人平等强调法律规范的普遍效力，着重于法律适用的一贯性和无差别性，以确保法律权威不被侵蚀，从而坚定人们遵守法律的意识和信念。"如果有的人犯罪后不受刑罚处罚，他就会反复实施犯罪，侵犯他人的法益；其他人目睹其犯罪后不受处罚的实施，也会效仿该犯罪行为。所以，庇护有责者就是威胁无责者。"②在反腐败斗争中同样如此，腐败者如果实施腐败行为而不被查处，就会心存侥幸并认为腐败行为有利可图，不断扩大腐败的规模、增加腐败的次数；其他人目睹有人从腐败中获益而不被查处，就会动摇坚持不腐败的信念，甚至加以效仿并陷入腐败的泥坑之中，在他最终因腐败而被追究责任，其他腐败者却逍遥法外时，他甚至可能认为只是自己时运不济、"倒霉"而已！

坚持法律面前人人平等，既要坚持惩罚的平等，又要坚持保护的平等，既要反对任何超越宪法法律的特权，也要保障每个人依法享有的各项权利，这是全面推进依法治国的题中之义，也是加强人权保障的客观要求。毫无疑问，腐败破坏社会公平正义，损害政府形象和公信力，阻碍经济健康发展，是必须治理的社会"毒瘤"。③腐败不仅能够造成实实在在的物质性危害，还会动摇人们对公务人员及其职务行为廉洁性、不可收买性的信赖，因而往往引起广大群众以及办案人员的鄙夷和痛恨，但在坚持有案必查、有腐必反，零容忍反腐的过程中，反腐败斗争也要尊重腐败分子的法律主体地位，注重以法律规定的方式、程序进行，并将惩罚范围和力度控制在法律的界限之内，避免因为个人情绪而使有责的人受到党纪国法规定以外的追究，特别要防止不当剥夺腐败分子依法享有的各项诉讼权利。

以徐才厚案而言，案件实际侦办工作始终坚持以法治思维和法治方式推

①中央文献研究室编：《十八大以来重要文献选编》（上），135页，北京，中央文献出版社，2014年。
②张明楷：《刑法格言的展开》（第三版），72页，北京，法律出版社，2013年。
③陈婧等：《〈反腐败北京宣言〉诞生》，载《中国青年报》，2014年11月9日第1版。

进，丝毫没有减损其依法享有的各项诉讼权利。根据军事检察机关有关负责人的介绍，在侦办徐案中，军事检察院依法对徐才厚采取指定监视居住强制措施，依法告知了犯罪嫌疑人诉讼权利义务，特别指明其被第一次讯问或者被采取强制措施之日起有权委托律师作为辩护人，有权在接受讯问时为自己辩解，有权申请其认为可能影响案件公正处理的人员回避，并向其送达法律文书，履行了必要手续。侦查期间，严格依法对徐才厚进行讯问，每一份讯问笔录都经其仔细阅读并签字确认，切实保障了犯罪嫌疑人的诉讼权利。此外，还本着既严格依法办案、又体现人道关怀的精神，协调医院对徐才厚所患疾病进行了积极治疗和医护保障。①可以说，徐才厚案的侦办工作严密细致地保障了徐才厚的各项诉讼权利，充分实现了打击犯罪与保障人权的有机统一，全面阐释了法律面前人人平等原则的实质内涵，是对法律面前人人平等原则的生动写照。

（二）对腐败犯罪事实的规范诠释

当前中华大地上刮起的"反腐风暴"所打击的腐败行为中能够追究刑事责任的，也多是涉嫌贪污贿赂以及渎职等职务犯罪，尤以受贿罪最具代表性。根据中央纪委监察部网站公布的信息，在 2014 年查处的 42 名省部级以上的"老虎"中（参见"2014 年中纪委'打虎榜'"），除令计划等 11 人尚未正式公布所涉嫌的具体严重违法违纪事实外，其余 31 人均涉嫌利用职务上的便利谋取私利②或者受贿。显然，受贿已经成为腐败分子腐败堕落最典型、最普遍、最主要的方式。

"掌握权力的人会陷于一种很强的诱惑，即使牺牲被统治群众的利益，也要为个人私利而乱用权力。"③受贿罪作为"为个人私利而乱用权力"的真实表现，是指国家工作人员利用职务上的便利，索取他人财物，或者非法收受他人财物

---

①《军事检察机关就徐才厚涉嫌受贿犯罪相关问题答记者问》，载《人民日报》，2014 年 10 月 29 日第 5 版。

②其中两名"利用职务上的便利谋取私利"的"老虎"为原江西省委常委、省委秘书长赵智勇以及原云南省委常委、昆明市委书记张田欣。前者被开除党籍，取消其副省级待遇，降为科员；后者也被开除党籍，取消副部级待遇，降为副处级非领导职务。

③池田大作、阿·汤因比：《展望二十一世纪——汤因比与池田大作对话录》，荀春生等译，261 页，北京，国际文化出版公司，1985 年。

为他人谋取利益的行为。在受贿犯罪行为中，国家工作人员正是为了追逐个人私利，而弃公共利益于不顾，在自己的职务行为与贿赂之间结成对价关系，改变国家和人民所赋予权力的公有属性，将其转换成可以任意换取等价物的"商品"，用以满足自己的欲望。这必然伴随着受贿人职务范围内公权力的行使，并最终以出卖该权力为代价，因而会严重腐蚀国家肌体，妨碍国家机关、单位的正常管理活动，同时削弱人民群众对国家工作人员职务行为廉洁性、公正性的信赖和尊重，助长社会不正之风。

为了打击受贿犯罪，我国现行《刑法》第三百八十五条、第三百八十八条根据受贿行为的差异分别规定了索取贿赂、收受贿赂、经济贿赂以及斡旋受贿四种不同类型的受贿罪。其中，索取贿赂是受贿人在公务活动中利用职务上的便利主动向他人索取财物；收受贿赂指受贿人利用职务便利非法收受他人财物，并为他人谋取利益，这是受贿罪最常见的类型；经济贿赂意为受贿人在经济往来中，违反国家规定，收受各种名义的回扣、手续费，归个人所有；斡旋受贿则为受贿人利用本人职权或者地位形成的便利条件（或职务影响），通过其他国家工作人员职务上的行为，为请托人谋取不正当利益，索取请托人财物或者收受请托人财物。徐才厚的犯罪事实主要涉及收受贿赂和斡旋受贿两类，"徐才厚利用职务便利，为他人晋升职务提供帮助，直接和通过家人收受贿赂"系指收受贿赂，而"利用职务影响为他人谋利，其和家人收受他人贿赂"即为斡旋受贿。有关机关之所以将徐才厚受贿犯罪的事实明确表述为上述既联系又区别的两点，就是鉴于收受贿赂与斡旋受贿这两种受贿形式虽然都是只能由从事公务的国家工作人员实施，都具有"权钱交易"的本质特征，但其受贿行为的具体方式仍存在显著区别。具体来说：

首先，"利用职务上的便利"与"利用职务影响"不同。收受贿赂需要受贿人"利用职务上的便利"，即利用本人职务上主管、负责、承办某项公共事务的职权，也包括利用职务上有隶属、制约关系的其他国家工作人员的职权。[1]但在斡旋受贿中，行为人只需利用本人职权或者地位形成的便利条件（亦即职务影响），不必利用本人职务上的便利，否则应直接适用《刑法》第三百八十五

---

[1]最高人民法院 2003 年 11 月 13 日《全国法院审理经济犯罪案件工作座谈会议纪要》。

条，因而斡旋受贿仅是间接利用职务之便收受贿赂的行为，也被称作"间接受贿"。斡旋受贿人利用的"职务影响"通常是行为人与被其利用的国家工作人员存在着职务上的制约关系。这种制约关系包括纵向的制约关系和横向的制约关系两类，前者是上级领导人员对下级国家工作人员在职务上的制约关系，后者乃不同部门、不同单位的不存在领导与被领导关系的国家工作人员之间职务上的制约关系。①应当说，在斡旋受贿行为的处理上，我国不同于其他许多国家将其规定为独立罪名，而是以"以受贿罪论"的形式将其规定为受贿罪的一种类型，最先是透过司法解释将普通受贿罪中"利用职务上的便利"扩大解释为"利用职权或者与职务有关的便利条件"②或者"利用本人职务范围内的权力，即自己主管、负责或者承办某项公共事务的职权及其所形成的便利条件"③以弥合处罚间隙。在 1997 年《刑法》修订时，才将其正式纳入刑法典之中，成为现行《刑法》第三百八十八条。

其次，"为他人谋取利益"与"为请托人谋取不正当利益"的区别。较之于索取贿赂，收受贿赂需要受贿人"为他人谋取利益"，而为他人谋取利益不需要客观上真正实施为他人谋取利益的行为，更不要求为他人实现某种利益，只要承诺为他人谋取利益即为已足，明知他人有具体请托事项而收受其财物的，视为承诺为他人谋取利益。承诺的做出既可以是明示的，也可以是暗示的。当他人主动行贿并提出为其谋取利益的要求后，行为人既不答应，也不拒绝而接受他人财物的，应当认定为暗示的承诺。至于"为他人谋取利益"的"利益"合法正当与否，是为行贿人本人谋取利益，还是为第三人谋取利益，均在所不问。但斡旋受贿作为间接受贿行为，其不仅要求为请托人谋取利益，还要求谋取的是"不正当利益"，即谋取违反法律、法规、国家政策和国务院各部门规章规定的利益，以及要求国家工作人员或者有关单位

①肖扬：《贿赂犯罪研究》，189-190 页，北京，法律出版社，1994 年；王作富：《刑法分则实务研究》（下），1634 页，北京，中国方正出版社，2013 年。也有观点认为："行为人与被其利用的国家工作人员之间在职务上虽然没有隶属、制约关系，但是行为人利用了本人职权或者地位产生的影响和一定的工作联系……都符合斡旋受贿的条件。"张明楷：《刑法学》（第四版），1073 页，北京，法律出版社，2011 年。
②最高人民法院、最高人民检察院 1989 年 11 月 6 日《关于执行〈关于惩治贪污罪贿赂罪的补充规定〉若干问题的解答》。
③最高人民检察院 1999 年 9 月 16 日《关于人民检察院直接受理立案侦查案件立案标准的规定（试行）》。

提供违反法律、法规、国家政策和国务院各部门规章规定的帮助或者方便条件。①换言之，"不正当利益"既包括利益本身就违反上列法律、法规等规定，如通过诈骗、赌博、虚报年龄骗取婚姻登记，又包括尽管所欲取得的利益本身不违反上述规定，但其取得利益的手段或者方式违反上述规定，即要求国家工作人员或者有关单位通过违反前列规定的手段或者方式提供该利益，如在招投标中，按照投标单位所递交的材料本来就能中标，但投标单位负责人为了"保险"起见，通过行贿请求招标单位提供帮助的情形。斡旋受贿的成立必须要谋取上述"不正当利益"，如果国家工作人员或者有关单位提供的帮助或者方便条件并不违反前述规定，那么通过行贿手段要求提供这种帮助或者方便条件的，就不属于谋取不正当利益。②

最后，收受贿赂与斡旋受贿的具体行为构造存在显著差异。尽管此两类受贿行为都是在请托人与受贿人之间进行"权钱交易"，但交易的具体内容却不同，收受贿赂所交易的是本人的职务行为，而斡旋受贿交易的只是本人职务影响。详言之，在收受贿赂的整个情形中，只有受贿人和请托人两方主体，请托人向受贿人主动交付的财物是作为请托人拉拢、收买国家工作人员利用职务上的便利为自己谋利益的手段，或者是对于后者为自己谋取利益的酬谢。③然而，在斡旋受贿的场合，存在斡旋受贿人、请托人与其他国家工作人员三方法律关系主体，受贿人为请托人谋取不正当利益是通过其他国家工作人员职务上的行为实现的，也即最终为请托人谋取不正当利益的是对请托人的请托事项具有主管、经管职责部门的其他国家工作人员的职务行为，而非斡旋受贿人本人职务上的行为，但是无论其他国家工作人员是否对斡旋受贿人的请求给出承诺以及是否为请托人谋取了不正当利益，均不影响斡旋受贿的成立，因为斡旋受贿人与请托人才是斡旋受贿关系的主体，贿赂也仅仅是与斡旋受贿人之斡旋受贿行为的对价，而非与其他国家工作人员职务行为的对价。

---

①最高人民法院、最高人民检察院 1999 年 3 月 4 日《关于在办理受贿犯罪大要案的同时要严肃查处严重行贿犯罪分子的通知》；最高人民检察院 1999 年 9 月 16 日《关于人民检察院直接受理立案侦查案件立案标准的规定（试行）》。

②张穹：《贪污贿赂渎职"侵权"犯罪案件立案标准精释》，84 页，北京，中国检察出版社，2000 年。

③高铭暄：《刑法专论》（第二版），786 页，北京，高等教育出版社，2006 年。

（三）对家属参与受贿犯罪的定性分析

随着反腐败斗争不断深入，"贪腐夫妻档"、"贪腐父子兵"、"贪腐情人帮"等现象也逐渐浮出水面。正如《解放军报》报道的那样：近年来，"领导干部家属子女腐败类型"案件一直呈上升趋势，且多数是窝案串案，涉及面广，影响恶劣。据有关数据显示，80%的高官腐败案都与家庭成员有着密切关系。亲属在领导干部走向腐败堕落的过程中充当"催化剂"，成为"中转站"，形成"共同体"，犹如领导干部政治仕途上的"阿喀琉斯之踵"。①而在 2014 年，中纪委监察部网站上正式公布组织调查结果的 31 只"老虎"中，就有以周永康为首的 8 只"老虎"（详见"2014 年中纪委'打虎榜'"）的严重违纪违法事实中明确指出了家属参与受贿犯罪。其中，苏荣贪腐案更是全家男女老少齐上阵，其家属腐败问题发展到登峰造极的程度，造成极其恶劣的影响。②

反腐无禁区，也不能让官员家属成为"腐败盲区"。在反腐利剑指向国家工作人员的同时，也要注意分析该国家工作人员的家属是否介入贪腐案，若已经介入就需要根据其介入类型作出不同的法律评价。需要明确的是，基于受贿罪乃是"纯正身份犯"，即行为人只有具有"国家工作人员"的身份，始能单独构成受贿罪的犯罪主体，也只有具有"国家工作人员"身份的人，方可"利用职务上的便利"，家属通常都不具备"国家工作人员"的身份③，也不可能"利用职务上的便利"，但其却可以分担"索取他人财物"或者"非法收受他人财物"的行为抑或可以教唆、鼓动国家工作人员实施受贿犯罪，因此，国家工作人员的家属不能单独构成受贿罪，至多可以构成受贿罪的共犯，如受贿罪的教唆犯或者帮助犯。

国家工作人员的家属介入官员贪腐案通常有两种渠道：其一，家属利用国家工作人员职务上的行为，或者利用该国家工作人员职权或者地位形成的便利条件，通过其他国家工作人员职务上的行为，为请托人谋取不正当利益，索取请托人财物或者收受请托人财物，此种情形如果达到了"数额较大或者其他较

---

① 郑军：《莫让亲情裹挟公权》，载《解放军报》，2014 年 7 月 6 日第 2 版。
② 《中纪委：苏荣家从老到小从男到女都有参与腐败》，载《新京报》，2015 年 3 月 6 日第 19 版。
③ 此处探讨的是家属参与国家工作人员受贿的情形，如果家属本身即具备国家工作人员的身份，其当然可以独自构成受贿罪，但这并非本书关注的重点。

重情节的"，即根据《刑法》第三百八十八条之一，以利用影响力受贿罪定罪科刑；其二，家属直接参与到国家工作人员的受贿犯罪，家属是否构成受贿罪的共犯，则需要结合共同犯罪理论具体分析，不可一概而论。从军事检察机关侦查查明的事实看，徐才厚家人即属于后者的情形，兹论述如下：

首先，家属与国家工作人员通谋，共同实施受贿犯罪行为。这种情形是典型的共同犯罪，既有因通谋所形成的共同故意，又有共同实施受贿犯罪的共同犯罪行为，根据最高人民法院、最高人民检察院《关于办理受贿刑事案适用法律若干问题的意见》第七条的规定，对家属应该以受贿罪的共犯定罪，并按其在共同受贿罪中的地位和作用科处刑罚。[①]至于通谋是形成于事前还是事中，对家属构成受贿罪的共犯没有实质影响。比如，国家工作人员先利用职务上的便利为行贿人谋取利益，而后家属与该国家工作人员通谋，并代为收受贿赂的，家属也构成受贿罪的共犯。

其次，家属与国家工作人员没有通谋，但是家属明知国家工作人员正在利用职务上的便利为他人谋取利益，而参与到受贿犯罪中，实施部分受贿犯罪行为。由于家属和该国家工作人员关系的密切性，不宜将此种情形界定为"片面共犯"，而应当肯定其属于事中参与的共同犯罪，家属和该国家工作人员依然构成受贿罪的共同犯罪。

再次，家属与国家工作人员没有通谋，家属先行接受请托人的请托或者贿赂，而后才向国家工作人员讲明并要求或怂恿其利用职务上的便利为请托人谋取利益，若国家工作人员对此知情并答应家属的要求，实际利用职务上的便利为请托人谋取利益的，家属和国家工作人员构成受贿罪的共同犯罪。

又次，家属与国家工作人员没有通谋，家属接受请托人的请托或者贿赂，但未将该情况告知国家工作人员，国家工作人员对家属已接受请托人的请托或者贿赂不知情的，即便国家工作人员最终实施职务行为，且请托人也从中获得

[①] 最高人民法院、最高人民检察院《关于办理受贿刑事案适用法律若干问题的意见》第七条：关于由特定关系人收受贿赂问题。国家工作人员利用职务上的便利为请托人谋取利益，授意请托人以本意见所列形式，将有关财物给予特定关系人的，以受贿论处。特定关系人与国家工作人员通谋，共同实施前款行为的，对特定关系人以受贿罪的共犯论处。特定关系人以外的其他人与国家工作人员通谋，由国家工作人员利用职务上的便利为请托人谋取利益，收受请托人财物后双方共同占有的，以受贿罪的共犯论处。

利益的，也不应肯定家属与国家工作人员共同犯罪的成立，而宜在满足"数额较大或者有其他较重情节"时，以利用影响力受贿罪追究家属的刑事责任，但如果国家工作人员最终实施职务行为是在家属的一味要求之下进行的，该国家工作人员虽不构成受贿罪，却有构成有关渎职犯罪之虞。

最后，由于家属不能单独构成受贿罪，因此在查办有国家工作人员的家属参与的受贿案件中，出现国家工作人员推卸责任，以"财物是家属收下的，我根本不知情"，或者辩解道："我曾经对家属说过，东西要退回去。"否认自己有受贿的故意，抑或家属为了替国家工作人员开脱而大包大揽，将责任全揽到自己身上，据此钻法律漏洞。这需要司法工作人员深入调查，充分收集证据，弄清事实真相。值得注意的是，根据《中国共产党纪律处分条例》第七十五条，党和国家工作人员或者其他从事公务的人员利用职务上的便利，为他人谋取利益，其父母、配偶、子女及其配偶以及其他共同生活的家庭成员收受对方财物的，应当追究该人员的责任。该规定没有明确指出，该党员是否必须明知其家属接受了对方的财物。主流观点认为，应当从从严治党、党纪严于国法的角度出发，坚持在此种情形中，党员干部承担纪律责任不需要"明知"，但这种处理原则不宜普遍适用于司法机关查处受贿犯罪案件，在国家工作人员利用职务上的便利为他人谋取利益，其家属从中索取或者收受他人财物，不能证明前者知道并且同意其家属的行为的，对其不应以受贿论处。①

(四) 对"受贿犯罪所得依法处理"的程序解读

通常而言，包括受贿罪在内的绝大多数腐败犯罪都具有贪财图利的性质，腐败分子为了谋取一己私利，滥用手中公权力，疯狂敛财，其犯罪所得数额往往十分庞大，动辄上千万甚至上亿，依法妥善处置腐败资产成为反腐败斗争的重要组成部分。根据我国法律的规定，正常情况下，腐败资产的处置是与追究腐败犯罪分子法律责任同步的，即在追究其法律责任的程序中附带地实现对腐败资产的没收、返还，但是在出现腐败犯罪分子逃匿而无法追究法律责任，或者因死亡而依法不追究法律责任的特殊情形，追究法律责任的程序因客观原因被中止或终止，如何追回腐败资产则成为问题。例如，在徐才厚涉嫌受贿犯罪

---

①高铭暄：《刑法专论》(第二版)，771-772 页，北京，高等教育出版社，2006 年。

一案中，徐才厚那些数量惊人的受贿犯罪所得原本可以通过人民法院正式审理该案予以没收，然而他却在审查起诉期间因病不治身亡，军事检察机关只得依照《刑事诉讼法》第十五条，对其作出不起诉决定，追究徐才厚本人刑事责任的普通诉讼程序即告终结，但这并不意味着其受贿犯罪所得能够予以保留，司法机关必将通过"特别没收程序"予以依法处理，这也是徐才厚涉嫌受贿犯罪案与2014年查办的其他高官腐败案之显著区别。

特别没收程序是2012年《刑事诉讼法》修正时新增加的程序，是指对于贪污贿赂犯罪、恐怖活动犯罪等重大犯罪案件，犯罪嫌疑人、被告人潜逃，在通缉一年后不能到案，或者犯罪嫌疑人、被告人死亡，无法依照普通程序追究其刑事责任，但依照刑法规定应当追缴其违法所得及其他涉案财产时适用的特别程序。这一程序主要弥补由于我国法律没有规定刑事缺席审判，当犯罪嫌疑人逃匿或者死亡而无法到案时，诉讼程序无法进行或者被迫终止，致使有些犯罪分子的违法所得以及用于犯罪的财产无法追缴的法律漏洞。同时，《联合国反腐败公约》第五十四条第一款三项规定："各缔约国均应当根据其本国法律，考虑采取必要的措施，以便在因为犯罪人死亡、潜逃或者缺席而无法对其起诉的情形或者其他有关情形下，能够不经过刑事定罪而没收这类财产。"由于我国已经签署并批准该公约，公约的规定对我国具有当然的约束力，所增设的特别没收程序正体现我国法律与公约有关要求相衔接，是履行公约义务的重要表现。①

尽管在特别没收程序确立前的很长时期内，我国就已经有司法解释规定，在审查起诉中犯罪嫌疑人死亡，对犯罪嫌疑人的存款、汇款应当依法予以没收的，可以申请人民法院裁定通知冻结犯罪嫌疑人存款、汇款的金融机构上缴国库。②但是这仅处理犯罪嫌疑人涉案的存款和汇款，并未对其他涉案财产的处置作出安排，以至于像徐才厚案中已经查封、扣押的房产、现金、金银珠宝等

---

① 全国人大常委会法制工作委员会刑法室：《关于修改中华人民共和国刑事诉讼法的决定——条文说明、立法理由及相关规定》，347页，北京，北京大学出版社，2012年。

② 1999年《人民检察院刑事诉讼规则(试行)》第二百七十七条以及2010年《人民检察院扣押、冻结涉案财物工作规定》第三十八条，但这两部司法解释已经分别被2012年《人民检察院刑事诉讼规则(试行)》与2015年《人民检察院刑事诉讼涉案财物管理规定》所废止。

就无法适用上述规定。这种状况随着特别没收程序的增设而得以改变，2012
年《人民检察院刑事诉讼规则（试行）》第五百三十四条以及 2015 年《人民
检察院刑事诉讼涉案财物管理规定》第二十五条规定，因犯罪嫌疑人死亡而
决定不起诉，依照刑法规定应当追缴其违法所得及其他涉案财产的，以特别
没收程序进行。因此，在徐才厚涉嫌受贿犯罪案件的处理中，即便他已经因
病死亡，但只要军事检察机关能够根据证据证明涉案财物确系《刑法》第六
十四条规定的应当予以没收的受贿犯罪所得，即可适用特别没收程序，通过
军事检察机关向人民法院直接提出没收违法所得的申请，由人民法院依法裁
定予以没收。

我国特别没收程序是一种对物之诉，它仅针对被认为应当依法追缴的特定
涉案财产——"违法所得及其他涉案财产"，而非相关案件的犯罪嫌疑人、被告
人，故而无须犯罪嫌疑人、被告人在诉讼程序中实际出现，即可实现对符合程
序适用条件的涉案财产的依法处理，这对于推进我国当前反腐败斗争持续深化
有着极其重要的理论和实践价值。

首先，特别没收程序是完善刑事没收制度、保证刑法规范效力实现的内在
需要。众所周知，"任何人不得从错误行为中获利"①，任何通过违法犯罪行
为所获得的利益都必须被剥夺。剥夺腐败犯罪分子违法所得的一切财物，使其
从腐败行为中无利可图，进而真正不愿腐败或者放弃腐败，是打击和预防腐败
的当然举措。我国《刑法》第六十四条明确规定了"犯罪分子违法所得的一
切财物，应当予以追缴或者责令退赔"的刑事没收制度，在腐败犯罪案件的
实际处理中，即便犯罪嫌疑人、被告人已逃逸或者死亡，若根据证据能够证
明涉案财物确属违法犯罪所得的，也应该予以没收。但这只是应然意义上的
"当为"，要真正没收腐败分子的违法犯罪所得还需要像特别没收程序这样的
程序设计，来实现刑事实体法与程序法有关规定的对接，并保证刑法规定的
效力。

其次，特别没收程序对于客观上减少腐败犯罪案件亦有助益。近年来，我
国的腐败形势依然严峻复杂，各种容易滋生腐败的体制机制缺陷仍然存在。我

---

① "任何人不得从自己行为中获利"是由美国著名的"里格斯诉帕尔墨"案所确立的一项法律原则。

国刑事诉讼缺乏针对涉案财物的特殊诉讼机制，在经人民法院审理确认有罪之前，无法没收腐败分子的犯罪所得，这在无形之中刺激了腐败分子为逃避法律制裁，选择远遁海外或者畏罪自杀，借以保留其腐败所得的巨额财产。无怪乎，有学者会认为："体制漏洞极易滋生腐败，立法缺陷则会加剧其蔓延，缺少判决前的财产没收程序是贪官自杀现象屡见不鲜的根本原因。"[1]特别没收程序弥补了上述体制缺漏，使满足适用条件的腐败犯罪分子不论选择自杀还是外逃，其贪腐所得的赃款赃物不论是在国内还是国外，都无法避免其违法犯罪所得被没收的境遇，这对于像腐败这类贪财图利性质的违法犯罪活动，能够起到威慑和遏制的一般预防作用。

最后，特别没收程序对当前开展反腐国际合作意义重大。自2014年以来，我国相继开展"猎狐2014"以及"天网"行动，并依托《北京反腐败宣言》积极开展国际追逃追赃工作，反腐败国际合作的广度和深度都是前所未有的。而以相应的程序剥夺腐败分子的违法犯罪所得乃是国际通行做法，得到了包括《联合国反腐败公约》在内的国际条约的明确规定。我国的特别没收程序正是在吸收国外有关经验的基础上，为因应腐败犯罪跨国性、国际性因素不断增多，流动性增强的趋势，具体落实《联合国反腐败公约》的有关规定而确立，必然在相当程度上减少反腐败国际合作中因为各国法律体制之别所带来的障碍，避免此前我国司法机关在作出的搜查、扣押、冻结、没收等裁决时，遭遇外国法院以"缺乏合理根据"或"程序欠缺正当性"等理由不予配合协助的尴尬。[2]

在强调特别没收程序对于打击腐败的重要意义的同时，也要看到该程序在实践中成功运用的数量以及实施效果还不尽如人意[3]，出现了"叫好不上座"的怪象[4]。造成这种现象的原因无疑是多方面的，既可能是"由于这一程序是新设

---

[1]陈卫东：《特别程序研究——基于刑事诉讼法修正案(草案)》，载《中国法学》，2011年第6期。
[2]奚玮、朱敏敏：《特别没收程序的性质争议与定位——以腐败案件为视角》，载《中国社会科学院研究生院学报》，2014年第2期。
[3]刘文峰：《我国违法所得没收程序的实践困难及其破解》，载《河北大学学报(哲学社会科学版)》，2015年第1期。
[4]张建升等：《违法所得特别没收程序的司法适用与制度完善》，载《人民检察》，2014年第9期。

置的，实践经验不足"①，也可能与该程序立法上的定性不明所引发对该程序的证明主体、证明责任分配、证明标准设定以及权利救济途径等重要的程序机制的混乱不明有莫大关系②，还可能是因为两高所作司法解释规定的该程序适用的案件范围与立法机关以及刑事诉讼法学界对此形成的共识相左，以至于让司法工作人员无所适从的缘故③，凡此种种，不一而足。应当说，作为一种新设程序，特别没收程序在实际运用中遇到各种各样的问题与困难在所难免，这需要不断发现其适用中的问题、解决问题，并提炼其有益经验。不过，可以预见，此番徐才厚涉嫌受贿犯罪案势必适用特别没收程序以处理其受贿犯罪所得，我们完全能借此机会实现对特别没收程序进行全方位、多维度、深层次的观察、分析与研究，以更深入地熟悉、掌握并充分运用特别没收程序，最大限度发挥其打击和预防腐败犯罪的功能。

三、警示与启示：中国反腐向制度化迈进

前事不忘，后事之师。我们既要坦然正视腐败犯罪所带来的严重后果，还应痛定思痛，深刻反思由此带来的惨痛教训，避免重蹈覆辙。正所谓"权力导致腐败，绝对权力导致绝对腐败"④。从腐败产生的原因机制来看，腐败始终都与权力保持着千丝万缕的联系，权力得不到有效制衡的地方，往往也是腐败滋生并蔓延的场所。腐败在本质上表现为权力失去监督与制约所造成的权力滥用、以权谋私行为，而"一切有权力的人都容易滥用权力，这是亘古不变的一条经验。有权力的人们使用权力一直到遇到有界限的地方为止"⑤。由于权力所具有的天然扩张性和侵蚀性，一旦挣脱制度的束缚和法律的规制，势必犹如脱缰的野马任意践踏法治和人权，而权力肆虐的同时，腐败现象亦不可避免地随之产生。有鉴于此，反腐败必须要规范权力运行，加强对权力运行的制约和监督，把权力关进制度的笼子里，形成不敢腐的惩戒机制、不能腐的防范机制、不易

---

①全国人大常委会法制工作委员会刑法室：《关于修改中华人民共和国刑事诉讼法的决定——条文说明、立法理由及相关规定》，345 页，北京，北京大学出版社，2012 年。

②谢丽珍：《违法所得没收程序的性质辨析》，载《江西社会科学》，2013 年第 11 期。

③初殿清：《违法所得没收特别程序的性质与案件范围》，载《法学杂志》，2013 年第 8 期。

④[英]约翰·埃默里克·爱德华·达尔伯格-阿克顿：《自由与权力》，294 页，侯健、范亚峰译，南京，译林出版社，2011 年。

⑤[法]孟德斯鸠：《论法的精神》（上册），154 页，张雁深译，北京，商务印书馆，1994 年。

腐的保障机制。①

　　制度具有规范性、强制性、程序性以及稳定性等优点，坚持用制度的力量约束、规范和制衡权力，保证权力正确行使而不致被滥用，是预防和惩治腐败的最佳策略，也是开展反腐败斗争的必由之路。鉴于当前我国腐败现象仍然多发，滋生腐败的土壤仍然存在，反腐败斗争形势依然严峻复杂，要实现坚决遏制腐败蔓延势头的目标，反腐败工作必然告别"权力反腐"和"运动反腐"的传统模式，转而采用"法治反腐"和"制度反腐"的新模式。在保持惩治腐败高压态势、减少腐败存量的基础上，特别重视制度建设，寻求从制度上铲除权力寻租的土壤，用制度真正遏制腐败增量，走出前"腐"后继、边反边腐的恶性循环怪圈。

　　深入推进反腐败斗争，必须强化反腐败制度设计，扎紧制度之笼，织密法律之网。要建立健全惩治和预防腐败体系各项制度，构建结构合理、配置科学、程序严密、制约有效的权力运行机制，有效规范和约束权力行使，防止权力成为腐败分子谋取私利的"私器"。而"最好的制度要以法律的形式呈现"（马怀德教授语）②，在全面推进依法治国的时代旋律之下，要善于运用法治思维和法治方式反对腐败，不断加强反腐败国家立法，加强反腐倡廉党内法规制度建设，将反腐败工作中经过实践证明行之有效且比较成熟的好方法、好举措、好经验，以法律的形式固定下来。与此同时，我们应当谨记"天下之事，不难于立法，而难于法之必行"。再系统的制度，如果得不到实际执行，也必然形同"稻草人"；再完美的法律，如果得不到严格实施，也注定沦为一纸具文。反腐败制度建设，不仅需要完善制度设计，还必须强调加强社会监督，提高制度执行力，保证法律严格实施。通过抓好反腐制度和法律的规范细化以及具体落实工作，真正形成靠制度管权管事管人、按规矩办事的好风气，切实推动中国反腐向制度化迈进。

　　反腐大业事未竟，激浊扬清正当时。

（曹波）

---

① 中央文献研究室编：《十八大以来重要文献选编》（上），136 页，北京，中央文献出版社，2014 年。
② 《好制度要以法律形式呈现》，载《京华时报》，2014 年 12 月 3 日第 5 版。